Dierk Hirschel

Das Gift der Ungleichheit

Wie wir die Gesellschaft vor einem
sozial und ökologisch zerstörerischen
Kapitalismus schützen können

Bibliografische Information der Deutschen Nationalbibliothek

Die Deutsche Nationalbibliothek verzeichnet diese Publikation
in der Deutschen Nationalbibliografie; detaillierte bibliografische
Daten sind im Internet über http://dnb.dnb.de abrufbar.

ISBN 978-3-8012-0570-6

1. Auflage 2020
Copyright © 2020 by
Verlag J.H.W. Dietz Nachf. GmbH
Dreizehnmorgenweg 24, 53175 Bonn
Lektorat: Ricarda von Klitzing
Umschlag: Antje Haack, Lichten, Hamburg
Satz: just in print, Bonn
Druck und Verarbeitung: CPI books, Leck
Alle Rechte vorbehalten
Printed in Germany 2020

Besuchen Sie uns im Internet: *www.dietz-verlag.de*

Das Gift der Ungleichheit

Für Helena, Maxim, Clara und ihre Generation,
die unsere Gesellschaft gerechter machen werden.

Inhalt

Zu diesem Buch

Mit *Das Gift der Ungleichheit* legt Dierk Hirschel eine Arbeit vor, die ein hoch spannendes Programm für eine gelingende sozial-ökologische Transformation mit einer klugen Analyse ihrer Voraussetzungen verbindet: den prägenden gesellschaftlichen Entwicklungen während der letzten Jahrzehnte.

Dass es dem Autor gelingt, dies auf eine klare und sehr gut nachvollziehbare Weise in einen schlüssigen Zusammenhang zu stellen, gehört zu den großen Vorzügen seines Buchs und kommt nicht von ungefähr. Der Verfasser verfügt als langjähriger Chefvolkswirt von DGB und ver.di über eine hervorragende Expertise und ist ein aufmerksamer Beobachter der gesellschaftlichen Entwicklungen. Hirschel formuliert pointiert und schafft es, immer wieder Perspektiven zu eröffnen und weiterführende Denkanstöße zu geben.

Dabei ist *Das Gift der Ungleichheit* vor allem ein Buch für die politische Praxis, ein Buch für alle, die darüber nachdenken, wie angesichts der Krisenhaftigkeit kapitalistischer Entwicklung Veränderungen möglich gemacht werden können, die den Kapitalismus ökologisch und sozial zähmen und zugleich das Potential haben, über ihn hinauszuführen.

Hirschel analysiert mit sicherem Blick. Die Entwicklung begann in den Gewerkschaften und den Parteien links der Mitte. Sie alle, Linkspartei, SPD und Grüne teilen das Problem der mangelnden Verankerung in den unteren und mittleren Arbeitnehmermilieus und wissen, dass es schnelle und einfache Antworten nicht gibt. Der Autor aber zeigt, dass die Zeiten sich geändert haben und Bewegung in die Gesellschaft gekommen ist. Immer mehr Menschen wehren sich mittlerweile gegen Lohndumping, unsichere Jobs, hohe Mieten und die Zerstörung der Natur.

Hirschel schlägt eine sozial-ökologische Reformpolitik vor, die die Arbeits- und Lebensverhältnisse der Menschen verbessert und dadurch die gesellschaftlichen Kräfteverhältnisse zugunsten eines Mitte-Links-Bündnisses verändert und so die Grundlage schafft, damit ein gesellschaftliches Bündnis von unteren und mittleren Arbeitnehmermilieus mit progressiven bürgerlichen Kräften entstehen kann.

Dabei knüpft er an das Konzept einer Mosaik-Linken an. Er sieht: Die Teile dieses Mosaiks zu verbinden, wird nicht einfach, aber es lohnt. Und er hat Recht, wenn er sagt: Gewerkschaften, Umwelt- und Sozialverbände, soziale Bewegungen, Sozialdemokratie, B 90/Die Grünen und Die Linke eint inhaltlich mehr, als sie trennt. Allein verfügt keiner dieser Akteure über die Ressourcen, eine sozial-ökologische Transformation durchzusetzen. Deswegen sind alle gut beraten zusammenzuarbeiten. Am Ende eines konstruktiven Dialogs könnte eine gemeinsame Agenda für zentrale Reformprojekte stehen.

Für diesen notwendigen Dialog liefert Dierk Hirschel wertvolle inhaltliche Impulse und gute Argumente. Dem Band ist eine breite Leserschaft ebenso zu wünschen wie eine lebhafte öffentliche Resonanz.

Frank Bsirske

Vorwort

Die Welt scheint aus den Fugen zu geraten. Im noch jungen 21. Jahrhundert jagt eine Krise die nächste: Dotcomkrise, Finanzmarktkrise, Eurokrise, Handelskrise, Klimakrise, Flüchtlingskrise, rechte Terroranschläge, Demokratiekrise und zuletzt die Corona-Pandemie. Die Liste ließe sich fortsetzen und die Häufung dieser Krisen ist kein historischer Zufall. Die kapitalistisch-bürgerliche Gesellschaft steckt in einer organischen Krise (Gramsci 1996). Ihre politischen und wirtschaftlichen Eliten sind mit den ökonomischen Umbrüchen und politischen Konflikten unserer Zeit überfordert. Ihr Krisenmanagement funktioniert nicht mehr und eine gesellschaftliche Vision haben sie nicht. Sie haben das Vertrauen und die Zustimmung großer Bevölkerungskreise verloren. Die neoliberale Hegemonie bröckelt, doch die Eliten bleiben weiter an der Macht. Obwohl das Alte stirbt, kann das Neue nicht zur Welt kommen. Antonio Gramsci hat diese Phase einst als Interregnum, als Zwischenherrschaft bezeichnet. In einer solchen Übergangsphase herrschen Chaos, Krieg und Seuchen. Die Neuordnung der gesellschaftlichen Verhältnisse ist sozial und politisch umkämpft, der Ausgang offen.

In der aktuellen organischen Krise des Kapitalismus verschärft sich die soziale Spaltung und der Raubbau an der Natur, woraus weitere Notlagen entstehen. Damit durchleben wir gleichzeitig eine Zivilisationskrise. In der modernen Geschichte des Kapitalismus war das nicht immer so, denn das profitgetriebene Wirtschaftssystem, das sich auf Privateigentum, Wettbewerb und Märkte stützt, kann schöpferische Kräfte entfalten und Wohlstand für Viele schaffen. Wenn die Gewalt des privaten Eigentums allerdings nicht sozial und ökologisch eingehegt wird, dann schadet ein entfesselter Kapitalismus unserer Gesundheit. Nach dem Zweiten Weltkrieg konnten Gewerkschaften und Sozialdemokratie den westlichen Kapitalismus zähmen. Die Dompteure des Kapitals ermöglichten den Arbeitnehmern den aufrechten Gang, bauten den Sozialstaat aus und demokratisierten in ersten Ansätzen die Wirtschaft. Die Löhne stiegen, die Arbeitszeiten schrumpften, die Renten schützten vor Armut und Wohnen war bezahlbar. In der Bundesrepublik entstand ein Rheinischer Kapitalismus, der sich durch Qualitätsproduktion, Flächentarifverträge, Mitbestimmung

und ein gutes Ausbildungssystem auszeichnete. Gleichzeitig arbeiteten
Bonn, London, Paris und Rom an einem politisch geeinten und sozialen
Europa. Eine wachsende Umweltbewegung bekämpfte die profitgetrie-
bene Zerstörung an der Natur.

Doch die einst erfolgreichen Bändiger des Kapitalismus scheinen ihr
Handwerk verlernt zu haben. Gewerkschaften, Sozialdemokratie, Linke,
Umwelt- und Sozialverbände und soziale Bewegungen können den Ka-
pitalismus heute kaum mehr zügeln. Wie konnte es soweit kommen?

Wirtschaftselite und neoliberale Politiker führten seit den 1980er-
Jahren einen Klassenkampf von oben. Sie ließen den Raubtierkapita-
lismus – Helmut Schmidt – aus seinem Käfig entweichen. Margaret
Thatcher, Ronald Reagan und Helmut Kohl entfesselten die Kapitalmärkte, privatisierten öffentliche Güter, förderten Niedriglöhne und
prekäre Beschäftigung, kürzten Sozialleistungen und pflegten den
privaten Reichtum. Die heutige Schwäche der ehemaligen Verfechter
eines sozial regulierten Kapitalismus ist aber auch selbst verschuldet.
Gewerkschaften konnten dem wirtschaftlichen Strukturwandel nicht
organisierend folgen und die Sozialdemokratie verlor in den 2000er
Jahren ihren politischen Kompass. Wichtigen fortschrittlichen Akteuren kamen so ihre gesellschaftliche Verankerung und Mehrheitsfähig-
keit abhanden, wovon zuletzt die Neue Rechte profitierte.

Die gute Nachricht ist: Auch in einem Kapitalismus mit offenen
Grenzen, mächtigen Finanzinvestoren und Internetgiganten ist gewerkschaftliche Gegenmacht und sozial-ökologische Reformpolitik
noch möglich. Gewerkschaften, Sozialdemokratie, Linke, Umwelt- und
Sozialverbände sowie soziale Bewegungen lernen aus ihren Fehlern,
erneuern sich und beziehen sich stärker aufeinander. Wenn es ihnen
gelingt, sich auf Grundlinien eines sozial-ökologisches Umbaus zu einigen und dafür gesellschaftlich zu mobilisieren, dann ist eine andere
Politik möglich.

Dazu soll dieses Buch einen Beitrag leisten. Es beschreibt zunächst
die wichtigsten Erscheinungsformen der zivilisatorischen Krise und be-
antwortet, die für politisches Handeln zentrale Frage, wie die Macht-
und Herrschaftsverhältnisse unter denen wir leben und wirtschaften,
diese Krise verursacht haben. Anschließend werden die alten und
neuen Dompteure des Kapitalismus und ihre Institutionen in den Blick
genommen. Warum gerieten sie in die Defensive und wie können sie
gemeinsam einen sozial und ökologisch blinden Kapitalismus wieder
zähmen? Wie kann die gesellschaftliche Macht über die Wirtschaft ausgeweitet werden, so dass die soziale und demokratische Logik die Pro-

fitlogik zurückdrängt und perspektivisch überwindet? Geschichte wird von Menschenhand gemacht. Dieses Buch soll Mut zur Veränderung machen. Für eine freie, gleiche und solidarische Gesellschaft.

Im Interesse einer besseren Lesbarkeit wird nicht ausdrücklich in geschlechtsspezifischen Personenbezeichnungen differenziert. Die gewählte männliche Form, auch bei allen Berufsbezeichnungen, schließt im Sinne des Autors die weibliche Form gleichberechtigt ein.

Kapitalismus ist ungesund

Die Geißel der Menschheit – Die Corona-Pandemie

Seuchen waren schon immer eine Geißel der Menschheit. Jahrhundertelang haben Pest, Pocken, Tuberkulose und Syphilis die Erdbevölkerung heimgesucht. Im Mittelalter raffte das Bakterium Yersenia pestis ein Drittel der europäischen Bevölkerung dahin. Der schwarze Tod war die verheerendste Seuche der Menschheitsgeschichte. Gegen Ende des Ersten Weltkriegs verstarben weltweit 50 Millionen Menschen an der Spanischen Grippe, der größten Pandemie der Moderne.

Seit der Jahrtausendwende gab es mit SARS, der Vogel- und Schweinegrippe, Cholera und Ebola immer wieder größere Epidemien. Ihre Verbreitung und tödliche Wirkung waren jedoch nicht mit den großen Pandemien vergleichbar.

Dies änderte sich mit Corona. Das neue Virus kann eine schwere Lungenkrankheit (Covid-19) auslösen, die bei Älteren und Menschen mit Vorerkrankungen tödlich verlaufen kann. Der Krankheitserreger ist hoch ansteckend. Die ersten mit dem Virus infizierten Menschen lebten in der größten zentralchinesischen Stadt Wuhan. Dort befindet sich ein großer Handelsplatz für Wildtiere, wo sich ein Großteil der Infizierten aufhielt. Corona wurde von Fledermäusen über Schleichkatzen auf den Menschen übertragen. Zwei Drittel neuer Infektionen und Krankheiten stammen heute von wildlebenden Tieren. Die Zerstörung intakter Ökosysteme und der Verlust der biologischen Vielfalt sind maßgeblich für das vermehrte Auftreten von Virenerkrankungen verantwortlich. Dieser Raubbau an der Natur ist zwangsläufige Folge einer expansiven kapitalistischen Produktionsweise. Insofern hat die Corona-Pandemie gesellschaftliche Ursachen.

Im Winter 2019/2020 verbreitete sich das Virus innerhalb Chinas. Doch Viren interessieren sich nicht für nationale Grenzen. Durch globale Produktionsnetzwerke sowie internationale Waren- und Tourismusströme konnte sich das Virus weltweit verbreiten. Seit März 2020 steigt die Zahl der Infizierten rund um den Globus. Am stärksten betroffen waren zuletzt die USA, Brasilien, Russland, Großbritannien, Italien und Spanien.[1]

In vielen Ländern wurde das Virus erst sehr spät erkannt, weswegen es sich lange Zeit ungehindert ausbreiten konnte. Um den Erreger einzudämmen, hätten die Infizierten früh ermittelt und ebenso wie ihre Kontaktpersonen für die Dauer einer möglichen Ansteckung isoliert werden müssen. Dafür hätten Massentests durchgeführt und schnell ausgewertet werden müssen. Die meisten Länder verfügten aber nicht über die notwendigen Testkapazitäten.

Die nationalen Gesundheitssysteme waren auf einen Ansturm schwer kranker Patienten nicht vorbereitet. Deswegen zielten die politischen Maßnahmen darauf ab, Zeit zu gewinnen. Die Ausbreitungsgeschwindigkeit des Virus sollte verlangsamt und ein Impfstoff möglichst schnell entwickelt werden. Deswegen versetzte die Politik den Kapitalismus in ein künstliches Koma. Das öffentliche Leben wurde zum Stillstand gebracht und die sozialen Kontakte der Bevölkerung empfindlich eingeschränkt. Viele Staaten machten die Grenzen dicht, verhängten Ausgangssperren und schlossen Kitas, Schulen, Theater, Museen sowie Restaurants, Kneipen und Hotels.

Vor dem Virus sind nicht alle gleich. Zwar haben sich auch Boris Johnson, Tom Hanks und Friedrich Merz angesteckt, doch während die bürgerliche Oberschicht im sterilen Homeoffice mit der richtigen Netzgeschwindigkeit kämpft, müssen Verkäuferinnen, Pfleger und Reinigungskräfte sich jeden Tag im öffentlichen Nahverkehr und am Arbeitsplatz einem hohen Ansteckungsrisiko aussetzen. Von den ungleichen Folgen eingeschränkter Bewegungsfreiheit und den ungleichen sozialen Risiken der Wirtschaftskrise ganz zu schweigen. So können Besserverdiener häufig ohne Gehaltseinbußen von zu Hause weiterarbeiten, während Geringverdiener auf Kurzarbeit gesetzt oder entlassen werden.

Die Weltwirtschaft ist im Krisenmodus. Die Produktion geht zurück, da Vorprodukte nicht mehr geliefert werden, die Verkehrsinfrastruktur nur eingeschränkt funktioniert, Aufträge wegbrechen und die Belegschaften geschützt werden müssen. Hier zeigt sich, wie verletzbar globale Wertschöpfungsketten sind. Die Weltbank geht davon aus, dass das globale BIP-Wachstum 2020 um fünf Prozent schrumpfen wird. In

---

1   Das Buchmanuskript wurde Anfang Juni 2020 abgeschlossen. Darüber hinaus gehende Entwicklungen konnten nicht mehr berücksichtigt werden.

der großen Finanzmarktkrise sank das Weltsozialprodukt lediglich um 0,1 Prozent.

Die exportabhängige deutsche Automobil-, Chemie- und Pharmaindustrie sowie der Maschinenbau wurden von der Pandemie mit voller Wucht getroffen. Die deutschen Unternehmen sind als Glieder internationaler Wertschöpfungsketten von ausländischen Zulieferern, Produktionsstätten und Märkten abhängig.

Zwischen Kiel und München schickten die Unternehmen ihre Mitarbeiter ins Home-Office, meldeten Kurzarbeit an und packten ihre Investitionspläne in die Schublade. In vielen Dienstleistungsbranchen stand die Arbeit still. In der Luftfahrt, in der Schifffahrt, im Tourismus und in der Gastronomie droht eine Insolvenzwelle. Ein handfester Börsencrash – der Dax verlor in wenigen Tagen fast 40 Prozent – verschärfte die Finanzierungssituation vieler Kapitalgesellschaften. Einkommensverluste, Verunsicherung und die Beschränkung des sozialen Konsums belasteten den privaten Verbrauch.

Wie lange der politisch verordnete Stillstand andauern wird, ist offen. Virologen spekulieren über die Wirksamkeit der Eindämmungsmaßnahmen. Gleiches gilt für die Folgen der ersten Lockerungsübungen. Von der Dauer des künstlichen Komas ist aber die Schwere der wirtschaftlichen Krise abhängig.

Die wirtschaftlichen Folgen der Corona-Pandemie können die Auswirkungen aller bisherigen Wirtschaftskrisen und Naturkatastrophen in den Schatten stellen. Die Schätzungen der professionellen Auguren gehen, abhängig von der Dauer des Shutdowns, von einem Wachstumseinbruch des Bruttoinlandsproduktes zwischen fünf und 20 Prozent aus. Nur zum Vergleich: In der großen Weltwirtschaftskrise sank die deutsche Wirtschaftsleistung im Jahr 1932 um 17 Prozent. Abhängig von der Tiefe und Dauer der Rezession sind die Folgen für den Arbeitsmarkt. Die Zahl der Kurzarbeiter und Arbeitslosen könnte im schlimmsten Fall auf ein Rekordniveau ansteigen. Hoffnung macht allein, dass es nach dem Ende einer Epidemie häufig wirtschaftlich wieder schnell bergauf ging.

Doch Manchen kann es nicht schnell genug gehen. Einige Unternehmen, Arbeitgeberverbände und Politiker wollen aufgrund der massiven betrieblichen und volkswirtschaftlichen Kosten die kapitalistische Verwertungsmaschine so schnell wie möglich wieder anwerfen. Andere haben sie nie abgeschaltet. So kasernierten die Schlachthöfe ausländische Arbeitskräfte trotz großer Gesundheitsrisiken weiterhin in Sammelunterkünften ein. Als das Virus dort ausbrach, mussten die Gesundheitsämter die Schlachtfabriken schließen. Seit Upton Sinclairs »Der Dschungel« (1905) war die Fleischindustrie das Symbol eines Kapitalismus, der über Leichen geht. Das hat sich fast 115 Jahre später noch immer nicht geändert. Die schrittweise Beendigung des künstlichen Komas ist ein ständiger Konflikt zwischen wirtschaftlichen und Gemeinwohlinteressen.

Antikrisenpolitik

Die Krise ist die Stunde der Regierung. Die Große Koalition hat mit einer entschlossenen Antikrisenpolitik schnell und weitgehend angemessen reagiert. Der deutsche Nationalstaat war trotz seiner föderalen Struktur und überalterter Pandemiepläne handlungsfähig.[2]

Arbeitsminister Hubertus Heil hat die Kurzarbeit erleichtert und ausgeweitet. So werden Massenentlassungen verhindert und die Beschäftigten finanziell abgesichert. Das Kurzarbeitergeld, welches aktuell bei 60 Prozent des Nettogehalts liegt (67 Prozent mit Kindern), wird nach sechs Monaten auf 80 Prozent (87 Prozent mit Kindern) erhöht. Arbeitnehmer mit geringen Einkommen müssen folglich in den ersten Monaten empfindliche Einbußen hinnehmen. Vielen Geringverdienern wird der Gang zum Sozialamt nicht erspart. Arbeitgeber, die Kurzarbeit beantragen, können sich ihre Lohnsumme inklusive der gesamten Sozialversicherungsbeiträge vom Staat erstatten lassen. Dafür müssen sie nicht einmal auf Dividendenausschüttungen verzichten.

Finanzminister Olaf Scholz richtete im März 2020 einen 600 Milliarden schweren Rettungsfonds für Unternehmen ein und erhöhte den Garantierahmen der Staatsbank KFW um 450 Milliarden Euro. Die KFW soll Unternehmen unbegrenzt Liquiditätshilfen zur Verfügung stellen. Diese Kredite, Staatsgarantien und Teilverstaatlichungen können eine drohende Pleitewelle verhindern. Hauptprofiteure dieser staatlichen Finanzhilfen sind Großunternehmen wie TUI, Lufthansa oder Condor.

Für Kleinunternehmer und Selbständige hat Berlin einen Solidaritätsfonds bereitgestellt, der mit 50 Milliarden Euro ausgestattet ist. Dieser Fonds vergibt Soforthilfen bis zu 15.000 Euro. So können Soloselbständige und Kleingewerbetreibende ihre Einnahmeausfälle für ein paar Monate überbrücken. Darüber hinaus schnürte die Merkel-Regie-

---

2 Der Föderalismus erschwert eine schnelle Seuchenbekämpfung, da er einen hohen Koordinationsaufwand zwischen Bund, Ländern und Kommunen mit sich bringt.

rung ein Sozialschutz-Paket. Mittellose Selbständige können Hartz-IV beantragen, ohne ihre Ersparnisse aufbrauchen zu müssen. Bedürftige Familien bekommen einen Kinderzuschlag und Mieter können in der Krise nicht wegen Mietschulden gekündigt werden. In der Krise sind plötzlich alle Keynesianer. Im Juni 2020 schnürte die Große Koalition ein 130 Milliarden schweres Konjunkturpaket. Dieses enthielt kurzfristige konsumstärkende Maßnahmen (Kinderbonus, Mehrwertsteuersenkung, geringerer Strompreis, erleichterte Abschreibungen, Umweltprämie), Rettungsschirme für Kommunen, ÖPNV, Bahn, mittlere Unternehmen, Sozialversicherungen und Kultur sowie Zukunftsinvestitionen in Krankenhäuser, Kitas, Schulen, Elektromobilität und Digitalisierung.[3]

Dieses Konjunkturprogramm kann maßgeblich dazu beitragen, die wirtschaftliche Krise schnell zu überwinden. Die Merkel-Regierung verpasste jedoch die Chance mittels höherer und langfristig angelegter Investitionen in Gesundheit, Bildung, ÖPNV und Klimaschutz die Weichen für eine sozial-ökologische Transformation zu stellen.

Insgesamt mobilisierte die Bundesregierung 1,3 Billionen Euro im Kampf gegen Corona. Dies entspricht einem Drittel der deutschen Wirtschaftsleistung. Dafür nahm der oberste Kassenwart der Republik sogar in Kauf, dass die Bild-Zeitung ihn zum Schuldenkönig krönte. Schwarze Null und Schuldenbremse sind erst einmal Geschichte. Scholz plant für 2020 eine Nettokreditaufnahme von 220 Milliarden Euro. Das ist viel Holz. In der Finanzmarktkrise machte Berlin 2010 lediglich 40 Milliarden neue Schulden.

Olaf Scholz macht eine Finanzpolitik ohne ideologische Scheuklappen. Nicht auszumalen, was passiert wäre, wenn Wolfgang Schäuble noch in der Wilhelmstraße residieren würde.

Ein Virus, das keine Grenzen kennt, muss international bekämpft werden. Die Europäische Union und die führenden Industriestaaten (G20) versagten aber zunächst beim globalen Krisenmanagement. In der Krise ist sich jeder selbst der nächste. Brüssel konnte, wie schon in der Finanzmarktkrise 2007 und in der sogenannten Flüchtlingskrise 2015, sich nicht auf eine gemeinsame Antikrisenpolitik einigen. Zwar setzte die Europäische Kommission die Schuldenregeln außer Kraft und

---

3 Ein ökonomisches Großexperiment mit ungewissen Ausgang ist eine Mehrwertsteuersenkung im Umfang von 20 Milliarden Euro. Hier besteht das Risiko, dass die Unternehmen die Steuersenkung nicht über niedrigere Preise an die Verbraucher weitergeben.

erhöhte dadurch den finanzpolitischen Spielraum der Nationalstaaten, die EU-Mitgliedsstaaten stimmten aber ihre Schutzmaßnahmen nicht miteinander ab. Und statt praktischer länderübergreifender Solidarität, verboten die Nationalstaaten die Ausfuhr von Masken, Schutzanzügen und medizinischen Gütern. Solidarität wurde nur national, nicht international großgeschrieben. Italien erhielt die ersten Hilfsgüter und personelle Unterstützung aus China, Russland und Kuba. Ein Armutszeugnis für Europa! Somit musste die Europäische Zentralbank wieder einmal den Retter in letzter Not spielen. EZB-Chefin Christine Lagarde kauft für 750 Milliarden Euro Anleihen und finanziert damit indirekt die Hilfsprogramme der Krisenstaaten.

Erst im April 2020 einigten sich die EU-Finanzminister auf ein europäisches Hilfspaket im Umfang von 500 Milliarden Euro. Der Europäischen Stabilitätsmechanismus (ESM) wird vorbeugende Kreditlinien in Höhe von 240 Milliarden Euro zur Verfügung stellen. Zudem wird die Europäische Investitionsbank ein Kreditprogramm im Umfang von 200 Milliarden Euro starten. Und last but not least wird die EU-Kommission 100 Milliarden Euro zur europaweiten Finanzierung von Kurzarbeit mobilisieren. Dadurch werden die Krisenstaaten finanziell entlastet. Insofern ist das verabschiedete EU-Hilfspaket erst einmal ein Fortschritt. Gleichzeitig wurde aber eine große historische Chance verpasst. Die Einführung von zeitlich befristeten oder unbefristeten gemeinschaftlichen Anleihen – Corona-Bonds oder Eurobonds – wäre ein wichtiger Schritt zu einem gemeinsamen solidarischen Europa gewesen. Dadurch hätte, die in Europas Geldhäusern tickende Zeitbombe milliardenschwerer fauler Kredite endgültig entschärft werden können. In der Geschichte der Europäischen Union wurden gerade in Krisenzeiten immer wieder zentrale Integrationsfortschritte gemacht. Deutschland hätte gemeinsam mit Italien, Frankreich und Spanien das europäische Projekt voranbringen können. Notwendig wäre ferner ein europäisches Wiederaufbauprogramm, eine Art europäischer Marshallplan, für die von der Krise sehr stark betroffenen Volkswirtschaften. Ende Mai 2020 machten Angela Merkel und Emmanuel Macron sowie die EU-Kommissionspräsidentin Ursula von der Leyen doch noch richtungsweisende Vorschläge für einen Europäischen Wiederaufbaufonds, der durch gemeinschaftliche Anleihen finanziert werden soll.

Die südliche Erdhalbkugel und große Teilen Asiens sind besonders auf die Hilfe der internationalen Gemeinschaft angewiesen. In Afrika, Lateinamerika und Südostasien droht eine humane Katastrophe. In vielen Entwicklungs- und Schwellenländern funktioniert das Gesundheitssystem nur für die nationalen Eliten, breite Bevölkerungsschichten haben keinen Zugang zu sauberem Wasser und die beengten Lebensverhältnisse in den Slums der Metropolen erlauben keine soziale Distanzierung. Der Kollaps der Weltwirtschaft trifft diese Länder besonders hart. Fallende Rohstoffpreise und sinkende Rücküberweisungen der Migranten in ihre Heimatländer rauben diesen Nationen die Einnahmen. Gleichzeitig steigen die Lebensmittelpreise in Regionen, wo die heimische Bevölkerung nicht mit eigenen Nahrungsmitteln versorgt werden kann. Ein teuflischer Cocktail für staatliche Repression, Aufstände und Bürgerkriege.

Doch damit nicht genug. Auch die chronisch unterfinanzierte Weltgesundheitsorganisation (WHO) konnte bei der globalen Vorbeugung und Seuchenbekämpfung keine zentrale Rolle spielen. Die Mitgliedsstaaten froren ihre Pflichtbeiträge vor über 15 Jahren ein. Heute finanzieren Bill Gates, die Rotarier und andere private und öffentliche Geldgeber 75 Prozent des WHO-Budgets und entscheiden darüber, was mit ihren Spenden passiert.

Gesundheit als Ware

Im Kampf gegen das Coronavirus ist die Leistungsfähigkeit der nationalen Gesundheitssysteme von zentraler Bedeutung. In den Kliniken machen Ärzte, Pfleger und Reinigungskräfte einen aufopferungsvollen Job. Das deutsche Gesundheitswesen hat viele Krankenhäuser und Ärzte, die Ausstattung mit medizinisch-technischen Geräten ist gut und fast die ganze Bevölkerung ist krankenversichert. Die Corona-Pandemie zeigt jedoch die Grenzen eines zunehmend auf Profit ausgerichteten Gesundheitswesens auf.

Nach Ausbruch der Pandemie fehlten in den Kliniken Intensivbetten, Beatmungsgeräte, Pflegepersonal, Schutzkleidung und Desinfektionsmitteln. In den letzten Jahrzehnten hat die Kommerzialisierung des Gesundheitswesens die Versorgungsqualität und Arbeitsbedingungen verschlechtert. Krisenpuffer wurden abgebaut. Bereits 2012 warnte das Robert-Koch-Institut (RKI) vor den Folgen einer Pandemie. Die Politik regierte aber nicht.

Jedes dritte Krankenhaus ist heute in privater Hand und somit auf Gewinn getrimmt. Fresenius Helios, Rhön, Asklepios & Co konzentrierten sich auf die lukrativen Behandlungsfälle, sparten beim Personal und schlossen unrentable Abteilungen. Die Einführung von Budgets und Pauschalen machte aus Krankenhäusern Wirtschaftsbetriebe.

Im System der Fallpauschalen folgt das Geld der erbrachten Leistung. Deswegen werden nicht rentable Leistungen wie die Pflege abgebaut und profitable Leistungen ausgeweitet. Wer das Spiel nicht mitspielt, macht keine Gewinne und muss irgendwann schließen. Seit der Jahrtausendwende wurden 300 Hospitäler – 14 Prozent aller Krankenhäuser – dichtgemacht. Die Kliniken werden pro Patientenfall bezahlt und wollen deswegen ihre Kapazitäten immer auslasten. Für den Krisenfall vorgehaltene Betten produzieren Verluste, weswegen sie vielen Klinikleitungen ein Dorn im Auge sind. In den letzten zwei Jahrzehnten wurde die Bettenkapazität um 11 Prozent gesenkt. Als die Corona-Pandemie ausbrach, gab es kaum mehr zusätzliche Kapazitäten, um eine große Anzahl schwerkranker Patienten zu versorgen. Deswegen musste die Bundesregierung die erlös- und profitorientierte Krankenhaussteuerung (DRG-Preissystem) krisenbedingt aussetzen. Berlin musste medizinisch nicht notwendige Eingriffe aufschieben lassen, um so Platz für Corona-Patienten zu schaffen. Die Krankenhäuser wurden für die entstehenden Einnahmeverluste entschädigt.[4]

Darüber hinaus hat der Personalmangel in den Krankenhäusern inzwischen dramatische Formen angenommen. Für eine bedarfsorientierte Pflege fehlen rund 80.000 Krankenpflegekräfte. Dieser Fachkräftemangel ist hausgemacht. Nach Abschaffung der Personalstellenverordnung (1995) wurden in der Pflege über 50.000 Vollzeitstellen abgebaut. Pflegekräfte sind schlecht bezahlt und die Arbeit ist äußerst anstrengend. Sie müssen hierzulande mehr Patienten betreuen als in vielen Nachbarländern. In den letzten Jahren kündigten zehntausende Pflegerinnen und Pfleger wegen Überlastung. Vor Ausbruch der Pandemie mussten drei von vier Intensivstationen ihre Betten wegen Personalmangels sperren. Gesundheitsminister Jens Spahn reagierte auf diesen Personalnotstand, indem er in der Coronakrise einfach die Personaluntergrenzen für Krankenhäuser außer Kraft setzte. Dadurch verschärfte er die Arbeitsbelastung der Pflegekräfte.

Erschwerend hinzu kamen Engpässe bei Verbrauchsmaterialien und Medikamenten. Gewinnmaximierendes Outsourcing und just-in-time-Lieferketten führten dazu, dass die in den Kliniken aufgebrauchten Vorräte nicht mehr zeitnah aufgestockt werden konnten. Deswegen versuchen Berlin und einige Landesregierungen nun vor Ort produ-

---

4 Trotzdem beantragten einzelne Kliniken in der Krise sogar Kurzarbeit, anstatt ihre personellen Ressourcen für den Kampf gegen das Virus zur Verfügung zu stellen.

zieren zu lassen. Seitdem nähen Automobilzulieferer, Hemden- und Brautmodenhersteller plötzlich Mund- und Nasenschutzmasken und Schnapshersteller füllen Desinfektionsmittel ab.

In der Gesundheitswirtschaft kollidieren immer wieder private Unternehmensentscheidungen mit gesellschaftlichen Interessen. Das Tübinger Unternehmen CureVac AG konnte allein darüber entscheiden, ob ein Impfstoff gegen Corona hierzulande entwickelt und produziert wird. Diesmal ging es noch einmal gut. Ein US-amerikanisches Übernahmeangebot wurde abgelehnt. Wenn die Geschäftsführung verkauft hätte, müsste die Bundesregierung den Impfstoff künftig zu hohen Preisen aus den USA einführen. Viele forschende Unternehmen profitieren von steuerfinanzierter staatlicher Grundlagenforschung und versilbern anschließend die staatliche Forschungsarbeit mit privaten Patenten. Nur wenn die öffentliche Hand sich an solchen Unternehmen beteiligt, kann sichergestellt werden, dass die Forschungsergebnisse auch der Gesellschaft zugutekommen.

Auch die Gesundheitsämter stießen in der Krise sehr schnell an ihre Grenzen. Sie sollen Angehörige beraten, Fälle registrieren und Quarantänemaßnahmen ergreifen. In den letzten zwei Jahrzehnten wurden ihre Budgets aber kleingespart. Folglich konnten viele Pflichtaufgaben nicht mehr bewältigt werden. Jede dritte Arztstelle in den Gesundheitsämtern wurde gestrichen und Mediziner in Krankenhäusern werden besser bezahlt als ihre Kollegen in den Gesundheitsämtern. Kein Wunder, dass offene Stellen nicht mehr besetzt werden können. Die Gesundheitsämter waren in der Krise nur arbeitsfähig, da Freiwillige und Beschäftigte aus anderen öffentlichen Dienststellen kurzfristig unterstützten.

Die Corona-Pandemie zeigt nachdrücklich, wie wichtig ein gutes gemeinwohlorientiertes Gesundheitssystem für die Gesellschaft ist. Die Leistungsfähigkeit des Gesundheitswesens entscheidet im wahrsten Sinne des Wortes über Leben und Tod. Das zeigt sich besonders dramatisch in Italien, Spanien und Großbritannien, wo das öffentliche Gesundheitssystem in den letzten Jahren kaputtgespart wurde. Es ist kein Zufall, dass ausgerechnet diese Länder mit die meisten Infizierten und Toten unter den Industrieländern haben. Vom weitgehend privatisierten US-amerikanischen Gesundheitswesen ganz zu schweigen. Dieser staatliche Kontrollverlust über Leben und Tod wird dort die Krise der Demokratie weiter verschärfen.

Gesundheit ist keine Ware und darf nicht den Marktgesetzen unterworfen werden. Die Erbringung pflegerischer und medizinischer Leistungen muss gesellschaftlichen Zielen und Bedürfnissen folgen und Gegenstand gesellschaftlicher Planung sein.

Daseinsvorsorge und soziale Sicherung

Das Corona-Virus rückt die gesamte öffentliche Daseinsvorsorge ins Scheinwerferlicht. In Zeiten der Pandemie würde das gesellschaftliche Leben ohne den öffentlichen Nah- und Fernverkehr, ohne die Müllentsorgung, ohne Kommunikations- und Datennetze, ohne Feuerwehr, ohne medizinische Versorgung, ohne Wasserwerke, ohne Polizei, ohne öffentliche Verwaltung und ohne Energieversorgung zusammenbrechen.

Der privatwirtschaftlich organisierte Einzelhandel, die Landwirtschaft, die Nahrungsmittelindustrie und die entsprechende Logistik versorgen die Bevölkerung mit notwendigen Lebensmitteln und sind somit ebenso systemrelevant. Der Selbstversorgungsgrad der Republik ist mit Ausnahme von Obst, Gemüse und Futtermitteln hoch. Fehlende Saisonarbeitskräfte und rückläufige Importe können jedoch zu steigenden Preisen führen.

Die Grundversorgung mit lebenswichtigen Gütern und Dienstleistungen wird in großen Teilen durch schlecht entlohnte Arbeitnehmer sichergestellt. Die Beschäftigten der kritischen Infrastrukturen bekommen bis zu 20 Prozent weniger Gehalt als nicht-systemrelevante Arbeitnehmer. Starke körperliche und physische Belastungen, Überstunden und geringe Wertschätzung sind an der Tagesordnung. Denn viele Bereiche der Daseinsvorsorge leiden unter Personalmangel und Investitionsstau und sind chronisch unterfinanziert. Verantwortlich dafür war eine neoliberale Politik der Liberalisierung, Privatisierung, der Prekarisierung und des Sozialabbaus.

Dass die Versorgung mit Grundgütern in der Corona-Pandemie trotzdem noch funktioniert, hängt nicht zuletzt damit zusammen, dass viele Berufsgruppen, die tagtäglich mit Menschen arbeiten, ein ausgeprägtes Verantwortungsbewusstsein haben. Sie sind häufig bereit, sich selbst auszubeuten. Dies sollte aber nicht als selbstverständlich hingenommen werden.

Nur entwickelte Sozialstaaten kommen gut durch die Krise. In den USA explodieren hingegen Arbeitslosigkeit und Armut. In Nordeuropa schützt der Sozialstaat die Menschen vor den sozialen Folgen der Krise. Die Corona-Pandemie zeigt aber auch die Lücken unserer sozialen Sicherungssysteme. Soloselbstständige, Minijobber, Teilzeitbeschäftigte,

Hartz-IV-Empfänger, Auszubildende, Studierende, Obdachlose und Alleinerziehende sind nicht ausreichend sozial abgesichert. Sozialkassen und Grundsicherung schützen sie nicht hinreichend vor den großen Lebensrisiken. In der Krise droht ihnen der Sturz in den Armutskeller.

Verteilungsfragen

Nach der Corona-Pandemie werden die öffentlichen Kassen leerer und die Staatsschulden höher sein. In der Krise sinken die Steuereinnahmen stärker als die Wirtschaftsleistung. Aus ökonomischer Sicht kann die Republik mit mehr Staatsschulden problemlos leben. Eine krisenbedingte Staatschuldenquote von voraussichtlich 75 Prozent ist im Vergleich zu den USA (110 Prozent) oder Japan (240 Prozent) immer noch sehr niedrig und überhaupt kein Anlass, den Gürtel enger zu schnallen.[5] Dennoch stehen der Republik mit hoher Wahrscheinlichkeit schwere gesellschaftliche Verteilungskonflikte bevor. Wer soll die Rechnung für den milliardenschweren Rettungseinsatz bezahlen?

Nach der letzten Finanzmarkkrise 2007 gelang es der heimischen Wirtschaftselite und konservativ-liberalen Medienvertretern die Bankenkrise in eine Staatsschuldenkrise umzudeuten. Mit Schuldenbremse und Fiskalpakt wurden den Kassenwarten Fesseln angelegt. Dadurch konnte der Sozialstaat an die kurze Leine genommen werden. Die Finanzpolitik der »schwarzen Null« ging zu Lasten der Zukunftsinvestitionen. Die Zeche bezahlten am Ende die abhängig Beschäftigten und sozial Benachteiligten. Ob sich Geschichte diesmal als Tragödie wiederholt, ist offen.

Corona zeigt der Welt das hässliche Gesicht eines entfesselten Kapitalismus. Dort, wo Gesundheit eine Ware ist und der Sozialstaat versagt, sterben viele Menschen. Gleichzeitig erleben wir aber den Staat als mächtigen Krisenmanager und Lebensretter. Damit dürfte das befremdliche Überleben des Neoliberalismus enden. Die Renaissance des intervenierenden Staates ist aber per se noch nicht progressiv. Wohin die Reise anschließend geht, ist abhängig vom Verlauf gesellschaftlicher Auseinandersetzungen. Nach der Pandemie kann es sowohl mehr soziale Spaltung, Abschottung und weniger Freiheitsrechte als auch mehr soziale Gerechtigkeit, Solidarität und internationale Kooperation geben.

---

5   In den USA und Japan finanzieren zudem die Zentralbanken die Staatsausgaben. Diese sogenannte monetäre Staatsfinanzierung ist in der Eurozone nicht erlaubt, findet aber faktisch statt.

Ein Jahrhundert der Ungleichheit

Das 21. Jahrhundert droht ein Jahrhundert der extremen Ungleichheit zu werden. Weltweit werden die Reichen reicher und die Armen werden mehr. 26 Superreiche besitzen so viel wie die ärmere Hälfte der Weltbevölkerung (Oxfam 2019). Neu ist nicht die Erkenntnis, dass der Kapitalismus aus sich selbst heraus Ungleichheit produziert. Neu ist die Wucht der sozialen Spaltung.

Spätestens nach der Enzyklika »Laudato Si« von Papst Franziskus und Thomas Pikettys Bestseller »Das Kapital im 21. Jahrhundert« wird über die wachsende Ungleichheit auch öffentlich diskutiert. So zeigte der französische Ökonom mit historischen Daten, dass steigende Ungleichheit der kapitalistische Normalzustand ist (Piketty 2014).[6]

Nachdem Margaret Thatcher und Ronald Reagan in den 1980er-Jahren die neoliberale Konterrevolution eingeleitet hatten, nahmen die Einkommensunterschiede wieder deutlich zu. In vielen Ländern erreicht die Ungleichheit inzwischen Rekordniveau. Die Corona-Pandemie wird den Ungleichheitstrend noch weiter verschärfen.

In den Industriestaaten (OECD) erzielen die reichsten 10 Prozent der Bevölkerung ein neun Mal höheres Einkommen als die ärmsten 10 Prozent (OECD 2019).[7] In den 1980er-Jahren war es lediglich das Siebenfache. Zwischen 1985 und 2011 stieg die Ungleichheit – von unterschiedlichen Niveaus ausgehend – am stärksten in den USA, Deutschland, Israel, Neuseeland, Finnland und Schweden (OECD 2014).

Wichtiger Treiber der steigenden Ungleichheit waren die Spitzenverdiener. Seit 1980 stiegen die Einkommen der Reichen – die reichsten 10 Prozent – stärker als die der Gesamtbevölkerung (World Inequality Report 2018). In den USA flossen vier Fünftel des gesamten Einkommenszuwachses in die Taschen dieser wenigen Reichen, in Großbritannien war es die Hälfte. In Nordamerika besitzt das reichste Zehntel fast die Hälfte und in Europa fast 40 Prozent des verfügbaren Einkommens (World Inequality Report 2018).

Die stärksten Einkommensgewinne verbuchten die Superreichen, das reichste ein Prozent. Seit 1980 wuchs deren Einkommensanteil weltweit von 16 auf 20 Prozent (World Inequality Report 2018). Die Topverdiener konnten rund 27 Prozent des gesamten globalen Einkommenszuwach-

---

6　Piketty führte dies darauf zurück, dass die Kapitalrendite höher ist als das Wirtschaftswachstum (Piketty 2012).

7　Bezugsgröße ist das reale Haushaltsnettoeinkommen.

ses einkassieren. In den USA verdoppelte sich der Einkommensanteil der Superreichen auf 20 Prozent.

Reichtum und Armut sind zwei Seiten der gleichen Medaille. Die Lohnkürzung des Einen ist die Dividende des Anderen (siehe Kapitel »Klassengesellschaft im Umbruch«). Während der Einkommensreichtum stieg, wuchs gleichzeitig die relative Armut.[8] In den meisten Industrieländern stürzten immer mehr Menschen in Armut und sowohl die Armutsquote – 50 Prozent des mittleren verfügbaren Einkommens – als auch die Armutsrisikoquote – 60 Prozent des mittleren verfügbaren Einkommens – nahmen zu.[9]

Noch ungleicher wird die Welt, wenn Vermögen in den Blick genommen werden. In den Industrieländern verfügt das reichste Zehntel über die Hälfte des Gesamtvermögens, die untere Hälfte lediglich über 3 Prozent (OECD 2019). Die Superreichen haben fast ein Fünftel des globalen Vermögens. In den USA besitzen Bezos, Gates, Buffet & Co sogar fast zwei Fünftel des Gesamtvermögens (World Inequality Report 2018). Anfang der 1980er-Jahre war es noch ein Fünftel.

Die steigende Ungleichheit ist sozial schädlich. Mehr Ungleichheit schadet der Gesundheit, senkt die Bildungschancen, erhöht die Kriminalität und verringert die soziale Durchlässigkeit einer Gesellschaft. Doch damit nicht genug: Mehr Ungleichheit ist auch schlecht für die Wirtschaft. Die OECD schätzt, dass die steigende Ungleichheit die Industrieländer zwischen 1990 und 2010 insgesamt fünf Prozentpunkte Wachstum gekostet hat (OECD 2014). Die sozial Benachteiligten können nicht genug für ihre Bildung ausgeben. Dadurch verschenken ungleiche Volkswirtschaften Wachstumspotenzial. Zudem drosselt eine ungleiche Einkommensverteilung die Kaufkraft und schwächt somit wirtschaftliche Dynamik und Beschäftigung. Und wenn die klammen Verbraucher in Kredite flüchten, wird die Wirtschaft krisenanfälliger, wie die letzte Finanzmarktkrise eindrucksvoll belegte.

---

8 Die absolute Armut ist hingegen weltweit zurückgegangen. Ursächlich hierfür war in erster Linie der wirtschaftliche Aufstieg Chinas, Indiens und Südostasiens.

9 Die höchsten Armutsquoten in den Industrieländern gibt es in den USA, Israel und der Türkei, die niedrigsten Armutsquoten finden wir in Island, Dänemark und Tschechien (OECD 2019).

Ungleiches Deutschland

Zwischen Berlin und München steigt die Ungleichheit. Die Kluft zwischen Arm und Reich vertieft sich seit Anfang der 1990er-Jahre. Die Ungleichheit wächst hierzulande stärker als in vielen europäischen Nachbarländern. Das ist bemerkenswert, denn schließlich erlebte die deutsche Wirtschaft nach der Finanzmarktkrise den zweitlängsten Aufschwung der Nachkriegsgeschichte mit fast 5 Millionen neuen Jobs.

In der ersten Runde der Einkommensverteilung, der so genannten Primärverteilung, streiten die Beschäftigten mit den Kapitaleigentümern über die Größe ihres Kuchenstücks. Das Ergebnis dieses Verteilungskonflikts dokumentieren die professionellen Rechenknechte, indem sie untersuchen, wie sich das Volkseinkommen auf funktionale Einkommensarten (Lohn, Profit, Zins und Grundrente) oder auf Personen respektive private Haushalte verteilt.[10]

Seit der Jahrtausendwende wuchs das deutsche Volkseinkommen inflationsbereinigt um 26 Prozent. Von diesem wachsenden Einkommenskuchen konnten sich die Unternehmer und Vermögensbesitzer ein immer größeres Stück abschneiden. Die realen Kapital- und Vermögenseinkommen stiegen mit rund 30 Prozent stärker als die Arbeitseinkommen, welche nur ein Plus von 24 Prozent verzeichneten.

Da die Arbeitseinkommen mit dem Volkseinkommen nicht mehr Schritt halten konnten, sank die bereinigte Lohnquote – der Anteil der Löhne und Gehälter am Volkseinkommen – bis zur Finanzmarktkrise, um dann wieder anzusteigen. Heute liegt die Lohnquote immer noch unter dem Niveau des Jahres 2000. Der Rückgang der westdeutschen Lohnquote begann bereits vor 40 Jahren. Seitdem wurden die abhängig Beschäftigten immer weniger am wachsenden Wohlstand beteiligt.

---

10 Die Wirtschaftswissenschaft unterscheidet zwischen der funktionalen und der personellen Einkommensverteilung.

Abbildung 1
Lohnquote in Deutschland [in %]

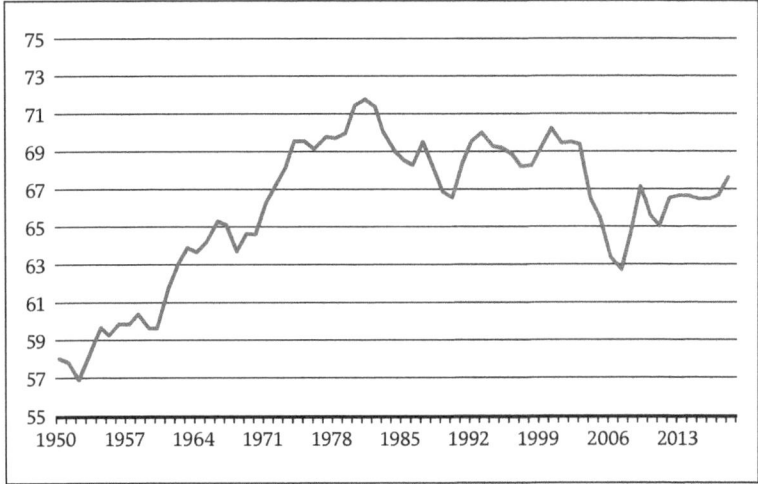

Quelle: Destatis

Auch die Verteilung der Einkommen auf Köpfe lässt zu wünschen übrig. Die Ungleichheit der Markteinkommen[11] steigt seit 1991, nur kurz unterbrochen durch eine kleine Erholungsphase zwischen 2005 und 2009.[12] Während die realen Einkünfte der Durchschnittsverdiener zwischen 1991 und 2016 um 10 Prozent zunahmen, kletterten die Einkommen des reichsten Zehntels dreimal so stark. Jeder zweite Deutsche musste hingegen Einkommensverluste hinnehmen. Folglich verschärfte sich die Einkommenskonzentration. Das Kuchenstück der Reichen vergrößerte sich von 26 (1991) auf 32 Prozent (2016). Das Kuchenstück der unteren Hälfte schrumpfte hingegen von 21 auf 15 Prozent. Nach der Deutschen Einheit erzielte das reichste Viertel ein dreimal so hohes Markteinkommen wie das ärmste Viertel. Heute ist es das Siebenfache. Der Gini-Koeffizient erhöhte sich um ein Fünftel auf ein Niveau

---

11 Markteinkommen: Erwerbs- und Kapitaleinkommen, private Transfers und private Renten vor Abzug von Steuern und Sozialbeiträgen als auch vor monetären Sozialleistungen. Betrachtet wird hier das bedarfsgewichtete reale Markteinkommen.

12 Da die Datenbasis SOEP sehr hohe Einkommen tendenziell untererfasst, ist davon auszugehen, dass das Ausmaß der Ungleichheit unterschätzt wird.

von 0,506 (2016).[13] In fast keinem Industrieland wuchs die Ungleichheit der Markteinkommen so stark (Fratzscher 2016). Die Einkommen vor staatlicher Umverteilung sind hierzulande genauso ungleich verteilt wie in den USA.

Lohnungleichheit

Lohn und Gehalt sind die wichtigste Einkommensquelle der abhängig Beschäftigten. Die Lohnspreizung war der zentrale Treiber der wachsenden Ungleichheit bei den Markteinkommen. Deutschland galt einmal als ein Land mit geringen Lohnunterschieden, diese haben jedoch in den letzten Jahrzehnten deutlich zugenommen. Nach der Deutschen Einheit ist die Lohnungleichheit stark angestiegen und seit 2014 stagniert sie, trotz guter Konjunktur, auf hohem Niveau.

Zwischen 1992 und 2016 stieg der reale Stundenlohn eines Durchschnittsverdieners von 15 auf 16,60 Euro brutto. Ein bescheidener Zuwachs von lediglich 11 Prozent über 25 Jahre (Grabka/Schröder 2018). Zwischen 2003 und 2013 schrumpften die Stundenlöhne. Die Stundenverdienste der ärmsten 10 Prozent sanken zwischen 2000 und 2006 sogar um ganze 15 Prozent. Mitte der 1990er bekamen die Spitzenverdiener (das oberste Zehntel) einen 3,3mal so hohen Stundenlohn wie die Geringverdiener (das unterste Zehntel). Bis zum Jahr 2005 kletterte dieses Lohnverhältnis auf 3,9 um bis 2016 wieder auf 3,5 zu sinken. Die höchsten Stundenlöhne erzielten Piloten mit 61 Euro sowie Human- und Zahnmediziner mit 41 Euro. Die niedrigsten Stundenlöhne bekamen Reinigungskräfte, Kellner, Friseure und Kosmetiker, alle unter 10 Euro (Destatis 2017).

Die Lohnspreizung spiegelt sich auch in den Monatslöhnen wider. Monatslöhne sind ungleicher verteilt als Stundenlöhne, da die Arbeitnehmer unterschiedlich lange arbeiten. Niedriglohnbezieher schufteten unfreiwillig weniger. In den letzten Jahren mussten sie ihre durchschnittliche Arbeitszeit um ganze 25 Prozent oder zehn Wochenstunden verkürzen. Die Geringverdiener arbeiten mehrheitlich in Teilzeit oder Minijobs. Der Bruttomonatslohn eines Durchschnittsverdieners stieg seit Anfang der 1990er Jahre um 9 Prozent. Zwischen 1992 und 2010 konnten die Spitzenverdiener ihre Monatslöhne um ein Viertel verbessern wohingegen die unteren 30 Prozent Einkommensverluste hinneh-

---

13 Der Gini-Koeffizient ist ein etabliertes Ungleichheitsmaß mit einer Skala von Null (maximale Gleichheit) bis Eins (maximale Ungleichheit).

men mussten. Ab 2010 konnte dieser Rückgang zwar gestoppt werden, die zuvor erlittenen Einkommensverluste wurden jedoch nicht mehr aufgeholt. Nach der Deutschen Einheit erzielten die sehr gut verdienenden Arbeitnehmer einen viermal so hohen Monatslohn wie die Geringverdiener. Diese Ungleichheitsrelation erhöhte sich bis 2016 auf 10:1.

Die steigende Lohnungleichheit geht maßgeblich auf den Ausbau des Niedriglohnsektors – insbesondere in Westdeutschland – zurück. Trotz Einführung des gesetzlichen Mindestlohns ist Erwerbsarmut immer noch sehr weit verbreitet. Mitte der 1990er-Jahre lag der Anteil der heimischen Niedriglohnbeschäftigten noch bei 16 Prozent. Heute arbeitet jeder vierte abhängig Beschäftigte – etwa 8 Millionen Arbeitnehmer – für einen Niedrig- oder Armutslohn (Grabka/Schröder 2019). Damit hat die Berliner Republik einen der größten Niedriglohnsektoren Europas. Menschen, die trotz Arbeit arm sind, sind schon lange nicht mehr ein Alleinstellungsmerkmal des US-Kapitalismus.

Die Topverdiener unter den abhängig Beschäftigten sind Manager. Sie werden in der amtlichen Statistik als Lohnabhängige geführt. In den letzten 30 Jahren trug ihre Gehaltsexplosion ebenfalls zur Lohnspreizung bei. Die Gehälter der DAX-Vorstände verzehnfachten sich und die Vorstandsvorsitzenden der DAX-Konzerne erzielten 2018 im Schnitt 5,8 Millionen Euro. An der Spitze lag SAP-Chef Bill McDermott mit 12,9 Millionen Euro, gefolgt vom damaligen VW-Vorsitzenden Matthias Müller mit 10 Millionen Euro und dem Ex-BMW-Chef Harald Krüger mit 8,4 Millionen Euro. Die Vorstände der Dax30 Konzerne erhalten heute im Schnitt das 71-fache eines durchschnittlichen Beschäftigten ihrer Unternehmen. Im Jahr 2005 war es noch das 42-fache (Weckes 2018). Die größten Gehaltsabstände gab es bei der Post AG (159), Adidas (150) und Heidelberger Cement (134), die niedrigsten bei der Commerzbank (20), Pro7/Sat1 (26) und RWE (30).[14] Die Vorstandsvorsitzenden (CEO) bekamen im Schnitt das 85-fache ihrer durchschnittlichen Mitarbeiter.

Lohnungleichheit gibt es hierzulande auch zwischen den Geschlechtern. Männer erhalten im Schnitt ein Fünftel mehr Lohn als Frauen. Im Westen sind die geschlechtsspezifischen Lohnunterschiede mit 22 Prozent deutlich größer als im Osten der Republik, wo die Unterschiede bei 7 Prozent liegen. Dieser unbereinigte Gender-Pay-Gap wird in der EU nur noch von Estland und der Tschechischen Republik übertroffen. Ursächlich ist unter anderem ein geschlechtsspezifisch stark gespaltener

---

14 Die großen Unterschiede erklären sich aus den unterschiedlichen Verdiensten der Konzernbeschäftigten. Banker bekommen mehr Gehalt als Postboten.

Ausbildungs- und Arbeitsmarkt. Wenn unterschiedliche Qualifikationen, Tätigkeiten und Arbeitszeiten berücksichtigt werden, liegt der bereinigte geschlechtsspezifische Lohnunterschied bei 6 Prozent.

Ungleichheit nach Umverteilung

Die Ungleichheit in der Primärverteilung ist gewaltig. Was in der ersten Runde der Einkommensverteilung schiefläuft, kann der Staat anschließend nur mühsam mittels Steuern, Abgaben und Transfers korrigieren. Umgekehrt entlastet eine egalitäre Primärverteilung den Staat, da er dann weniger bedürftige Bürger unterstützen muss. Der soziale Ausgleich und somit die Wirksamkeit des Sozialstaats lässt jedoch nach. Dies zeigt die Einkommensverteilung nach staatlicher Umverteilung.

Seit 1991 verteilen sich die Nettoeinkommen immer ungleicher.[15] Nach der Jahrtausendwende konnte der Sozialstaat die steigende Ungleichheit der Markteinkommen immer schlechter korrigieren. Nach 2005 stagnierte die Ungleichheit auf hohem Niveau. Während das Nettoeinkommen eines Durchschnittsverdieners zwischen 1991 und 2016 real um 18 Prozent wuchs, konnten die Reichen ihr verfügbares Einkommen um 35 Prozent steigern (Grabka/Goebel/Liebig 2019). Die unteren 40 Prozent erzielten hingegen keinen nennenswerten Zuwachs. Die Einkommensschwächsten mussten sogar reale Einbußen von 9 Prozent hinnehmen. Seit 2010 sinken ihre Einkommen trotz Aufschwung und schrumpfender Arbeitslosigkeit.

Die Besserverdienenden beziehen heute das 3,7-fache Nettoeinkommen des ärmsten Zehntels. Nach der Deutschen Einheit war es noch das Dreifache. Der entsprechende Gini-Koeffizient stieg um ein Fünftel auf 0,294.[16] In den letzten 30 Jahren wuchs die Ungleichheit der verfügbaren Einkommen hierzulande sogar stärker als in den USA (Fratzscher 2016).

---

15 Gemeint sind die verfügbaren Haushaltseinkommen. Sie bestehen nach Definition des DIW aus dem Markteinkommen aller Haushaltsmitglieder, zuzüglich öffentlicher Renten und staatlicher monetärer Transfers, abzüglich direkter Steuern und Sozialabgaben, aber inklusive dem Mietwert selbst genutzten Wohneigentums.

16 Der niedrigere Wert gegenüber dem Gini-Koeffizienten der Markteinkommen belegt statistisch die – wenn auch rückläufige – Wirksamkeit sozialstaatlicher Umverteilung.

Abbildung 2
Verfügbares Haushaltseinkommen 1991–2016

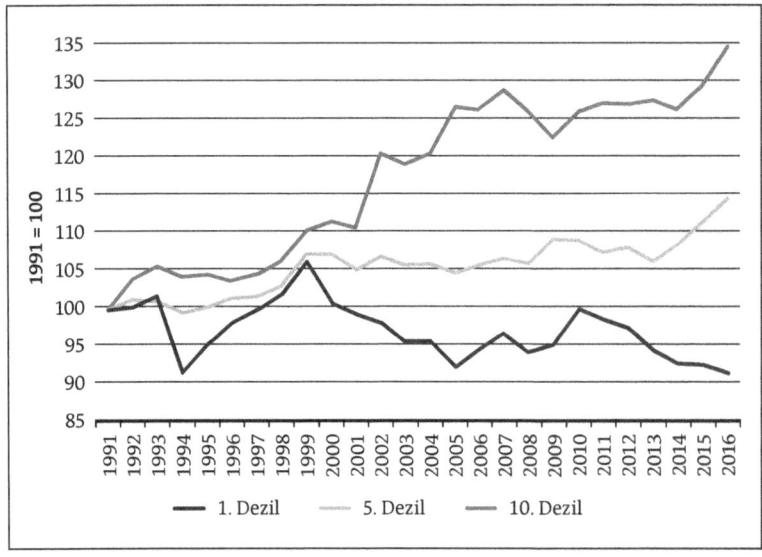

Quelle: DIW

Ungleiche Vermögensverteilung

Besonders ausgeprägt ist die Vermögensungleichheit, denn hier reproduziert sich Ungleichheit über Generationen hinweg. Einkommen und Vermögen sind eng miteinander verknüpft: Wer ein hohes Einkommen hat, kann mehr sparen und somit Vermögen anhäufen. Umgekehrt erhöhen Vermögenserträge, also Zinsen, Dividenden oder Kursgewinne, das Einkommen. Das gesamte heimische Bruttovermögen beläuft sich nach Angaben der Deutschen Bundesbank auf 14 Billionen Euro. Nach Abzug von Schulden bleibt ein Nettovermögen von 13 Billionen Euro. Seit der Jahrtausendwende verdoppelte sich dieses private Vermögen, das sich in wenigen Händen befindet. Zwischen München und Hamburg verfügt das reichste Zehntel über fast zwei Drittel des gesamten Nettovermögens (Bach/Tiemann/Zucco 2015). Das reichste ein Prozent hält rund ein Drittel des Vermögens und die Top 0,1 Prozent – 41.000 Haushalte – besitzen über 17 Prozent des Vermögens. Die unteren 40 Prozent der Bevölkerung gehen hingegen fast leer aus oder waren sogar verschuldet. Der Gini-Koeffizient liegt mit 0,775 deutlich höher als bei der Einkommensverteilung. Nirgendwo in Europa ist die Vermögensungleichheit so stark ausgeprägt wie in Deutschland (Fratzscher 2016). Vermögen sind hierzulande ähnlich ungleich verteilt wie in den USA.

Ein großer Teil des Vermögens wird in den nächsten Jahren weitervererbt. Eine gigantische Welle großer Erbschaften und Schenkungen rollt über unser Land. Jedes Jahr werden geschätzte 400 Milliarden Euro weitergegeben. Das entspricht 12 Prozent des Sozialproduktes.

Vererbt wird immer nach dem Matthäus-Prinzip: Wer hat, dem wird gegeben. Glückliche 0,1 Prozent erben im Schnitt stolze 17 Millionen (Bach 2018). Jeder zwölfte Deutsche erwartet ein Erbe von mehr als 200.000 Euro. Die Hälfte der Bevölkerung wird hingegen überhaupt nichts erben. Folglich wird die Vermögensungleichheit mit jeder großen Erbschaft weiter zunehmen.

Reichtum und Armut

Die wachsende Ungleichheit hat die Ränder der Einkommens- und Vermögensverteilung vergrößert. Während die Mitte schrumpft, nehmen Reichtum und Armut zu. Die Mittelschicht, hier definiert als Bevölkerungsgruppe mit einem Erwerbseinkommen zwischen 60 und 200 Prozent des Medianeinkommens, ist zwischen 1992 und 2013 von 56 auf 48 Prozent geschrumpft (Bosch/Kalina 2016). Die Einkommens- und Vermögensverteilung hat sich polarisiert.

Wer zum Club der Reichen gehört, ist gesellschaftlich umstritten. Individueller Reichtum beschreibt einen Zustand der Überversorgung. Letzterer muss normativ gesetzt werden und kann anschließend qualitativ oder quantitativ ermittelt werden. Immer vorausgesetzt, die notwendigen Informationen können überhaupt beschafft werden. Lange Zeit war die Beletage der Einkommens- und Vermögenspyramide eine Black Box. Eine fundierte Analyse des individuellen Reichtums scheiterte am unzureichenden sozialstatistischen Material. So blieben Umfang, Quellen und Ursachen hoher Einkommen und Vermögen im Dunkeln. Dies hat sich in den letzten zwei Jahrzehnten etwas verbessert. Mit der regelmäßigen Erstellung der bundesweiten Reichtums- und Armutsberichte wurden die Forschungsaktivitäten zu hohen Einkommen und Vermögen intensiviert. Weiterhin werden jedoch sehr hohe Einkommen und Vermögen in vielen Erhebungen (SOEP, EVS) überhaupt nicht erfasst.

Im Armuts- und Reichtumsbericht der Bundesregierung gilt als reich, wer das Zwei- bis Dreifache des mittleren Einkommens bezieht. Im Jahr 2016 erzielten fast 8 Prozent der Bevölkerung das Doppelte des durchschnittlichen Nettohaushaltseinkommens – genau 3.742 Euro. Knapp 2 Prozent der Bevölkerung bekamen das Dreifache des mittleren Nettoeinkommens (5614 Euro). Diese relativen Reichtumsmaße stoßen jedoch in der Bevölkerung auf großes Unverständnis. Im Alltagsverständnis gilt jemand als reich, der eine Villa, einen Ferrari, eine Motoryacht und einen Privatjet besitzt und nicht ein höherer Angestellter oder Beamter mit einem monatlichen Haushaltseinkommen von 5600 Euro netto. Was die Bundesregierung hier als vermeintlichen Reichtum messen lässt, ist lediglich materieller Wohlstand.

Populärer und gesellschaftlich breiter akzeptiert sind hingegen absolute Reichtumsgrenzen. In Deutschland leben laut Lohn- und Einkommensstatistik rund 21.000 Einkommensmillionäre. In zwei Jahrzehnten verdoppelte dieser Millionärsclub seine Mitgliederzahl. Sie erzielen heute Jahreseinkünfte in Höhe von insgesamt 57 Milliarden Euro. Diese Millionäre haben ein durchschnittliches Jahreseinkommen von 2,7 Millionen Euro brutto.

Das ganze Ausmaß des privaten Reichtums wird jedoch erst sichtbar, wenn auch Vermögen einbezogen werden. Dann wächst die Zahl der heimischen Millionäre auf fast 1,4 Millionen (Capgemini 2019). Ihr gesamtes Vermögen beläuft sich auf rund 4,5 Billionen Euro. Zwischen Berlin und München leben nach Schätzungen des US-Wirtschafts-Magazins Forbes 114 Milliardäre mit einem Gesamtvermögen von etwa 440 Milliarden Euro. Das Manager-Magazin zählt fast 200 Milliardäre. Damit hat Deutschland den größten Club der Superreichen in Europa. Die reichsten Deutschen sind die Familie Reimann mit einem Vermögen von 35 Milliarden Euro, gefolgt von Dieter Schwarz (Lidl) mit 27,5 Milliarden Euro sowie Susanne Klatten und Stefan Quandt (BMW-Erben) mit 26,5 Milliarden Euro. Nur zur Veranschaulichung: Wer eine Milliarde Euro besitzt, kann 2.700 Jahre jeden Tag 1.000 Euro ausgeben.

Die Kehrseite des Reichtums ist die Armut. Was genau unter Armut zu verstehen ist, ist ebenfalls gesellschaftlich umstritten und umkämpft. Armut ist ein gesellschaftliches Konstrukt, welches durch Wissenschaft, Medien und Politik geformt wird (Butterwegge 2015). In modernen Gesellschaften kann die Armutsgrenze nicht allein durch das physische Existenzminimum bestimmt werden. Armut ist eine relative Größe. Als arm gelten Menschen, die nicht über die materiellen, sozialen und kulturellen Mittel verfügen, um über dem gesellschaftlichen Minimum zu leben.

In der Europäischen Union setzte sich eine Armutsdefinition durch, welche die Armutsgrenze bei 60 Prozent des bedarfsgewichteten, mittleren Nettohaushaltseinkommens zieht. Diese Armutsrisikoquote stieg seit Mitte der 1990er-Jahre von 11 auf fast 16 Prozent. Dies entspricht rund 13 Millionen Menschen.[17] Die Armutsquote – 50 Prozent des mittleren Einkommens – verdoppelte sich zwischen 1991 und 2015 auf 10,4 Prozent. Darüber hinaus war fast jeder fünfte Deutsche, das sind rund 15,5 Millionen Menschen, von Armut oder sozialer Ausgrenzung bedroht.[18]

Jeder elfte Deutsche bekommt aktuell Mindestsicherung (ALG II, Sozialgeld, Hilfe zum Lebensunterhalt, Grundsicherung im Alter und bei Erwerbsminderung, Regelleistungen nach dem Asylbewerberleistungsgesetz). Nicht alle Bedürftigen nehmen aber staatliche Hilfe in Anspruch.

Beachtlich ist, dass die Armut auch im zweitlängsten Aufschwung der Nachkriegsgeschichte weiter zunahm, was zeigt, dass die Zuwächse des Volkseinkommens nicht bei den unteren Bevölkerungsgruppen ankamen.

Die größte Armut innerhalb Deutschlands gibt es im Osten und in Nordrhein-Westfalen. Besonders betroffen sind Geringqualifizierte, Alleinlebende, Alleinerziehende, Erwerbslose, Migranten, Kinder, junge Erwachsene und zunehmend ältere Menschen. Jedes fünfte Kind (unter 18 Jahren) und jeder siebte ältere Mensch (ab 65 Jahren) sind hierzulande arm. Jeder dritte Arme arbeitet und drei von fünf Armen haben ein mittleres oder hohes Qualifikationsniveau. Bildung und Arbeit helfen hier nicht gegen Armut.

Zudem sind drei von fünf Arbeitslosen arm. Langzeitarbeitslose, die besonders von Armut bedroht sind, machen rund 40 Prozent aller Erwerbslosen aus. Die Zahl der Obdachlosen liegt nach Schätzungen des BMAS über 300.000.

---

17 Diese Armutsgrenze lag in absoluten Zahlen für eine alleinlebende Person bei 1096 Euro im Monat, für zwei Erwachsene mit zwei Kindern unter 14 Jahren bei 2302 Euro im Monat.

18 Eine Person gilt dann als von Armut oder sozialer Ausgrenzung bedroht, wenn entweder ihr Einkommen unter der Armutsgrenze liegt, ihr Haushalt erhebliche materielle Entbehrungen hinnehmen muss, oder sie in einem Haushalt mit sehr geringer Erwerbsbeteiligung lebt.

Soziale Mobilität

Der liberale Kapitalismus sollte die Aristokratie durch die Meritokratie ersetzen. Ungleichheit und Armut sind weniger bedrohlich, wenn Geringverdiener, prekär Beschäftigte und Arbeitslose gute Chancen haben, sozial aufzusteigen. Das ist aber in Deutschland nicht der Fall.

Die Einkommensmobilität ist in den letzten zwei Jahrzehnten zurückgegangen. Dies gilt besonders für Ostdeutschland. Arm bleibt arm und Reich bleibt reich. Die Hälfte der Einkommensschwachen schafft es innerhalb von fünf Jahren nicht aus der Armut herauszukommen (WSI 2016). Armutslöhne sind hierzulande kein Sprungbrett in gute Arbeit, sondern eine Armutsfalle. Drei von fünf Geringverdienern arbeiten dauerhaft in gering entlohnten Jobs (Grabka/Schröder 2019). Gleichzeitig stieg das Risiko der unteren Mittelschicht finanziell abzusteigen. Im Gegensatz dazu haben Wohlhabende tendenziell größere Aufstiegschancen. Drei von fünf Reichen bleiben reich. Folglich geht die steigende Ungleichheit einher mit sinkender sozialer Mobilität.

Einkommen und Bildung hängen sehr stark von der sozialen Herkunft ab (Hirschel 2004). 40 Prozent der Einkommen und die Hälfte des Bildungserfolgs sind hierzulande auf die soziale Herkunft zurückzuführen (Schnitzlein 2013). Laut OECD dauert es in Deutschland sechs Generationen, bis die Nachkommen eines Geringverdieners das Durchschnittseinkommen erreichen. In anderen Untersuchungen dauert der soziale Aufstieg »nur« zwei bis vier Generationen. Mit sozialer Durchlässigkeit hat das wenig zu tun. Im internationalen Vergleich ist Deutschland damit Schlusslicht.

Ursachen der steigenden Ungleichheit

Dass Privateigentum, Markt und Wettbewerb Ungleichheit erzeugen, ist nicht umstritten. Kontrovers diskutiert wird jedoch die Frage, warum sich die Kluft zwischen Arm und Reich in den letzten Jahrzehnten so vertieft hat.

Aus wirtschaftsliberaler Sicht ist die fortschreitende soziale Spaltung zwangsläufiges Ergebnis eines wirtschaftlichen Wandels: Der technische Fortschritt und die Globalisierung hätten zu einer steigenden Nachfrage nach qualifizierten Arbeitskräften geführt. Folglich stiegen deren Einkommen. Gleichzeitig fanden geringqualifizierte Beschäftigte kaum noch Arbeit, ihre Arbeitsplätze wurden angeblich wegrationalisiert oder verlagert. Folglich schrumpften ihre Einkommen.

In der Praxis überzeugt diese Erklärung nicht. Während alle Industrieländer vom technischen Fortschritt und der Globalisierung betroffen waren, stieg die Ungleichheit unterschiedlich stark. Hierzulande sank die Nachfrage nach geringqualifizierter Arbeit schon in den 1970er-Jahren. Bis zur Deutschen Einheit konnte jedoch ein inklusives Lohnsystem – hohe Tarifbindung – verhindern, dass die Löhne der Geringqualifizierten sanken (Bosch/Kalina 2017).

Unbestritten stärkte die erweiterte internationale Arbeitsteilung die Verhandlungs- und Durchsetzungsmacht der Kapitaleigentümer und des Managements. Gleichzeitig erhöhte die Herrschaft der Finanzmärkte den Renditedruck und verschärfte die Umverteilung zugunsten der Spitzenverdiener. Unbestritten sind auch die Monopolrenten der Internetgiganten und der massive Umbau der Arbeitswelt im digitalen Zeitalter. Hinzu kommt, dass der Weg in die Dienstleistungsgesellschaft in vielen Ländern mit unsicherer Beschäftigung und Armutslöhnen gepflastert war. Die Auswirkungen dieses ökonomischen Strukturwandels auf die Einkommens- und Vermögensverteilung sind jedoch abhängig von seiner politischen Gestaltung.

Politik macht den Unterschied. Im Mittelpunkt stehen dabei das Regelwerk respektive die Institutionen des Arbeitsmarkts. Sie beeinflussen maßgeblich die Aufteilung des Einkommenskuchens. Die Lohn- und Gehaltsentwicklung hängt von der Verhandlungs- und Durchsetzungsmacht der Arbeitnehmer und ihrer Gewerkschaften ab. Ihre Verhandlungsposition wird wiederum von der wirtschaftlichen Lage, der Struktur der Beschäftigung, dem Arbeitsrecht sowie der Wirkung des Sozialstaats bestimmt. So verbessern beispielsweise Mindestlöhne, eine hohe Tarifbindung, viele reguläre Jobs, ein guter Kündigungsschutz und hohe Lohnersatzleistungen die Verwertungsbedingungen der Ware Arbeitskraft.

Eine zentrale Ursache für die starke Spreizung der Markteinkommen und Löhne war die Erosion des Tarifsystems. Das, was Gewerkschaften aushandeln, kommt heute nur noch bei jedem zweiten Beschäftigten an. Vor der Deutschen Einheit lag die Tarifbindung in Westdeutschland bei über 80 Prozent. Aufgrund des rückläufigen Tarifschutzes stieg die Zahl der Geringverdiener bereits vor dem massiven Ausbau des Niedriglohnsektors durch die Schröder-Regierung.

Der jüngste Anstieg der Ungleichheit wurde durch die politische Entwertung und Entgrenzung der Arbeit forciert. Die Agenda-Politik der Schröder-Regierung deregulierte den Arbeitsmarkt und baute die sozialen Sicherungssysteme um. Rot-Grün beschränkte den Kündigungsschutz, erleichterte sachgrundlose Befristungen, förderte die Leiharbeit, prekäre Selbstständigkeit (Ich-AG) und machte Minijobs attraktiver. Die Hartz-Gesetze setzten Arbeitslose unter Druck auch geringer entlohnte und unsichere Arbeit anzunehmen. Folglich beruhte das Jobwachstums der 2000er-Jahre auf Zeitarbeit, Teilzeitjobs, geringfügigen und befristeten Beschäftigungsverhältnissen, Werkverträgen und Soloselbständigkeit. Die Erosion regulärer Arbeitsverhältnisse unterhöhlte das Tarifsystem und schwächte die Gewerkschaften.

Die geschwächte gewerkschaftliche Verhandlungsposition hinterließ große Spuren in der primären Einkommensverteilung. Die Lohnquote – der Anteil der Löhne und Gehälter am Volkseinkommen – ging auf Talfahrt. Gleichzeitig öffnete sich die Kluft bei den Markteinkommen immer weiter. Selbst das starke Jobwachstum konnte den Ungleichheitstrend nicht stoppen.

Erst nach der Finanzmarktkrise konnten die Gewerkschaften wieder stärkere Lohnzuwächse in Höhe des Produktivitätswachstums durchsetzen. Der Fall der Lohnquote wurde gestoppt. Die Umverteilung der 2000er-Jahre konnte damit aber nicht rückgängig gemacht werden.

Doch damit nicht genug. Die geschwächten Gewerkschaften verloren auch an politischem Einfluss. Folglich konnten sie Leistungskürzungen bei Arbeitslosigkeit, Gesundheit und Rente sowie eine umfangreiche steuerpolitische Reichtumspflege nicht mehr verhindern.

Dieser neoliberale Ab- und Umbau des Sozialstaats ist dafür verantwortlich, dass das heimische Steuer- und Transfersystem mit den Herausforderungen steigender Ungleichheit nicht mehr Schritt halten konnte. Bis Anfang der 1990er-Jahre konnte Berlin mithilfe des Steuer- und Transfersystems den Anstieg der Ungleichheit in der primären Einkommensverteilung noch verringern, Seitdem hat die umverteilende Wirkung des Sozialstaates deutlich nachgelassen. Erst nach der Finanzmarktkrise konnte der Sozialstaat wieder politisch gestärkt werden. Die Corona-Pandemie macht aber, wie ein Brennglas, seine Sicherungs- und Versorgungslücken sichtbar.

Erst, wenn der letzte Baum gerodet ist …
Die ökologische Krise

In Australien und Brasilien brennen die Wälder. Weltweit nehmen Extremtemperaturen, Orkane, Dürren und Starkniederschläge zu. Der Meeresspiegel steigt, die Wasservorräte nehmen ab, die Böden erodieren und die Gletscher schmelzen. Die Meere versauern, die Biodiversität geht verloren und viele Arten sterben. Der Klimawandel ist inzwischen allgegenwärtig.

In Deutschland hat sich die Zahl extremer Wetterereignisse in den letzten 50 Jahren mehr als verdoppelt (BMU 2018). Die Winter werden wärmer und feuchter. Die Alpengletscher könnten in den nächsten 20 Jahren vier Fünftel ihrer Masse verlieren. An der deutschen Küste ist der Meeresspiegel in den letzten 100 Jahren um bis zu 20 cm gestiegen und damit nimmt auch die Hochwassergefahr zu. Bis Ende dieses Jahrhunderts können sich die jährlichen Schäden durch Überschwemmungen und Hochwasser im Vergleich zum Zeitraum 1961 bis 2000 verdoppeln bis verdreifachen (BMU 2018). Die heißen Sommer reduzieren das Wasser, gefährden die Ernteerträge und erhöhen die Waldbrandgefahr. Zwischen Kiel und Garmisch-Partenkirchen gefährden die steigenden Temperaturen und Regenfälle die biologische Vielfalt. Bienen, Rebhühner und Feldlerchen drohen auszusterben.

Der Klimawandel hat ökonomische Ursachen. Die kapitalistischen Produktions- und Konsummuster sind ökologisch blind. Unser Wirtschaftssystem ist auf grenzenloses Wachstum ausgerichtet. Die kapitalistische Produktionsweise zielt auf die Erzeugung von mehr Produkten in gleicher Zeit, oder auf die Produktion der gleichen Warenmenge in kürzerer Zeit ab. Der expansive kapitalistische Produktionsprozess profitiert sehr stark von fossilen Energieträgern. Deswegen lag der Anteil der fossilen Brennstoffe am weltweiten Energieverbrauch in den letzten 30 Jahren bei konstant 80 Prozent. Die Verbrennung von Öl, Kohle, Gas und anderen Brennstoffen setzten 2019 insgesamt 37 Gigatonnen CO_2 in die Atmosphäre frei. Ein neuer Negativrekord. Öl, Kohle und Gas können orts- und zeitunabhängig eingesetzt werden. Sie ermöglichen eine Konzentration und Zentralisation ökonomischer Prozesse, unterstützen aber gleichzeitig Mobilität und eine dezentrale Produktion (Altvater 2006). Kurzum: Die fossilen Energieträger gestatten eine von natürlichen Gegebenheiten weitgehend unabhängige Renditejagd. Kein Wunder, dass die fossilen Energieträger und der Kapitalismus beste Freunde wurden.

Das Ergebnis dieser engen Freundschaft ist ein beschleunigtes Wachstum. Im fossilen Industriekapitalismus verzehnfachten sich die jährlichen Wachstumsraten gegenüber dem vorindustriellen Zeitalter und alle 35 bis 40 Jahre verdoppelte sich das Sozialprodukt. Zwar hat sich das Wachstum der Industrieländer seit den 1970er-Jahren deutlich verlangsamt, der Wachstumszwang bleibt aber bestehen. Der ökologische

Preis für das beschleunigte Wachstum ist ein historisch einzigartiger Raubbau an der Natur.

Dieses Wachstum verläuft ungleichmäßig und ungleichzeitig. Einige Nationen eilen voraus, andere verlieren den Anschluss. Folglich produziert das beschleunigte Wachstum neben Wohlstand auch Ungleichheit (Altvater 2006). Aus ökologischer Sicht zeigt sich diese Ungleichheit beim Verbrauch fossiler Energieträger, mineralischer und agrarischer Ressourcen oder bei der Emission von Treibhausgasen.

Der ökologische Fußabdruck der Industrieländer ist pro Kopf um ein Vielfaches größer als der Abdruck der Schwellen- und Entwicklungsländer. 100 Konzerne, überwiegend beheimatet auf der Nordhalbkugel, verursachen über 70 Prozent des weltweiten Klimagasausstoßes (CDP 2017). Wohlhabende und Reiche belasten die Umwelt stärker als Geringverdiener und sozial Benachteiligte. Sie wohnen in großen Wohnungen, fahren spritfressende Autos, fliegen häufiger und konsumieren mehr. Die reichsten 10 Prozent der Weltbevölkerung verantworten 45 Prozent aller CO_2-Emissionen (Chancel/Piketty 2015), die untere Hälfte emittiert hingegen lediglich 13 Prozent des Klimagases. Während der CO_2-Anteil der reichsten Bevölkerungsgruppen überproportional steigt, sinkt er beim ärmsten Teil der Weltbevölkerung. Hierzulande verursacht das reichste Zehntel der Haushalte dreimal so viel CO_2 wie die ärmsten 10 Prozent (SVR 2019). Die ökologische Frage ist somit immer auch eine Verteilungsfrage.

Grenzen des fossilen Wachstums

Die Grenzen des fossilen Wachstums sind bereits erreicht. In den letzten 50 Jahren hatte sich der weltweite Abbau von Rohstoffen mehr als verdreifacht. Wenn diese Entwicklung ungebremst weitergeht, dann verdoppelt sich der Ressourcenverbrauch in den nächsten 30 Jahren.

Dafür reichen die weltweiten Ressourcen mit hoher Wahrscheinlichkeit nicht aus. Die Internationale Energieagentur (IEA) schätzt, dass der Scheitelpunkt der konventionellen Ölförderung bereits Anfang dieses Jahrzehnts erreicht ist (IEA 2018).[19] Dann droht eine weltweite Versorgungskrise. Ohne eine Einschränkung des Materialverbrauches könn-

---

19 Wann die Rohstoffe wirklich knapp werden ist umstritten. Die Ölkonzerne erschlossen in den letzten Jahrzehnten immer neue Reserven fossiler Energiequellen, wie beispielsweise Ölsande und Fracking.

ten die Preise für fossile Rohstoffe kräftig steigen.[20] Diese drohende Ressourcenknappheit würde die Wahrscheinlichkeit politischer und kriegerischer Auseinandersetzungen, um Öl, Gas, Kohle und andere seltene Rohstoffe erhöhen. Eine Garantie, dass die Energie- und Ressourcenpreise ohne staatliche Eingriffe steigen werden, gibt es aber nicht. Die Liste der Fehlprognosen ist lang. Immer wieder senkten die Prospektion und Erschließung zusätzlicher fossiler Energiereserven die Marktpreise.

Eines ist jedoch klar: Bei einer Verdoppelung des Ressourcenverbrauchs würden die Treibhausgasemissionen um mehr als 40 Prozent steigen. Denn der Abbau und die Verarbeitung von Materialien, Brennstoffen und Nahrungsmitteln verursachen die Hälfte des globalen CO_2-Ausstoßes und über 90 Prozent des Verlusts an biologischer Vielfalt und Belastung der Gewässer (UN 2019). Die Erde hat sich aber schon heute gegenüber der vorindustriellen Zeit um rund ein Grad erwärmt.[21] Ohne eine Begrenzung des Treibhausgasausstoßes könnte sich unser Planet bis 2100 um 4 oder mehr Grad erhitzen. Die durch den Klimawandel ausgelösten Veränderungen könnten sich dann verselbstständigen und unumkehrbar werden. Dazu gehört auch das Auftauen der Permafrostböden, was die Erde weiter erwärmen würde. Zu diesen Kipppunkten kann es aber auch schon früher kommen. Der steigende Meeresspiegel droht dann zahlreiche Küstengebiete und -städte zu überfluten (IPCC 2019). 22 der 50 größten Städte sind Küstenstädte. In Tokio, Shanghai, Buenos Aires, New York, Jakarta und Mumbai könnten Straßen zu Kanälen und Wolkenkratzer zur neuen Heimat für Fische werden. Jeder zehnte Mensch lebt in einer Küstenregion, die sich weniger als 10 Meter über dem heutigen Meeresspiegel befindet.

Am stärksten würde es die Armenhäuser der Welt treffen, diejenigen also, die am wenigsten für den Klimawandel verantwortlich sind. In Bangladesch liegt rund ein Fünftel der Landesfläche nur einen Meter über dem Meeresspiegel. Dort leben 35 Millionen Menschen. Zahlreiche Pazifikinseln könnten ganz verschwinden. Die Malediven haben bereits einen Staatsfonds aufgelegt, der zukünftig in Australien oder Indien Land kaufen soll, um seine Bevölkerung umzusiedeln. In China, Indien und dem afrikanischen Kontinent würde die zunehmende Tro-

---

20 Die negativen Auswirkungen knapper Ressourcen auf das Wirtschaftswachstum thematisierte bereits der »Club of Rome« in seinem Bericht »Grenzen des Wachstums« in den 1970er-Jahren.
21 Vorindustrielle Zeit: 1750 bis 1850.

ckenheit die Ernteerträge sinken lassen und somit die Ernährungssicherheit bedrohen. Die Vereinten Nationen rechnen infolge des
Klimawandels mit einer starken Zunahme der weltweiten Flüchtlings-
ströme.

Die Zerstörung unserer natürlichen Lebensgrundlagen kommt uns
im wahrsten Sinne des Wortes teuer zu stehen. Der ehemalige Chefökо-
nom der Weltbank Nicolas Stern hat die ökonomischen Kosten des Klimawandels berechnet (Stern 2007). Wenn die globale Temperatur um
2 bis 3 Grad steigt, könnten die Kosten bis zur Mitte des Jahrhunderts ein
Prozent des globalen Sozialprodukts erreichen. Bei einem globalen Tem-
peraturanstieg von 5 bis 6 Grad beträgt der Verlust bis zu 10 Prozent. In
der Spitze können sich die Kosten auf bis zu 20 Prozent des globalen Sozialprodukts belaufen. Die Europäische Umweltagentur EEA geht davon
aus, dass der Klimawandel die Länder der Europäischen Union seit den
1980er-Jahren bereits mehr als 400 Milliarden Euro gekostet hat. Das
Deutsche Institut für Wirtschaftsforschung rechnet für Deutschland bis
zum Jahr 2050 mit Kosten von 800 Milliarden Euro (Kemfert 2007). Bis
zum Jahr 2100 würden sich die Umweltschäden sogar auf 3.000 Milliarden Euro summieren.

Diese hohen Kosten bewegten bereits einige Industrienationen zum
Handeln. Unternehmen und Staaten müssen in Klimaschutz investieren, wenn sie das umweltschädliche kapitalistische Wirtschaftsmodell
erhalten wollen. Wobei sie erst bei einer Erderhitzung von über 2 Grad
aktiv werden möchten. Bis zu dieser Schwelle werden ökologische Schäden in Kauf genommen. Nur wenn der Klimawandel mehr kostet als der
Klimaschutz, rechnet es sich für die Unternehmen Umwelt und Klima
zu schützen.

Rettet uns ein grüner Kapitalismus?

Der Kapitalismus ist ein sehr flexibles und dynamisches Wirtschaftssystem. Das Kapital sucht sich immer wieder neue Investitionsfelder.
Der Umwelt- und Klimaschutz ist inzwischen ein wichtiger Wirtschafts-
faktor geworden. Die globalen Investitionen in erneuerbare Energien
sind seit 2010 um 55 Prozent auf 300 Milliarden Dollar angestiegen
(IEA 2019). Europäische Unternehmen investierten 2019 rund 124 Milliarden in den Schutz des Klimas. In Deutschland erwirtschafteten das
produzierende Gewerbe und der Dienstleistungssektor 2017 über 74 Milliarden Euro Umsatz mit Waren, Bau- und Dienstleistungen für den
Klima- und Umweltschutz. Die größten Wirtschaftszweige waren der

Maschinenbau, die Herstellung von elektrischen Ausrüstungen sowie die Erzeugung von Gummi- und Kunststoffwaren. Die regenerativen Energien sind heute preislich konkurrenzfähig. Die Photovoltaik hat sich seit der Jahrtausendwende auf ein Zehntel verbilligt. Bei einer Ausschreibung für Offshore-Kraftwerke verlangten Energie-Baden-Württemberg und die dänische Dong 2017 erstmals keinen Cent Förderung. Ein wichtiger Teil der deutschen Exportindustrie setzt inzwischen auf Klimaschutztechnologie, was bedeutet, dass wenn immer mehr Staaten aktiv gegen den Klimawandel vorgehen, die Absatzchancen der deutschen Umweltindustrie steigen. Für einige Unternehmen ist der Kampf gegen den Raubbau der Natur zu einer neuen Wachstumsquelle geworden.

Die neue Umweltindustrie konnte das Wirtschaftswachstum aber nicht hinreichend vom Ressourcenverbrauch entkoppeln. In den letzten Jahrzehnten konnte die grüne technologische Revolution den Energieverbrauch nicht senken, da effizienzbedingte Kosteneinsparungen den Verbrauch erhöhten. Bereits in den 1970er- und 1980er-Jahren führten Effizienzsteigerungen immer wieder zu einer vermehrten, intensiveren oder häufigeren Energienutzung. Zwischen 1990 und 2007 stieg die Energieproduktivität um knapp 40 Prozent. Gleichzeitig sank jedoch der Energieverbrauch nur um 7 Prozent. Die umweltfreundlichen Effizienzgewinne wurden durch den sogenannten Bumerang- beziehungsweise Rebound-Effekt fast vollständig zunichtegemacht.

Hierzu ein Beispiel aus der Automobilindustrie: Die Autobauer senkten durch die Entwicklung effizienter Verbrennungsmotoren den Spritverbrauch. Mit mehr sparsameren Autos wurden aber anschließend mehr Kilometer zurückgelegt. Die Fahrzeugausstattung pro Haushalt stieg. Zudem wurden die Autos immer größer und schwerer – und zusätzlich packten die Hersteller immer mehr PS unter die Haube, was den Benzinverbrauch wieder erhöhte.

Ein weiteres Beispiel ist die Unterhaltungselektronik: Wenn Fernseher weniger Energie verbrauchen, bauen die Hersteller größere Bildschirme. Sinken die Energiekosten des Fernsehers, kaufen die Kunden zwei Flimmerkisten.

Der Rebound-Effekt ist kein Naturgesetz. Er macht aber deutlich, dass ohne politische Eingriffe in die Profit- und Marktlogik des Kapitalismus der ökologische Umbau auf halber Strecke stecken bleibt. Doch damit nicht genug. Der Kapitalismus hat sich noch lange nicht von seinem fossilen Betriebssystem getrennt. Öl-, Kohle-, Gas- und Atomkonzerne

halten an ihren fossilen Energieträgern fest.[22] Ihre abgeschriebenen
Atom- und Kohlekraftwerke sollen solange wie möglich am Netz bleiben und weltweit werden neue Atomkraft- und Kohlekraftwerke errich-
tet. Zwei Drittel der globalen Energieinvestitionen gehen immer noch
in Öl, Gas und Kohle. Die fossilen Reserven, Schürf- und Förderpläne
von Exxon Mobil, Royal Dutch Shell, Chevron und Anderen sind mit
den internationalen Klimazielen nicht vereinbar. Wenn Big Oil seine aktuellen Kohle-, Gas- und Ölvorräte nicht mehr verbrennen kann, dann
droht den Konzernen ein gigantischer Wertverlust. Folglich wird das
fossile Imperium nicht kampflos das Feld räumen. Und ein US-Präsident Donald Trump gibt den Ölmultis zusätzliche politische Rücken-
deckung.

Gescheiterte Klimapolitik

Der Klimawandel kennt keine nationalen Grenzen. Folglich ist Klimapolitik immer auch internationale Politik. Vor über 40 Jahren fand die
erste Weltklimakonferenz in Genf statt. Fast zehn Jahre später wurde
der internationale Klimarat IPCC gegründet. Im Jahr 1992 trafen sich
in Rio de Janeiro 178 Staaten zu einer UN-Konferenz über Umwelt und
Entwicklung. Dort verpflichteten sich die Industrienationen weniger
Treibhausgase auszustoßen. Fünf Jahre später unterzeichneten sie im
japanischen Kyoto ein erstes rechtlich verbindliches Klimaabkommen.
Die sechs wichtigsten Treibhausgasemissionen sollten bis 2012 um mindestens 5 Prozent gegenüber 1990 gesenkt werden.[23] Die Entwicklungsländer durften hingegen ihre Emissionen weiter erhöhen. Dieses wenig
ambitionierte Klimaziel konnten die Industrieländer aber nur dank der
schweren Wirtschaftskrise 2007 und aufgrund der kollabierten osteuro-
päischen Industrieproduktion erreichen.

Auf der Weltklimakonferenz in Paris 2015 beschlossen 195 Staats-
und Regierungschefs, dem Raubbau an der Natur stärker Einhalt zu
gebieten. Sie wollten die globale Temperaturerhöhung auf maximal
2 Grad, möglichst aber 1,5 Grad, begrenzen. Dieses Klimaziel würde die
CO_2-Emissionen in den nächsten zehn Jahren um ein Viertel gegen-

---

22 Exxon Mobil, BP, Shell & Co haben heute fünfmal mehr Kohlenstoff in ihren
    Reserven als mit dem 2-Grad-Ziel vereinbar ist (Initiative Carbon Tracker).
23 Dieses Reduktionsziel relativiert sich dadurch, dass die Emissionen der Indus-
    triestaaten wegen des Zusammenbruchs der osteuropäischen Industrien im
    Jahr 1997 bereits 8 Prozent unter dem Niveau von 1990 lagen. In Kyoto wurde
    lediglich ein weiterer Emissionszuwachs vereinbart.

über 2010 schrumpfen lassen. Bis 2050 müsste der Treibhausgasausstoß sogar um 80 bis 95 Prozent gesenkt werden. Das ambitioniertere 1,5 Grad-Ziel kann hingegen nur erreicht werden, wenn es gelingt den globalen Kohlendioxidausstoß um 45 Prozent zu drosseln. Darüber hinaus müssten 90 Prozent aller fossilen Reserven im Boden bleiben. Eine sehr schlechte Nachricht für die Ölkonzerne. Von 176 Staaten, die das Pariser Abkommen bisher ratifiziert haben, legten aber nur sieben Länder Aktionspläne vor, die mit der 2-Grad-Obergrenze vereinbar sind. Am Ende des Tages scheitert die Klimadiplomatie immer wieder an der kapitalistischen Standortlogik. Kein Land will zugunsten des Klimas wirtschaftliche Nachteile in Kauf nehmen.

Das gilt auch für die Berliner Klimapolitik. Die deutsche Bundesregierung wollte die Treibhausgase bis 2020 um mindestens 40 Prozent gegenüber 1990 senken. Bis Mitte des Jahrhunderts soll Deutschland weitgehend treibhausgasneutral sein. Doch das Aktionsprogramm Klimaschutz enthielt keine konkreten Maßnahmen. Zwangsläufig wurden die Klimaziele bis 2020 verfehlt.[24] Seit 2014 steigt der CO_2-Ausstoß in Deutschland sogar wieder. Auch die EU Klimaziele für Verkehr, Gebäude und Landwirtschaft wird Deutschland nicht erreichen.[25] Lediglich die Corona-Pandemie verbessert die Klimabilanz. Die Seuchenbekämpfung hat positive Nebenwirkungen. Geschlossene Fabriken blasen weniger Treibhausgase in die Luft. Wer im Homeoffice sitzt, wegen Kurzarbeit zu Hause ist oder in Quarantäne steckt, fliegt weniger und fährt weniger Auto und Bus. Der CO_2-Ausstoß könnte 2020 deutlich sinken.

Das Scheitern der deutschen Klimapolitik ist der Macht der deutschen Energie- und Automobilkonzerne sowie dem blinden Vertrauen in den grünen Markt zu verdanken. Das populärste marktwirtschaftliche Instrument zum Schutz des Klimas war und ist der Handel mit Verschmutzungsrechten. Dieser Emissionsrechtehandel gibt den Treibhausgasemissionen einen Preis. Die Verschmutzung der Natur soll nicht mehr gratis sein. Folglich bekommt die Atmosphäre einen ökonomischen Wert. Die Luftverschmutzung wird zertifiziert und erhält dadurch

---

24 Und das obwohl der Zusammenbruch der braunkohleintensiven DDR-Industrie bereits ein Viertel des Klimaziels einspielte. Bis 2017 konnte der CO_2-Ausstoß gegenüber 1990 nur um 27,5 Prozent reduziert werden (Umweltbundesamt 2019).

25 Bis 2020 sollte eine Emissionsminderung von 21 Prozent gegenüber 2005 erzielt werden. Ferner soll der EU-weite Treibhausgasausstoß bis 2050 um 80 bis 95 Prozent gegenüber 1990 verringert werden.

eine Eigentumsform, die überall gehandelt werden kann. Wenn ein Unternehmen Kohlendioxid in die Atmosphäre blasen will, muss es das Recht dazu besitzen.

Abbildung 3
Entwicklung des CO_2-Ausstoßes in Deutschland

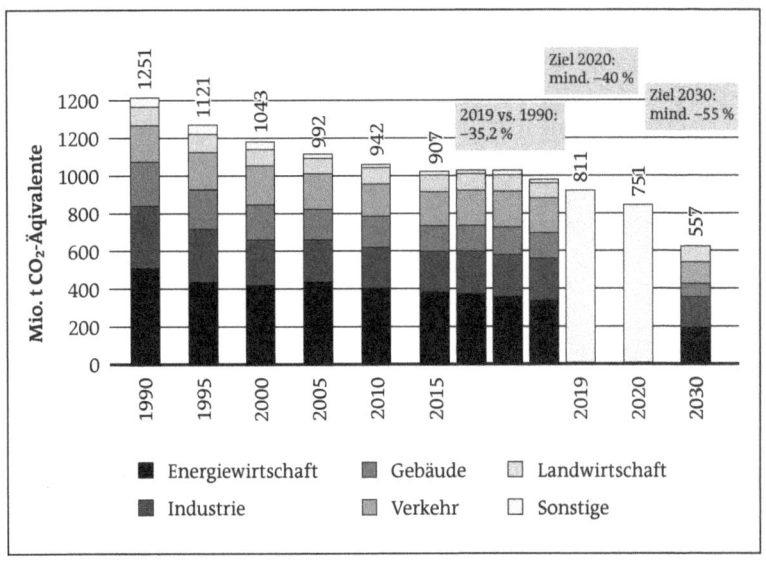

Quelle: Agora Energiewende

Diese CO_2-Emissionsrechte können politisch zugeteilt oder versteigert werden. Jedem Land wird eine Gesamtmenge an Verschmutzungsrechten zugeteilt. Dann verteilt die zuständige Regierung die Zertifikate an ihre Unternehmen. Am Ende jedes Jahres müssen die Unternehmen CO_2-Zertifikate in Höhe ihrer tatsächlichen Luftverschmutzung nachweisen. Jahr für Jahr reduziert die Regierung die Obergrenze und senkt somit den Schadstoffausstoß. Unternehmen und Staaten können ihre Verschmutzungsrechte untereinander handeln. Firmen, die mehr Kohlendioxid in die Luft blasen wollen als erlaubt, müssen Zertifikate zukaufen. Treibhausgassparende Umweltinvestitionen vermeiden diese Zusatzkosten. Sobald der Zertifikate-Preis teurer ist als der Klimaschutz, werden die Firmen in den Umweltschutz investieren. Der Kohlendioxidausstoß wird dann dort reduziert, wo es für die Unternehmen am preisgünstigsten ist. Soweit die graue Theorie.

Die Europäische Union startete 2005 mit dem European Union Emission Trading System (ETS) den ersten großen Feldversuch in Sachen Kohlendioxidhandel. Betroffen waren rund 12.000 Kraftwerke und große Industrieanlagen (Raffinerien, Zementwerke, Stahl- und Aluminiumwerke, etc.). Außen vor waren Verkehr, Landwirtschaft und private Haushalte.

Märkte sind aber keine machtfreien Räume. RWE, E.ON, Thyssen Krupp & Co konnten zum Start des Handelssystems durchsetzen, dass sie die Verschmutzungsrechte für ihre bisherigen CO_2-Emissionen gratis bekommen. Erst ab der dritten Handelsperiode (2013–2020) wurden die Emissionsrechte verstärkt versteigert. Für energieintensive Unternehmen gab es umfangreiche Ausnahmen. Darüber hinaus durften Unternehmen Verschmutzungsrechte aus dem Nicht-EU-Ausland erwerben. Diese stammten meist aus vermeintlichen Klimaschutzprojekten in Entwicklungsländern im Rahmen des Clean Development Mechanism (CDM) der Vereinten Nationen.

Die Unternehmen erhielten zu Beginn mehr Verschmutzungsrechte als sie brauchten. Folglich stürzte der Zertifikate-Preis in den Keller. Jahrelang lag der CO_2-Preis pro Tonne weit unter zehn Euro. Für einen relevanten Klimaschutz hätten aber 25 bis 30 Euro erzielt werden müssen. Nach Berechnungen des Umweltbundesamtes liegen die realen Schadenskosten für eine Tonne Kohlendioxid sogar bei 180 Euro. Die größten Profiteure des niedrigen Kohlendioxidpreises waren die alten bereits abgeschriebenen Braunkohlekraftwerke. Erst 2017 einigte sich die EU darauf, die Zahl der Zertifikate wirksam zu verringern. Nun nahm der Preis für den Kohlendioxidausstoß erstmals zu. Seit Einführung des Kohlendioxidhandels stiegen die Treibhausgasemissionen, der am Handel beteiligten Unternehmen. Eine katastrophale Bilanz für den Klimaschutz.[26]

Ausgebremste Energiewende

Deutschland gilt, trotz gescheiterter Klimapolitik, noch immer als Pionier der Energiewende. Nur die skandinavischen Länder beziehen mehr Strom aus Windenergie, Solarkraft und Biogas. Der Atomausstieg und das so genannte Erneuerbare Energien Gesetz (EEG) haben den Ausbau

---

26 Für die Stromversorger war der Emissionshandel eine Gelddruckmaschine. Sie legten den Marktwert ihrer kostenlos erhaltenen Emissionsgutschriften auf den Strompreis um und zockten so die Stromkunden ab.

der deutschen Solar- und Windenergie kräftig vorangetrieben. Zudem will die Berliner Republik jetzt auch noch raus aus der Kohle.[27]

Der Anteil der regenerativen Energien am Stromverbrauch stieg zwischen 2000 und 2018 von sechs auf rund 38 Prozent. Das ist so viel wie Braun- und Steinkohle zusammen. Die erneuerbaren Energien decken fast 17 Prozent des Endenergieverbrauchs ab und leisten damit einen wichtigen Beitrag zum Klimaschutz. Solarpaneelen, Windmühlen und Biogasanlagen konnten 2018 rund 184 Millionen Tonnen Treibhausgase vermeiden.

Die installierte Leistung von Wind und Sonne reicht an manchen Tagen aus, um den gesamten Stromverbrauch im Land zu decken. Probleme mit der grünen Stromversorgung entstehen nur dann, wenn weder die Sonne scheint noch der Wind weht. Dann braucht es Biomasse und Wasserkraft sowie konventionelle Kraftwerke, die einspringen, um die Stromversorgung auch bei »dunkler Flaute« sicherzustellen. Dies müssen aber nicht notwendigerweise Kohlekraftwerke sein. Diese Aufgabe können umweltfreundlichere Gaskraftwerke übernehmen.[28] Wenn diese mit Hilfe von Kraft-Wärme-Kopplung auch noch zusätzliche Wärme liefern, dann fällt der Treibhausgasausstoß noch niedriger aus. Der Betrieb von Gaskraftwerken rechnete sich jedoch in den letzten Jahren nicht, denn die niedrigen CO_2- und Strompreise bescherten den sauberen Gaskraftwerken Verluste und veranlassten einige Betreiber ihre Anlagen stillzulegen.

Der grüne Strom könnte wesentlich mehr dazu beitragen, dass andere Energiesektoren die Umwelt weniger belasten. Aktuell liegt der Anteil der regenerativen Energien bei Wärme und Verkehr nur bei 14 beziehungsweise 6 Prozent. Grüner Strom kann aber in Gase oder Flüssigkeiten umgewandelt werden, um ihn anschließend zum Heizen oder zum Betrieb von PKWs, LKWs, Flugzeugen oder Schiffen zu verwenden. Im Rahmen dieser Sektorkopplung können beispielsweise Elektrolyseanlagen mit Strom Wasserstoff produzieren. Diese sogenannten Power-to-X-Technologien sind jedoch ebenso wie viele Speichermethoden noch sehr teuer. Zudem ist Strom noch immer mit höheren Steuern, Umlagen und Abgaben belastet als die fossilen Energieträger.

Eine flächendeckende Versorgung mit regenerativen Energien scheitert auch an den Stromnetzen. Die Netze sind überlastet, sie werden von

---

27 Die Kohlekommission empfahl 2019 einen Kohleausstieg bis 2038.
28 Der CO_2-Ausstoß von Gaskraftwerken ist um die Hälfte niedriger als der von Kohlekraftwerken.

konventionellen Kraftwerken verstopft, die nicht kurzfristig herunter-
gefahren werden können, wenn viel Ökostrom fliest. Ferner muss der
Windstrom von den Küsten in die industriellen Zentren fließen. Dafür
fehlen die Trassen. Deswegen müssen die Übertragungsnetze ausgebaut
werden. Das Oligopol der privaten Netzbetreiber kommt mit dem Aus-
und Umbau der Stromnetze aber nur schleppend voran.[29] Bürgerinti-
ativen und Bauern wollen nicht, dass die Trassen unter ihren Äckern, in
ihrer Nachbarschaft oder durch Schutzgebiete verlaufen. Die Planfest-
stellungsverfahren dauern rund drei Jahre. Gleichzeitig müssen auch
die kommunalen und regionalen Verteilernetze ausgebaut werden.

In den letzten Jahren sind die erneuerbaren Energien Opfer ihres
eigenen Erfolges geworden (Kemfert 2017). Der Boom der regenerativen Energien führte zu einem Überangebot an Strom und drückte den
Börsenpreis an der Leipziger Strombörse.[30] Der hohe Anteil der regenerativen Energien am deutschen Strom-Mix bescherte den fossilen
Energiekonzernen folglich große Verluste.

Im Jahr 2016 novellierten Angela Merkel und ihr damaliger Wirt-
schaftsminister Sigmar Gabriel das EEG zu Tode. Die Große Koalition
wollte den Anstieg der Umlage und somit die Strompreise bremsen.
Kosteneffizienz war wichtiger als Systemeffizienz. Die Betreiber von
Windparks oder Solaranlagen mussten sich von nun an in Ausschrei-
bungsverfahren um den Bau ihrer Anlagen bewerben. Der billigste
Anbieter erhielt den Zuschlag. Davon profitierten die großen Markt-
akteure, während für Bürgerinitiativen und Energiegenossenschaften
die Risiken zu groß waren (Kemfert 2017). Zudem wurde der Anteil der
erneuerbaren Energien am Stromverbrauch bis 2025 auf 45 Prozent
gedeckelt. Darüber hinaus wurden noch mehr Unternehmen von der
EEG-Umlage befreit.[31] Diese Zeche bezahlten die Endverbraucher.

Seit dieser Gesetzesänderung kommt der Ausbau der regenerativen
Energien nur noch sehr langsam voran. Der Boom der Windenergie-
branche wurde jäh gestoppt. Im Jahr 2019 wurde nur ein Gigawatt zu-

---

29 Das deutsche Stromnetz ist in den Händen von vier Netzbetreibern: Tennet
　　TSO, 50Hertz Transmission, Amprion und TransnetBW.
30 Der sinkende Börsenpreis kam aber nicht den Verbrauchern zugute, da die
　　Stromversorger die Strompreise erhöhten. Die EEG-Umlage, die in den Strom-
　　preis einfließt, errechnet sich aus der Differenz zwischen Einspeisevergütung
　　und Börsenpreis. Wenn der Kurs an der Strombörse fällt, steigt die Umlage.
　　Seit 2009 führte die billige Solar- und Windenergie zu einem sprunghaften
　　Anstieg der Umlage (Kemfert 2017).
31 Im Jahr 2016 waren 2300 Unternehmen von der Umlage befreit.

gebaut, das sind 60 Prozent weniger als im Vorjahr. Bundesweit wurden nur 276 neue Windräder aufgestellt, so wenig wie seit 20 Jahren nicht mehr. Abstandsregelungen erschweren den zukünftigen Ausbau der Windkraft. Notwendig wäre aber eine Vervielfachung der Solar- und Windenergiekapazitäten bei der Stromversorgung, um die Dekarbonisierung des Wärme-, Verkehrs- und Industriesektors zu ermöglichen.

Die Verkehrswende steckt im Stau

Verkehr schadet der Gesundheit. Tagtäglich leiden Millionen Menschen unter Feinstaub, Stickoxiden, Unfällen und Lärm. Der Verkehr ist der drittgrößte Luftverschmutzer in Deutschland. VW, BMW, Daimler und andere Autobauer sorgten durch den Bau und Verkauf von immer mehr größeren und schwereren PKWs dafür, dass die Klimagasemissionen des Verkehrs heute um 20 Prozent höher sind als 1995 (UBA 2019). LKWs und Busse verpesten die Atmosphäre sogar doppelt so stark wie 1990.

Automobilindustrie und Politik verhinderten jahrzehntelang eine ökologische Verkehrswende. Die deutschen Autobauer setzten bis zuletzt auf den klimaschädlichen Verbrennungsmotor und die Politik verzichtete auf klare umweltpolitische Vorgaben. Die Autobosse pfiffen auf Umwelt und Klimaziele während gesetzliche Abgasnormen und Grenzwerte entweder verwässert oder umgangen wurden.

Die europäische Automobilindustrie verpflichtete sich Ende der 1990er-Jahre ihren durchschnittlichen CO_2-Ausstoß bis 2009 auf 140 Gramm pro Kilometer zu senken. Dieses Ziel wurde verpasst. Anschließend wollte die EU-Kommission die europäischen Autobauer zwingen, ihre CO_2-Emissionen auf 120 Gramm pro Kilometer zu reduzieren. Bei Überschreitung des Grenzwertes sollten VW, Daimler, Renault, Fiat und andere Autohersteller hohe Strafen zahlen. Diese Initiative wurde von der deutschen Bundesregierung ausgebremst. Merkel, Glos und Gabriel erzielten in Brüssel einen faulen Kompromiss zugunsten der deutschen Autobauer. Der ursprünglich geplante CO_2-Grenzwert wurde angehoben und durchlöchert, die Strafen reduziert.

Das europaweit erfolgreiche Lobbying deutscher Autokonzerne funktionierte aber nicht in den USA. Dort scheiterten VW, Daimler & Co an den scharfen Grenzwerten der US-Behörden für Stickoxide. Die deutschen Autobauer konnten Umweltschutz und Rentabilität ihrer Diesel-Fahrzeuge nicht unter einen Hut bringen. Das VW-Management beispielsweise, machte für den Diesel sehr enge Kostenvorgaben, da der Autobauer in einem harten Preiswettbewerb mit seinem japanischen

Konkurrenten Toyota stand. Deswegen manipulierten die Wolfsburger ihre Abgaswerte mit einer illegalen Software und ließen die ersten manipulierten Autos bereits 2008 über US-amerikanische Highways fahren.

Im September 2015 deckte die US-Umweltbehörde (EPA) den Betrug auf. Volkswagen hatte seine Motorsteuerungssoftware so manipuliert, dass seine Fahrzeuge bei Tests, die vorgegebenen Abgasnormen einhielten, jedoch auf der Straße wesentlich mehr Emissionen ausstießen.[32] Weltweit waren 11 Millionen VW-Autos betroffen. Damit nahm die Dieselabgasaffäre ihren Lauf. Noch ist unklar, wer alles noch getrickst hat. Daimler, BMW, Opel und Renault stehen unter dringendem Tatverdacht. Der Betrug kam Volkswagen teuer zu stehen.[33]

Die Bundesregierung, das Verkehrsministerium und seine untergeordneten Kontrollbehörden hatten den Abgasskandal durch Wegschauen und Nichtstun erst ermöglicht (CAM 2018). Frühen Kenntnissen und Hinweisen des Umweltbundesamtes und der Deutschen Umwelthilfe wurde nicht nachgegangen und auch die Aufarbeitung des Skandals erfolgte nur mit angezogener Handbremse. Im Gegensatz zu den USA wurden die Verbraucher hierzulande nur mangelhaft entschädigt. Die deutschen Autobauer wurden von der Politik nicht gezwungen, die manipulierten Diesel-Pkw mit neuer Hardware umzurüsten und auch die steuerliche Förderung von Diesel – reduzierte Mineralölsteuer – wurde nicht infrage gestellt.

Spät steuerten die heimischen Autobauer mit großer Macht auf Elektromobilität um. Die Einführung einer Elektroautoquote in China zwang VW, BMW und Daimler im großen Umfang E-Autos herzustellen. Sonst wäre der wichtigste ausländische Absatzmarkt in Gefahr gewesen. Stromautos machen aber noch keine ökologische Verkehrswende. Ihre Herstellung verbraucht viele, zu viele Rohstoffe. Sollen die Klimaziele bei Verkehr und Wärme durch Elektrifizierung erreicht werden, müsste sich der Stromverbrauch bis 2050 verdoppeln. Entscheidend ist, aus welchen Quellen dieser zusätzliche Strom kommt. Zudem hat beim Elektroauto die Straße weiter Vorrang vor der Schiene.

Noch mehr motorisierter Individualverkehr ist aber keine Lösung. Der Energieverbrauch des Autos ist zwei bis sechsmal höher als bei der

---

32 Die Technik arbeitete nur dann korrekt, wenn sich das Auto auf dem Prüfstand befand und bei bestimmten Temperaturen oder Höhen.

33 Strafzahlungen, Bußgelder und Ausgleichszahlungen an Kunden in Höhe von 27 Milliarden Euro – vor allem in den USA – wurden bislang fällig. Zudem ging die Zahl der Diesel-Neuzulassungen infolge der ersten Fahrverbote in deutschen Innenstädten deutlich zurück.

Bahn (UBA 2018). PKWs und LKWs legen auf deutschen Straßen rund
730 Milliarden Kilometer zurück. Zwischen Hamburg und München
stehen die heimischen Autofahrer jeden Tag 4.000 Kilometer im Stau.
Diese häufig erzwungene hohe individuelle Mobilität ist Ergebnis gesellschaftlicher Arbeitsteilung, wachsender Städte und falscher Städtepla-
nung. Die Wege zwischen Wohnen, Arbeit, Bildung, Freizeit und Konsum
sind zu lang. Zwischen 2000 und 2015 wuchs der Anteil der Berufspendler an der Zahl der Beschäftigten von 53 auf 60 Prozent. Ein Pendler fährt
im Schnitt 17 Kilometer. Alternativen zum Auto gibt es häufig nicht, da
der öffentliche Nah- und Fernverkehr viele Regionen nicht erreicht oder
sich nur für bestimmte Tageszeiten eignet. Die Deutsche Bahn hat zu
wenig Geld, ein zu kleines Schienennetz sowie zu wenige Züge und Wa-
gons. Seit 1950 schrumpfte das Bahnnetz um ein Drittel. Währenddessen wurde das Autobahnnetz vervierfacht. Der öffentliche Nahverkehr
hat in vielen Städten und Gemeinden keine attraktive Taktung, keine
guten Umsteigemöglichkeiten, keine hohen Umweltstandards, keine
Barrierefreiheit und keine sozialverträglichen Tarife. Viele Fahrzeug-
flotten müssen modernisiert werden. Es fehlt an umweltschonenden
Antriebstechniken. Die Verkehrsunternehmen bauten in den letzten
20 Jahren jede fünfte Stelle ab. Schlechter Service, hohe Krankheits-
stände und viele Überstunden sind die zwangsläufigen Folgen. Auch
eine fuß- und fahrradfreundliche Siedlungsstruktur sucht man in vielen deutschen Städten vergebens.

Doch damit nicht genug. Der innerdeutsche Flugverkehr verpestet
ebenfalls weiter die Umwelt. Eine politische Strategie zur Verlagerung
des Luftverkehrs auf die Schiene gibt es aber nicht. So bleibt die Verkehrswende im Stau stecken.

Die Agrarindustrie zerstört die Umwelt

Erst das Fressen, dann die Moral. Auf den ersten Blick scheint Brechts
Dreigroschenoper heute nicht mehr aktuell zu sein. Denn der Deutsche isst etwas weniger Fleisch. Nur noch 60 Kilo im Jahr verschlingt er
im Jahr an Rindern, Schweinen und Geflügel. Die Fleischproduktion ist
trotzdem gestiegen. Das Fleisch, das hierzulande nicht mehr verspeist
wird, wird exportiert.

Die Fleischherstellung erfolgt überwiegend in Massentierhaltung.
In Großmastbetrieben werden die Tiere auf engstem Raum gehalten.
Männliche Küken werden am Tag ihrer Geburt getötet und Schweine
ohne Betäubung kastriert. Hühnern werden die Schnäbel und Schwei-

nen die Ringelschwänze abgeschnitten. Deutschland ist das Schlacht-
haus Europas. Jedes Jahr werden 58 Millionen Schweine, 3,6 Millionen
Rinder und 630 Millionen Hühner getötet. Die Intensivtierhaltung garantiert niedrige Fleischpreise. Die Nebenwirkungen sind heftig, denn
das Fleisch aus Massentierhaltung enthält Antibiotika, welche die Landwirte mehr verabreichen als die Humanmedizin. Zusätzlich erhöht die
Tierfutterproduktion den Flächenverbrauch. Die Anbaufläche für Fut-
termittel beträgt 60 Prozent der gesamten landwirtschaftlichen Nutzfläche.

Die heimische Landwirtschaft wurde in den letzten Jahrzehnten stark
industrialisiert. Agrarfabriken verdrängten die Kleinbauern und seit
2003 ist die Zahl der landwirtschaftlichen Betriebe um 37 Prozent auf
rund 267.000 gesunken. Ein Drittel der Gesamtproduktion der deutschen Landwirtschaft geht ins Ausland. Die Ernährungswirtschaft er-
löst jeden dritten Euro im Export.

Die Agrarindustrie ist ein großer Umweltverschmutzer. Die Landwirtschaft ist heute für rund ein Fünftel des weltweiten Treibhausgasausstoßes verantwortlich. Sie schluckt rund 70 Prozent des menschlich
genutzten Süßwassers und ist der größte industrielle Flächennutzer.

Auf den Äckern herrschen Monokulturen. Ein Viertel der Ackerflä-
chen wird mit Getreide, Futtermais und Raps bestellt. Die industrielle Landwirtschaft verwendet gentechnisch verändertes Saatgut und
spritzt flächendeckend Pestizide. Heutzutage werden 46.000 Tonnen
Pestizide mehr verkauft als vor zehn Jahren. Deswegen schrumpft die
Artenvielfalt auf Äckern und Wiesen. Viele Fluginsekten und Vögel sind
davon betroffen.

Der mineralische Dünger und die Gülle, die als Nebenprodukte der
Massentierhaltung entstehen, vergiften Böden und Gewässer so stark,
dass die Nitratwerte steigen. Das deutsche Düngerecht erlaubt, dass
mehr Gülle und synthetischer Dünger auf Felder und Wiesen ausge-
bracht werden als die Pflanzen aufnehmen können. Der Europäische
Gerichtshof (EuGH) verurteilte Deutschland bereits wegen der Nicht-
einhaltung von Grenzwerten bei der Nitratbelastung des Grundwassers.

Die heimische Agrarwirtschaft lebt von europäischem Geld. Rund
60 Milliarden Euro, oder 40 Prozent des Brüsseler Haushaltes, fließen
in die Landwirtschaft. Der Großteil der Förderung geht an Agrarfabriken und fördert somit den Konzentrationsprozess und eine ökologisch
schädliche Landwirtschaft.

Krise der Demokratie?

Unsere Demokratie steht unter Druck. Politiker, Parteien und Parlamente haben einen schlechten Ruf und den ehemaligen Volksparteien läuft das Volk weg. Gewerkschaften, Kirchen und Jugendverbände, alles wichtige Stützen der Demokratie, schrumpfen. Sozial Benachteiligte und Geringqualifizierte wenden sich von der Politik ab. Die parlamentarische Demokratie droht zu einem Eliteprojekt zu werden. Die Abgabe von Souveränitätsrechten an internationale Organisationen – EU, EZB, IWF, UNO – verkürzt die Reichweite nationaler demokratischer Entscheidungen. Der soziale und politische Protest geht teilweise nach rechts. Demokratische Prinzipien, wie Meinungsfreiheit, Gewaltenteilung, eine unabhängige Justiz und Minderheitenrechte, werden offen infrage gestellt. Während der Corona-Pandemie wurden demokratische Grundrechte stark eingeschränkt.

Doch Berlin ist nicht Weimar. Die überwiegende Mehrheit der Parteien stützt die parlamentarische Demokratie. Die verfassungstragenden Institutionen funktionieren (Merkel 2019). Der Großteil unserer Zivilgesellschaft ist weiterhin demokratisch gesinnt. Eine bessere Ausbildung und ein höherer Informationsstand befähigen die Bürgerinnen und Bürger Politik kritisch zu hinterfragen und mitzugestalten. Die weite Verbreitung emanzipatorischer Werte ist ein Stabilitätsanker. Dennoch ist die Lage ernst.

Demokratie und Kapitalismus hatten schon immer eine schwierige Beziehung. Der Kapitalismus produziert aus sich selbst heraus Ungleichheit und destabilisiert so die Demokratie. Starke Gewerkschaften und ein handlungsfähiger Sozialstaat konnten dem lange Zeit entgegenwirken. Das änderte sich mit dem Siegeszug neoliberaler Politik. Die größte Gefahr für unsere Demokratie ist die soziale Spaltung unserer Gesellschaft.

In den westlichen Demokratien gehen immer weniger Menschen wählen. Die sinkende Wahlbeteiligung geht einher mit steigender Ungleichheit. Je größer die Einkommensunterschiede, desto weniger Menschen machen von ihrem Wahlrecht Gebrauch. Das gilt auch für Deutschland. In den letzten 50 Jahren beteiligten sich immer weniger Wähler an Bundestags-, Landtags- und Kommunalwahlen. Bei Bundestagswahlen sank die Wahlbeteiligung von 91 auf 74 Prozent, bei Landtagswahlen von 81 auf 61 Prozent und bei Kommunalwahlen von 77 auf 52 Prozent (Schäfer 2015). Die vielen unzufriedenen Demokraten, die den Wahlen fernbleiben, sind ein Warnsignal. Nichtwähler sind das Fieberthermometer der Demokratie und in den letzten Jahrzehnten stieg die Temperatur steil an (Schmidt 2018).

Deutschland ist eine sozial tief gespaltene Demokratie. Wenn wohlhabende Promis, wie Gabor Steingart, Moritz Bleibtreu, Richard David Precht oder Peter Sloterdijk, sich in Talkshows als Wahlverweigerer outen, dann ist das nicht repräsentativ. Arme wählen weniger als Reiche. Zwar soll das gleiche Wahlrecht verhindern, dass aus sozialer Ungleichheit politische Ungleichheit wird (Elsässer/Hense/Schäfer 2017), in der Praxis funktioniert das aber nicht. Die ökonomische Ungleichheit frisst die politische Gleichheit.

Bei der Bundestagswahl 1983 war die Wahlbeteiligung noch sozial ausgeglichen. Das ärmste und reichste Drittel der Wahlberechtigten trennten nur 4 Prozentpunkte. Bei den Bundestagswahlen 2009 betrug der Unterschied bereits 26 Prozentpunkte (Schäfer 2013). Während nur jeder Zweite aus der Unterschicht wählte, stimmte die Oberschicht geschlossen ab. Ihre Wahlbeteiligung lag bei 94 Prozent.

In den Großstädten dieser Republik spitzt sich die politische Ungleichheit auf engstem Raum zu. Während in den sozialen Brennpunkten immer weniger Menschen zur Wahl gehen, ist die Wahlbeteiligung in den bürgerlichen und großbürgerlichen Vierteln weiterhin hoch. Bei der Bremer Bürgerschaftswahl trennten die armen und wohlhabenden Ortsteile ganze 25 Prozentpunkte. In den frühen 1970er-Jahren waren es lediglich 10 Prozentpunkte. In Köln lagen zwischen dem reichsten und ärmsten Stadtteil 44 Prozentpunkte. Bei der Hamburger Bürgerschaftswahl wählte in den einkommensschwächsten Stadtteilen nur jeder Zweite. In den einkommensstärksten Vierteln beteiligten sich hingegen drei von vier Bürgern (Schäfer 2013).

Geringverdiener, Erwerbslose und sozial Benachteiligte wählen nicht, da sie sich weniger für Politik interessieren, keine Parteianbindung haben, nicht glauben, politisch etwas bewegen zu können und ihre Stimmabgabe nicht als staatsbürgerliche Pflicht ansehen (Schäfer 2015). Das sind keine individuellen Eigenschaften, sondern Einstellungen, die im Austausch mit Nachbarn, Freunden, Familie und Arbeitskollegen entstehen. Die hohe Wahlenthaltung ist somit ein klassenspezifisches Verhalten unterer und mittlerer Arbeitnehmermilieus (siehe Kapitel »Klassengesellschaft im Umbruch«). Sie wenden sich resigniert von der Politik ab.

Andere Formen politischer Beteiligung, wie Bürgerinitiativen, Unterschriftensammlungen, kritischer Konsum, Demonstrationen, parteipolitisches Engagement oder Volksentscheide, gleichen die politische

Ungleichheit bei Wahlen nicht aus. Im Gegenteil: Sie sind sozial noch
ungleicher. Die Mittel- und Oberschicht beteiligt sich mit doppelt so hoher Wahrscheinlichkeit an politischen Debatten, Unterschriftensammlungen oder Demonstrationen wie soziale Benachteiligte. Und wer sich
in Parteien engagiert, ist in der Regel gebildet, im öffentlichen Dienst
beschäftigt und stammt aus der Mittelschicht.

Doch zurück zu den Wahlen. Ungleiche politische Beteiligung übersetzt sich in ungleiche Repräsentation. Die sozial asymmetrische
Wahlbeteiligung kann dazu führen, dass die herrschende Politik sich
verstärkt um die Interessen des Bürger- und Großbürgertums küm-
mert. Diese sozialen Gruppen wählen regelmäßig und nutzen alternative politische Beteiligungsformen, um ihre Anliegen durchzusetzen.
Die unteren Arbeitnehmermilieus beteiligen sich hingegen kaum noch
am politischen Prozess. Folglich sind sie aus Sicht vieler Parteien wahl-
strategisch nicht mehr wichtig. So verstärken sich soziale und politische
Ungleichheit wechselseitig.

Doch damit nicht genug. Die oberen Klassen, Schichten und Milieus
sind in den Parlamenten überrepräsentiert. Nach der deutschen Revolution 1918 wurde das universelle aktive und passive Wahlrecht eingeführt. Anschließend hing die Kandidatur für Ämter und Mandate nicht
mehr von Einkommen und Vermögen, sozialem Status oder Bildungs-
stand ab. Nun konnten auch Arbeitslose, Hilfsarbeiter und Facharbeiter
Stadträte, Abgeordnete oder Minister werden. Noch in den 1980er- und
1990er-Jahren war die deutsche politische Elite relativ offen. Ein Werkzeugmacher konnte Sozialminister, ein Fliesenleger Arbeitsminister
und ein Elektromechaniker Ministerpräsident werden.[34]

Dieses Ideal einer sozial durchlässigen Demokratie hat aber mit der
Realität immer weniger zu tun. Die Rekrutierung für politische Ämter und Mandate wird sozial immer selektiver. Sechs von sieben Bundestagsabgeordneten sind Akademiker. Sie sind Juristen, Ökonomen,
Politikwissenschaftler oder Lehrer. Weniger als eine Hand voll sind Arbeiter. Die deutschen Volksvertreter sind kein Spiegelbild der Gesellschaft.[35] Dass Abgeordnete einen höheren Bildungsabschluss besitzen

---

34 Nobert Blüm war Werkzeugmacher und Sozialminister unter Helmut Kohl,
    Walter Riester war Fliesenleger und Arbeitsminister unter Gerhard Schröder
    und Kurt Beck war Elektromechaniker und Ministerpräsident von Rhein-
    land-Pfalz.
35 Zwischen Hamburg und München hat die Mehrheit der Bevölkerung niedrige
    oder mittlere Bildungsabschlüsse. Lediglich 15 Prozent der Bevölkerung hat
    einen akademischen Abschluss.

als ihre Wähler, bedeutet natürlich nicht, dass sie die Sorgen und Anliegen der Bevölkerung nicht verstehen oder vertreten können. Die soziale Herkunft der Mandatsträger prägt aber Wahrnehmung und Wertorientierung. Deswegen ist es ein Problem, wenn der größte Teil der Arbeits- und Lebenswelt unserer Republik nicht parlamentarisch repräsentiert ist. In sozial einheitlichen Parlamenten wächst die Wahrscheinlichkeit, dass bestimmte Positionen nicht mehr oder nur unzureichend vertreten werden (Schäfer 2015).

Die Folgen sind bereits sichtbar. In den letzten 30 Jahren wurden die politischen Entscheidungen der Regierungen Kohl, Schröder und Merkel sehr stark an den Interessen der wirtschaftlich Privilegierten ausgerichtet. Einkommensschwache wünschen sich häufig eine andere Politik als ihre besserverdienenden Mitbürgerinnen. In den letzten Jahrzehnten fanden aber sozial Benachteiligte, Geringverdiener und prekär Beschäftigte im politischen Berlin kaum noch Gehör. Die politischen Entscheidungen waren zu ihren Ungunsten verzerrt. Dies gilt besonders für die Wirtschafts-, Arbeitsmarkt- und Sozialpolitik sowie für die Außenpolitik (Elsässer 2018). So entstand eine Krise der politischen Repräsentation.

Postdemokratie?

Der Politikwissenschaftler Colin Crouch hat diesen Zustand ökonomischer und politischer Ungleichheit als Postdemokratie bezeichnet (Crouch 2008). In der Postdemokratie sind die Institutionen der parlamentarischen Demokratie und des Rechtsstaates formal noch intakt. Wahlen werden durchgeführt und Regierungen können jederzeit abgewählt werden. Jeder Staatsbürger hat eine Stimme, egal, ob arm oder reich. Aber die demokratischen Institutionen sind nur noch leere Hüllen. Der ehemalige Leiter des Max-Planck-Instituts für Gesellschaftsforschung Wolfgang Streeck spricht von einer Fassadendemokratie. Der demokratische Prozess wird ausgehöhlt.

Stadträte, Kreistage, Landesparlamente und Bundestag sind häufig nicht mehr zentrale Orte politischer Willensbildung und Entscheidungsfindung. Im industriellen Strukturwandel der 1980er-Jahre erlebten viele Beschäftige die Machtlosigkeit der Landes- und Kommunalpolitik im Kampf gegen die Massenarbeitslosigkeit. In den 1990er-Jahren verloren viele Kommunen durch hohe Schulden und die Privatisierung öffentlicher Dienstleistungen ihre politische Handlungsfähigkeit. Aufgrund massiver Sparzwänge schlossen Bürgermeister und Stadträte die

Hallenbäder, Musikschulen und Stadtbibliotheken, strichen Buslinien und verscherbelten die städtische Müllabfuhr. Nach der Jahrtausendwende senkte die Schröder-Regierung mit Hinweis auf die internationale Wettbewerbsfähigkeit die Unternehmenssteuern, kürzte die Rente und entfesselte die Finanzmärkte. In der Finanzmarktkrise verkauften Angela Merkel und Peer Steinbrück die milliardenschwere Bankenrettung als alternativlos und peitschen die entsprechenden Gesetzesvorlagen in Rekordgeschwindigkeit durch den Bundestag. Anschließend wurde mithilfe einer nationalen Schuldenbremse eine regelgebundene Wirtschaftspolitik etabliert, die eine demokratische Gestaltung der Staatsausgaben und Investitionen beschränkte. Die EU hat im Rahmen des Binnenmarktprojektes große Bereiche der öffentlichen Daseinsvorsorge – Energieversorgung, Postdienste, Telekommunikation, etc. – der demokratischen politischen Steuerung entzogen. Das EU-Regelwerk – Stabilitäts- und Wachstumspakt, europäisches Semester, etc. – engt die Spielräume nationaler Haushalts- und Wirtschaftspolitik ein. Und die EuGH-Rechtsprechung schwächt Gewerkschaftsrechte.

Häufig sind die Sachzwänge, die eine Abgabe von demokratischen Souveränitätsrechten angeblich erzwingen, aber nur konstruiert. Die Handlungsspielräume nationaler demokratischer Politik sind im Zeitalter der Globalisierung und Digitalisierung größer als gemeinhin unterstellt. Zumindest in der Steuer- und Finanzpolitik, der Umweltpolitik, der Struktur- und Regionalpolitik sowie in der Arbeitsmarkt- und Sozialpolitik. Von einem Kontrollverlust nationaler Politik über die zentralen Lebensbereiche – Arbeit, Wohnen, Bildung, soziale Sicherheit, etc. – kann keine Rede sein. Was nicht heißt, dass es keine gesellschaftlichen Probleme gibt – Klimawandel, Flüchtlingsbewegungen, Finanzmarktregulierung, Pandemien – die national nur noch schwer bearbeitet werden können. Wenn jedoch Politiker ihre Entscheidungen ständig mit globalen Sachzwängen rechtfertigen, entsteht der Eindruck einer ohnmächtigen nationalen Politik, die das Gemeinwesen nicht mehr steuern kann.

In einer Postdemokratie wächst mit zunehmender Ungleichheit die Macht der Eliten. Die internationalen Konzerne werden durch ihre wachsende ökonomische Macht politisch einflussreicher. Die Superreichen können politische Entscheidungen auf informellen Wegen beeinflussen. Nach Auffassung von Colin Crouch orientiert sich die nationale Politik zunehmend an den Interessen einer globalen Wirtschaftselite. Die Parteien wollen, dass die Großunternehmen in ihre Ländern investieren und in vielen Nationen werden die Parteien von Konzernen finanziert.[36] Eine von nationalen Zwängen befreite globale Wirtschafts-elite gibt es aber nicht. Bill Gates, Warren Buffet, Dietmar Hopp, und Lawrence Culp Jr. sind keine international einheitliche Wirtschaftselite mit gleichen Interessen und Anliegen. Manager, Banker und Superrei-che sind nicht heimatlos, sondern ökonomisch, politisch und kulturell in ihrem Heimatland verwurzelt. Folglich können sie auf nationaler Ebene durch demokratischen Protest und politisches Handeln weiter-hin unter Druck gesetzt werden.

Ein Teil der Wahlbevölkerung wird in einer Postdemokratie immer passiver. Die unteren Schichten und Milieus werden gesellschaftlich ab-gekoppelt und können ihre Anliegen und Interessen nicht mehr auto-nom bestimmen und politisch vertreten. Die Parteien verwandeln sich in Apparate zum Stimmenfang. Die mediale Inszenierung ist häufig wichtiger als der Inhalt und sogenannte charismatische Persönlich-keiten – sofern überhaupt noch vorhanden – ersetzen Programmatik.

Allerdings gibt es noch gelebte Alltagsdemokratie (zum Beispiel Kitas, Schulen, Quartiersräte) und eine vielfältige, wenn auch sozial selektive, demokratische Beteiligung auf kommunaler Ebene (Infrastrukturpro-jekte, Stadtplanung, etc.). Darüber hinaus steigt die Bereitschaft sich an Protesten, Streiks, Bürgerinitiativen und sozialen Bewegungen zu betei-ligen. Kurzum: Die Berliner Republik ist (noch) keine Postdemokratie.

Rechtspopulismus und Rechtsextremismus

In den letzten Jahren hat die zunehmende soziale, kulturelle und poli-tische Spaltung der Gesellschaft zu einem Erstarken des Rechtspopu-lismus geführt. Der Rechtspopulismus ist eine weltweite Bewegung, die verspricht gegen die Zersetzung sozialer und kultureller Sicherhei-ten vorzugehen (Urban 2018). Die Internationale der Rechtspopulis-ten feierte mit Trump, Salvini, Orbán, Bolsonaro und Kaczyński große politische Erfolge. In Großbritannien konnte die rechtspopulistische UKIP-Partei eine gesellschaftliche Mehrheit für den EU-Austritt Londons erstreiten. Erst das miserable Management der Corona-Pandemie durch die regierenden Rechtspopulisten stoppte vorerst ihren Höhenflug. Die USA, Brasilien und Norditalien wurden zu Epizentren der Pandemie.

Hierzulande füllte die Neue Rechte die politische Repräsentations-lücke, welche Sozialdemokratie und Unionsparteien durch ihre Auf-

---

36 Dies gilt natürlich nicht in Ländern mit staatlicher Parteienfinanzierung wie Deutschland.

kündigung des Wohlstands- und Sozialstaatsversprechens hinterlassen haben. Sie verbreitet einen rassistischen Ethnopluralismus. Vermeintlich homogene Völker sollen in friedlicher Nachbarschaft ihre Zukunft selbst gestalten. Folglich wird die multikulturelle Gesellschaft abgelehnt. Die Rechtspopulisten formulieren den Anspruch, den »Volkswillen« zum Ausdruck zu bringen. Deswegen sagen sie einer vermeintlich korrupten und parasitären Elite den Kampf an. Sie spielen den Gegenpol zum politischen Establishment. Die Rechtspopulisten lehnen die parlamentarische Demokratie ab und stellen die demokratischen Institutionen infrage. Sie kritisieren den Schutz von Minderheiten, greifen die so genannten Altparteien an und diffamieren die öffentlich-rechtlichen Medien als Lügenpresse. Zudem versucht die Neue Rechte die soziale mit der nationalen Frage zu verbinden. Der Verteilungskonflikt zwischen Oben und Unten wird in einen Konflikt zwischen Innen und Außen umgedeutet.

Die radikale Rechte – hierzulande verkörpert durch die AfD – konnte den politischen Diskurs erfolgreich nach rechts verschieben. In der Flüchtlingskrise übernahmen konservative Spitzenpolitiker, wie Horst Seehofer, Markus Söder oder Alexander Dobrindt die Rhetorik und Forderungen der AfD.[37] Dadurch wurde deren rechtsradikale Programmatik gesellschaftlich salonfähig. Die Rechtsaußenpartei mobilisierte bei Wahlen auch viele sozial abgehängte Nichtwähler. Deswegen stieg am aktuellen Rand – nach Jahrzehnten des Rückgangs – die Wahlbeteiligung. Hier handelt es sich um eine Form sozialen Protests. Prekäre Lebenslagen und Demokratieentfremdung haben maßgeblich zum Erfolg der AfD beigetragen.

Die gefährlichsten Feinde der Demokratie sind die Rechtsextremisten. Sie haben ein geschlossenes antidemokratisches, autoritäres, rassistisches, antisemitisches und fremdenfeindliches Weltbild. Lange Zeit stellte der Rechtsextremismus keine akute Bedrohung unserer Demokratie dar. Offen rechtsextreme Einstellungen wurden und werden vom Großteil der Bevölkerung abgelehnt. Lediglich 3 Prozent befürworten eine rechtsautoritäre Diktatur und verharmlosen den Nationalsozialismus. Jeder achte Deutsche ist nationalchauvinistisch eingestellt – Tendenz fallend. Weimarer Verhältnisse sehen anders aus.

Dennoch gewinnen die Rechtsextremen zunehmend an Einfluss. Aus ihren Reihen rekrutiert sich der rechte Terrorismus. Die gewaltbe-

---

37 Markus Söder sprach von Asyltourismus und Horst Seehofer bezeichnete die Migration als Mutter aller politischen Probleme dieses Landes.

reite rechtsextreme Szene verübt jedes Jahr hunderte Anschläge auf Flüchtlinge. Im Jahr 2018 gab es republikweit fast 2000 Straftaten gegen Flüchtlinge und deren Unterkünfte. Die Zahl der Attentate auf politische Mandatsträger, Migranten und Juden steigt. Nach der NSU-Mordserie in den 2000er-Jahren machte 2019 die Ermordung des Kasseler Regierungspräsidenten Walter Lübke bundesweit Schlagzeilen.[38] Die Sicherheitsbehörden haben die rechtsextreme Gefahr lange Zeit sträflich unterschätzt und der Verfassungsschutz war unter seinem Präsidenten Hans-Georg Maaßen auf dem rechten Auge blind. Die Rechtsextremen konnten sogar Teile des Polizeiapparats und der Bundeswehr gezielt infiltrieren. Das ist brandgefährlich. Gleichzeitig wurden zivilgesellschaftliche Initiativen, die sich vor Ort für Demokratie und gegen Rechtextremismus einsetzen, viel zu wenig gefördert.

Die Rechtsextremisten haben inzwischen die AfD gekapert. Sie bestimmen deren politische Ausrichtung und Führungspersonal. Dadurch konnten sie ihre finanziellen Ressourcen vervielfachen, die sie nun zum Ausbau rechtsextremer Strukturen nutzen. Wenn unsere demokratischen Institutionen hier nicht entschlossen handeln, kann es ein böses Erwachen geben. Der teuflische Cocktail aus sozialer und kultureller Spaltung, politischer Repräsentationskrise sowie rechtspopulistischen und rechtsextremen Einstellungen hat das Potenzial unsere Demokratie in ihren Grundfesten zu erschüttern.

Lauf, wenn Du kannst – Die Flüchtlingskrise

Anfang September 2015 öffnete Angela Merkel die deutschen Grenzen für Flüchtlinge. Seit April hatten sich tausende Menschen über die Türkei, Griechenland, Mazedonien und Serbien auf den langen Weg nach Westeuropa gemacht. Die katastrophalen humanitären Zustände in den jordanischen, libanesischen und türkischen UN-Flüchtlingslagern zwangen sie, ihr Glück in der Ferne zu suchen.

Nach dem Kollaps des griechischen Asylsystems, wurde Ungarn für viele Flüchtlinge zum Ersteinreiseland in der Europäischen Union. Die Asylanträge in Ungarn stiegen sprunghaft von 18.000 (2013) auf über 170.000 (2015). Dann kündigte die rechtspopulistische ungarische Regierung im Juli 2015 an, keine Flüchtlinge mehr ins Land zu lassen. Die

---

38 Lübke war durch sein Engagement für Flüchtlinge bundesweit bekannt. Er wurde vor seinem Haus von Rechtsextremisten erschossen.

Ungarn riegelten die Grenze zu Serbien mit einem Zaun ab. Zudem stoppte Präsident Orban den Zugverkehr nach Westeuropa.

Deswegen strandeten tausende Syrer, Iraker, Pakistaner und Afghanen am Budapester Bahnhof. Die Flüchtlinge campierten bei schlechter Versorgung im Untergeschoss des Bahnhofs. Plötzlich setzten sich mehrere tausend Menschen in Bewegung. Sie marschierten über die Autobahn Richtung österreichische Grenze. Die Flüchtlinge wären nur noch mit polizeilicher und militärischer Gewalt davon abzuhalten gewesen, die Grenze zu übertreten. Daraufhin sagte Angela Merkel dem ungarischen Präsidenten zu, diese Flüchtlinge aufzunehmen. Es blieb aber nicht bei dieser einmaligen Aktion. Ende September 2015 kamen täglich bis zu 7.000 Flüchtlinge. Insgesamt schafften es rund 1,4 Millionen geflüchtete Menschen bis nach Deutschland.

Es ist noch nicht lange her, da kehrten Millionen Menschen Europa den Rücken. Politische Verfolgung, Armut, Hunger und die Hoffnung auf ein besseres Leben veranlassten Engländer, Italiener, Spanier, Deutsche und Polen, ihre Heimat zu verlassen. Zwischen 1820 und dem Ersten Weltkrieg emigrierten rund 50 Millionen Europäer nach Nord- und Südamerika, Afrika, Australien und Asien. Von Plymouth, Liverpool, Hamburg oder Bremen machten sie sich auf den Weg in die neue Welt. Damals war Europa ein Emigrationskontinent.

Heute ist Europa für Millionen Menschen aus Afrika, Asien und dem Nahen Osten ein Kontinent der Hoffnung. Täglich versuchen sie auf dem See- oder Landweg auf die Wohlstandsinsel Europa zu gelangen. Weltweit waren 2018 rund 71 Millionen Menschen auf der Flucht. Seit 2005 ist die Zahl der Flüchtlinge um 90 Prozent gestiegen. Die Flüchtlinge kommen mehrheitlich aus Syrien, Afghanistan, Südsudan, Somalia und Myanmar. Acht von zehn Flüchtlingen finden Zuflucht in Entwicklungsländern. Die meisten Flüchtlinge leben weiterhin in der Türkei, Pakistan, Uganda und dem Sudan.

Fluchtursachen

Die überwiegende Mehrheit flieht vor Krieg, Terror, Armut, Hunger oder den Folgen des Klimawandels. Die häufigste Fluchtursache ist Krieg und sehr oft haben westliche Militärinterventionen zur Eskalation der Gewalt maßgeblich beigetragen.

Nach dem Kollaps der Sowjetunion entstand eine neue Weltordnung unter Führung der USA. Anfang der 1990er-Jahre intervenierte die Bush-Regierung aus geostrategischen Motiven in der Golfregion.

Eine Koalition der Willigen griff das Regime Saddam Husseins an, nachdem zuvor irakische Truppen das Emirat Kuwait besetzt hatten. Die Operation Wüstensturm endete mit einer militärischen Niederlage Bagdads. Ein Regimewechsel wurde jedoch nicht erzwungen. Daraufhin führte Washington 2003 einen zweiten Irakfeldzug, welcher der heimischen Bevölkerung als Präventivkrieg gegen den Terror verkauft wurde. Bagdad sollte angeblich daran gehindert werden, Massenvernichtungswaffen einzusetzen. Letztere wurden jedoch nie gefunden. In Wirklichkeit war es ein Krieg um Öl. Die USA wollten sich den Zugang zu den Ölreserven des Mittleren Ostens sichern, die 60 Prozent der globalen Erdölvorkommen ausmachen. Dieser völkerrechtswidrige Krieg endete mit dem Sturz Husseins und zerstörte die gesamte Infrastruktur, die Umwelt und die Kulturstätten des Zweistromlandes. Unter der US-Besatzung stürzte das Land ins Chaos. Die unterschiedlichen religiösen Gruppen bekriegten sich und zwischenzeitlich konnte die Terrormiliz Islamischer Staat (IS) im Irak sogar ein Kalifat errichten. Die marktradikalen Reformen der US-Besatzer schadeten der irakischen Wirtschaft und öffneten internationalen Investoren die Türen. Die wirtschaftliche und politische Krise zwang Millionen Menschen zur Flucht.

In Afghanistan unterstützten die USA in den 1980er-Jahren die Taliban und al Qaida in ihrem Kampf gegen die prosowjetische afghanische Regierung. Die US-Regierung und ihre Geheimdienste versorgten diese Terrororganisationen mit Geld und modernen Waffen. Daraufhin gerieten die radikalislamischen Bündnispartner jedoch außer Kontrolle der westlichen Unterstützer. Ab Mitte der 1990er-Jahre kontrollierten die Taliban große Teile des Landes und errichteten einen islamischen Staat. Nach den Terroranschlägen auf das World-Trade-Center und Pentagon im September 2001 rief US-Präsident Bush den Krieg gegen den Terror aus. Vier Wochen nach den Attentaten starteten die USA und Großbritannien einen Militärschlag gegen das Taliban-Regime. Gemeinsam mit afghanischen Kräften stürzten sie die radikalislamischen Machthaber. Anschließend wurde in Kabul eine internationale Schutztruppe stationiert, um die Sicherheit der neu gewählten Regierung zu gewährleisten. Afghanistan konnte aber nicht befriedet werden. Die Taliban kehrten wieder zurück, der Terror wurde zum Alltag und die Wirtschaftslage verschlechterte sich. Kein Wunder, dass immer mehr Afghanen ihre Heimat verließen.

Auch in Syrien intervenierten die USA. Die Obama-Regierung wollte 2011 während des arabischen Frühlings gemeinsam mit Saudi-Arabien, Katar, der Türkei und Israel in Damaskus einen Regimewechsel erzwingen. Der syrische Präsident Baschar al-Assad sollte gestürzt werden. Washington unterstützte in einem Stellvertreterkrieg den Aufstand der »Freien Syrischen Armee« mit Geld, Militärberatern und Waffen. Gleichzeitig halfen Saudi-Arabien, Katar und die Türkei islamischen Terrororganisationen (al-Nusra-Front, al-Qaida, IS). Es folgte ein achtjähriger brutaler Bürgerkrieg mit über 500.000 geschätzten Toten und Millionen Flüchtlingen. In Libyen unterstützten die USA, Großbritannien und Frankreich 2011 einen Aufstand oppositioneller Streitkräfte gegen das Gaddafi-Regime. Nach dem Sturz des libyschen Staatschefs brach die politische Ordnung des Landes auseinander. Seitdem rivalisieren unterschiedliche Milizen um die Macht. Im Sudan förderte die internationale Gemeinschaft die politischen Unabhängigkeitsbestrebungen des ölreichen Südens und in Somalia richteten marktradikale Strukturanpassungsprogramme des IWF und der Weltbank großen wirtschaftlichen und sozialen Schaden an. Die Bürgerkriege dieser afrikanischen Staaten zerstörten die staatlichen Gewaltmonopole. Die Zivilbevölkerung leidet unter den bewaffneten Konflikten zwischen verfeindeten Clans und Milizen. Die Infrastruktur dieser so genannten »failed states« ist zerfallen, die Wirtschaft liegt am Boden und viele Menschen fliehen.

Waffenexporte heizen die kriegerischen Auseinandersetzungen zusätzlich an. Berlin gehört mit den USA, Russland, Frankreich und China zu den fünf größten Waffenhändlern. Die deutsche Rüstungsindustrie lieferte 2019 Waffen im Wert von rund acht Milliarden Euro in alle Welt. Zu den wichtigsten Kunden deutscher Rüstungsfirmen zählten Ungarn, Ägypten, die Vereinigten Arabischen Emirate, Katar, Indonesien und Algerien. Auch in Syrien, Libyen, Irak, Afghanistan, Somalia und Südsudan wurde mit deutschen Waffen getötet.

Neben Krieg ist die zweite wichtigste Fluchtursache Armut. Zwar konnten China und Indien durch ihren wirtschaftlichen Aufstieg dazu beitragen, die extreme Armut weltweit zu senken. Das gilt aber nicht für den afrikanischen Kontinent. Dort leben 413 Millionen Menschen von weniger als 1,90 Dollar am Tag.[39] In Subsahara-Afrika entspricht dies rund 40 Prozent der Bevölkerung. Tendenz steigend!

Diese Armut ist Folge des kapitalistischen Weltwirtschaftssystems. Ihre historischen Wurzeln liegen im Kolonialismus und dieser prägt die Wirtschaftsstruktur vieler afrikanischer Länder bis heute. Zahlreiche afrikanische Entwicklungsländer sind einseitig abhängig vom Export weniger Rohstoffe. Die stark schwankenden Rohstoffpreise bestimmen die

---

39 Als extrem arm gilt jemand, der weniger als 1,9 Dollar am Tag zum Leben hat.

wirtschaftliche Entwicklung dieser Länder. Zumeist organisieren internationale Konzerne den Abbau der Rohstoffe, deren Weiterverarbeitung in den Industrieländern stattfindet. Die Profite transferieren die multinationalen Unternehmen in ihre Heimatländer.

Die neoliberale Globalisierung brachte der Mehrheit der afrikanischen Bevölkerung keinen Wohlstand. Die ungleiche internationale Arbeitsteilung verschärfte die Armut vor Ort. Der Anteil Afrikas am Welthandel und an den internationalen Direktinvestitionen ist sehr gering. Die Unternehmen der afrikanischen Entwicklungsländer spielen in den internationalen Wertschöpfungsketten kaum eine Rolle. Die starke Exportorientierung der Landwirtschaft zerstörte die Ernährungssicherheit vieler afrikanischer Länder. Die ländliche Subsistenzwirtschaft wurde verdrängt und die so Entwurzelten zogen in die Slums der Großstädte. Heute sind diese Nationen auf Lebensmittelimporte angewiesen, welche allerdings nicht ausreichen, um die Nahrungsmittelversorgung der Bevölkerung sicherzustellen. Rund 240 Millionen Menschen müssen in Afrika hungern.

In vielen afrikanischen Ländern haben internationale Freihandelsabkommen eine Modernisierung der heimischen Wirtschaftsstrukturen verhindert. Die Handelsliberalisierung hat der wirtschaftlichen Entwicklung des afrikanischen Kontinents geschadet. Die Wirtschaftspartnerschaftsabkommen mit der EU zwangen die afrikanischen Vertragsstaaten zu einer radikalen Marktöffnung. Die Zölle und Quoten für europäische Importe wurden gesenkt. Anschließend wurden die Agrarprodukte afrikanischer Kleinbauern vom Markt verdrängt. Sie konnten mit den hoch subventionierten EU-Agrarexporten nicht mehr mithalten. Umgekehrt profitierten sie nicht vom erleichterten Zugang zum europäischen Markt, da ihre kleinen landwirtschaftlichen Betriebe nicht konkurrenzfähig waren.

Darüber hinaus ruinierten die hoch subventionierten europäischen Fischfangflotten die afrikanische Fischereiwirtschaft. Die EU schloss mit 16 afrikanischen Staaten Verträge über die Nutzung ihrer Territorialgewässer ab. Daraufhin fischten die Europäer die afrikanischen Küstengewässer leer. In Somalia schulten viele Fischer anschließend auf Piraterie um. Eine weitere Form ökonomischer Ausbeutung ist der großflächige Kauf landwirtschaftlicher Nutzflächen durch private Investoren. Letztere vertreiben durch dieses »Landgrabbing« die afrikanischen Kleinbauern von ihren fruchtbaren Böden. Zwischen 2001 und 2011 kauften internationale Konzerne weltweit rund 230 Millionen Hektar Land. Dies entspricht fast 30 Prozent der landwirtschaftlichen Nutzfläche Europas.

Eine weitere Fluchtursache ist der Klimawandel. Dürren und Überschwemmungen vernichten die Ernten afrikanischer Kleinbauern. Damit verlieren sie ihre einzige Einkommensquelle und müssen häufig ihre Heimat verlassen. Die Vereinten Nationen rechnen in 30 Jahren mit 250 Millionen Klimaflüchtlingen.

Festung Europa

Die Antwort Europas auf die steigenden Flüchtlingszahlen ist Abschottung und Abschreckung. Europa könnte jährlich mehr als eine Million Flüchtlinge aufnehmen. Eine humane Flüchtlingspolitik scheitert aber am mangelnden Aufnahmewillen der EU-Mitgliedsstaaten. Die Visegrád-Staaten weigerten sich Menschen in Not aufzunehmen.[40] Von Warschau bis Rom verhinderten rechtspopulistische Parteien eine Einigung über eine europaweite Verteilung der Geflüchteten. Auch die Regierung Merkel korrigierte sehr schnell ihre liberale Flüchtlingspolitik aus dem September 2015. Die großen Routen der Flüchtlingswanderung wurden geschlossen, das Asylrecht verschärft und die Abschiebungen verstärkt.

Im November 2015 vereinbarten die EU-Regierungschefs mit der Türkei einen Flüchtlingsstopp. Anschließend ließ der türkische Staat niemanden mehr unkontrolliert Richtung Griechenland oder Balkan ausreisen. Die Zahl der Flüchtlinge, die über das östliche Mittelmeer kamen, sank innerhalb eines Jahres um 90 Prozent. Ankara erhielt für seinen Türsteher-Job 6 Milliarden Euro. Im Herbst 2019 ließ der türkische Präsident Erdoğan seine Truppen völkerrechtswidrig in den Norden Syriens einmarschieren, um die Kurden zurückzudrängen und syrische Flüchtlinge in den eroberten Gebieten zwangsanzusiedeln. Nachdem EU und NATO den türkischen Eroberungsfeldzug nicht unterstützten, kündigte Erdoğan den Migrationspakt und schickte tausende Flüchtlinge an die griechische Grenze. Weitere EU-Abkommen und Absprachen mit Libyen und Marokko sollen die Flüchtlinge davon abhalten, über das westliche und zentrale Mittelmeer nach Europa zu gelangen. Die EU hat Libyens Küstenwache aufgerüstet. Wenn die Libyer Flüchtlingsboote finden, werden sie zurückgeschleppt. Die Flüchtlinge kommen anschließend in libysche Lager, wo sie häufig von Milizen gefoltert, vergewaltigt und ermordet werden.

---

40 Die Visegrád -Gruppe besteht aus den mitteleuropäischen Staaten Polen, Tschechien, Slowakei und Ungarn.

Doch damit nicht genug. Der Friedensnobelpreisträger EU hat die Seenotrettung eingestellt und die private Seenotrettung durch NGOs wurde kriminalisiert.[41] Jeder achte Flüchtling stirbt auf der Überfahrt von Libyen nach Italien. Seit 2014 sind mehr als 20.000 Menschen auf ihrem Weg nach Europa im Mittelmeer ertrunken.

Gleichzeitig wurden an den EU-Außengrenzen Abschiebelager eingerichtet. In Italien und Griechenland werden in elf »Hotspots« die ankommenden Flüchtlinge registriert. Wer keine Aussicht auf Asyl hat, wird sofort wieder abgeschoben. Die asylberechtigten Flüchtlinge sollen auf die EU-Mitgliedsstaaten verteilt werden, viele europäische Länder verweigern jedoch die Aufnahme. Folglich sind die Lager überfüllt. Auf den griechischen Inseln sind über 42.000 Flüchtlinge und Migranten in Unterkünften mit einer Kapazität von 6000 Plätzen untergebracht.

Zudem werden die EU-Außengrenzen mit militärischen Einsatzkräften gesichert. Die europäische Grenzschutzagentur Frontex versucht mit Flugzeugen, Hubschraubern, Schnellbooten, Drohnen, Satelliten und Stacheldraht, Flüchtlinge am Grenzübertritt zu hindern.[42] Immer wieder werden Flüchtlinge von den Einsatzkräften mit Gewalt zurückgedrängt. Ein Verstoß gegen internationales Recht.

Wir schaffen das

Die Flüchtlinge wurden in Deutschland zunächst mit offenen Armen empfangen. Zehntausende Freiwillige halfen bei der Verteilung von Spenden, Essen, erteilten Sprachunterricht und nahmen die Geflüchteten bei sich auf.

Die zwei Jahrzehnte lang kaputt gesparten Behörden waren jedoch mit der hohen Zahl der Neuankömmlinge völlig überfordert. Die kilometerlangen Schlangen vor dem Berliner Landesamt für Gesundheit und Soziales (Lageso) wurden damals zum bundesweiten Symbol für Staatsversagen. Die Flüchtlinge wurden anfangs nicht kontrolliert und registriert. Die Bearbeitung der fast 480.000 Asylanträge verzögerte sich.

Gleichzeitig verschärfte die Bundesregierung die Asylpraxis. Der Familiennachzug wurde eingeschränkt und Bargeldzahlungen wurden

---

41 Im Sommer 2019 ließ die rechtspopulistische italienische Regierung das deutsche Rettungsschiff »Sea-Watch 3« tagelang nicht in einen sicheren Hafen einlaufen.

42 Europäische Grenz- und Küstenwache.

durch Sachleistungen ersetzt. Die Asylverfahren wurden beschleunigt und die Zahl der Abschiebungen stieg. Die Balkan-Staaten, Marokko, Algerien, und Tunesien wurden trotz regelmäßiger Menschenrechtsverletzungen zu sicheren Herkunftsländern erklärt.

Die Integration der Flüchtlinge ist schwierig, verläuft aber besser als erwartet. Jeder zweite Geflüchtete, der seit 2013 nach Deutschland gekommen ist, hat heute einen Job. Viele arbeiten in der Gebäudereinigung, Gastronomie oder als Leiharbeiter. Die Gewerkschaften konnten 2016 verhindern, dass der Mindestlohn für Geflüchtete ausgesetzt wurde. Diese Forderung aus den Reihen der Unionsparteien und der FDP hätte den Lohndruck massiv erhöht. Der umfangreiche Missbrauch beim gesetzlichen Mindestlohn führt dennoch dazu, dass Unternehmen Migranten zu Dumpinglöhnen beschäftigen.

Misslingt die Integration der Geflüchteten in den Arbeitsmarkt, droht eine ethnische Unterschichtung der Gesellschaft (Butterwegge 2020). Die Zuwanderer würden dann dauerhaft die untersten Berufspositionen besetzen, geringe Einkommen beziehen und häufig auf soziale Transferleistungen angewiesen sein.

Panta Rhei – alles fließt
Gesellschaft im Wandel

Rheinischer Kapitalismus 2.0
Digitalisiert, globalisiert oder finanzialisiert?

Im Kapitalismus dreht sich alles um Profit. Unternehmen produzieren Waren und Dienstleistungen, um eine Rendite auf ihr investiertes Kapital zu erzielen. Der Wettbewerb zwingt die Firmen ihre Produktion durch neue technische Verfahren und Produkte immer wieder zu verbessern. Daraus resultiert die historisch einmalige Dynamik der kapitalistischen Produktionsweise.

Der moderne Kapitalismus ist nicht mehr der Kapitalismus des 20. Jahrhunderts. Unternehmen, Märkte, Staat und technischer Fortschritt haben sich verändert. Dennoch ist nicht alles neu.

Die Formationen »digitaler Kapitalismus«, »globaler Kapitalismus« oder »Finanzmarktkapitalismus« unterstellen aber häufig ein völlig neues kapitalistisches Wirtschaftsmodell mit eigener Logik. Das ist irreführend, denn die Vergangenheit prägt die Gegenwart. Historisch gewachsene Institutionen führen zu starken Pfadabhängigkeiten und das Alte überlebt im Neuen.

Der digitale Fortschritt, offene Grenzen und wachsende Finanzmärkte haben den Rheinischen Kapitalismus verändert. Instabilität, Unsicherheit und Ungleichheit haben zugenommen. Entstanden ist ein Rheinischer Kapitalismus 2.0, dessen gespaltene Wirtschaftsstruktur dazu führt, dass Deutschland unter seinen Verhältnissen lebt.

Der französische Ökonom Michel Albert prägte in den 1990er-Jahren den Begriff des Rheinischen Kapitalismus.[43] Zentrales Merkmal des deutschen Kapitalismus ist ein starker industrieller Kern, der durch

---

43 Der Schwerpunkt der deutschen Industrie liegt im Westen der Republik. Der Osten wurde nach der Wiedervereinigung weitgehend deindustrialisiert und ist heute lediglich eine verlängerte Werkbank westdeutscher Industrieunternehmen. In Ostdeutschland gibt es in der Automobilindustrie, in der Chemie- und Pharmaindustrie oder im Maschinenbau bis heute keine große Konzernzentrale und kein relevantes Forschungs- und Entwicklungszentrum.

eine diversifizierte Qualitätsproduktion gekennzeichnet ist.[44] Zwischen Wolfsburg und München produziert eine spezialisierte Industrie viele technisch hochwertige Güter. Automobil-, Chemie- und Pharmaindustrie sowie der Maschinenbau sind die dominierenden Branchen, deren Erzeugnisse kontinuierlich verbessert und in alle Welt verkauft werden. Die internationale Nachfrage nach deutschen Premiumautos, Maschinen, Chemikalien und Medikamenten zeugt von der hohen internationalen Wettbewerbsfähigkeit der heimischen Industrie. Ihre starke Exportorientierung und die damit einhergehenden Überschüsse in der Handels- und Leistungsbilanz sind ein weiteres markantes Merkmal des Rheinischen Kapitalismus. Die diversifizierte Qualitätsproduktion ist natürlich nicht voraussetzungslos, denn der Rheinische Kapitalismus braucht bestimmte Institutionen, um sein Produktionsmodell am Laufen zu halten.

Die erste wichtige institutionelle Säule des Rheinischen Kapitalismus war die Bankenfinanzierung der Industrie. Banken und Industrieunternehmen waren personell und über Aktienbeteiligungen eng verflochten. Dieses geduldige Kapital war eine wichtige Grundlage organischen Wachstums.

Die zweite institutionelle Säule waren kooperative Arbeitsbeziehungen, in denen Unternehmensverbände, Gewerkschaften und Staat zusammenarbeiteten. Im Rheinischen Kapitalismus schränkten Flächentarifverträge die Lohnkonkurrenz stark ein und tarifgebundene Betriebe mussten um die besten und innovativsten Produkte konkurrieren. Betriebsräte und Arbeitnehmervertreter in Aufsichtsräten konnten die Unternehmensstrategien mitgestalten.

Eine dritte institutionelle Säule war und ist das deutsche Ausbildungs-, Bildungs- und Weiterbildungssystem. Dieses sorgte für eine hoch qualifizierte Facharbeiterschaft, ohne die eine Qualitätsproduktion nicht möglich ist.

Die vierte institutionelle Säule ist ein umfassender öffentlicher Sektor, der überwiegend Infrastrukturdienstleistungen erbringt.[45] Diese sind einzelwirtschaftlich nicht profitabel, volkswirtschaftlich aber essenziell und müssen deswegen von der öffentlichen Hand zur Verfügung gestellt werden. Der Staat organisiert beispielsweise die öffentliche

---

44 Diese Anatomie des Rheinischen Kapitalismus ist angelehnt an den Varities of Capitalism Ansatz (VoC) von Hall und Soskice (Hall/Soskice 2001).

45 Das Ausbildungs-, Bildungs- und Weiterbildungssystem gehört natürlich in großen Teilen zu diesem öffentlichen Sektor.

Strom-, Wasser-, und Gasversorgung sowie den öffentlichen Nahverkehr und erbringt dadurch wichtige Vorleistungen für die private Wirtschaft.[46]

Finanzmärkte

Der Finanzsektor ist in den letzten Jahrzehnten stark gewachsen. Auf globalen und digitalisierten Finanzmärkten wechseln Aktien, Anleihen und Derivate in Nanosekundenschnelle ihre Besitzer.

Das globale Finanzvermögen umfasst heute rund 340 Billionen US-Dollar. Das entspricht dem vierfachen Weltsozialprodukt. Im Jahr 1990 waren es nur 43 Billionen US-Dollar, doppelt so viel, wie der Wert der damals weltweit hergestellten Waren und Dienstleistungen.

Der Aktienhandel wuchs zwischen 1980 und 2018 um das 476-fache (WEF 2019). Die volkswirtschaftliche Bedeutung der Aktienmärkte nahm zu. So stieg der Anteil der Marktkapitalisierung der US-Unternehmen am heimischen Bruttoinlandsprodukt von 47 auf 165 Prozent. Für die börsennotierten deutschen Unternehmen kletterte dieselbe Kennziffer von sieben auf 61 Prozent. Eine Aktie wird heute im Schnitt nur noch neun Monate gehalten. In den 1980er-Jahren legten die Aktionäre ihr Wertpapier noch unters Kopfkissen. Die durchschnittliche Haltezeit einer Aktie betrug zehn Jahre (WEF 2019). Der Devisenhandel wuchs im gleichen Zeitraum um das 42-fache. Jeden Tag werden heute über 5000 Milliarden US-Dollar mit dem Kauf und Verkauf von Währungen umgesetzt (BIS 2019). Wichtige Wechselkurse schwanken bis zu 20 Prozent im Jahr. Doch den stärksten Zuwachs verzeichnete der Derivatehandel.[47] Der Bestand an außerbörslich gehandelten Derivaten (OTC-Derivate) erreichte 2013 ein Rekordniveau in Höhe von 710 Billionen US-Dollar (BIS 2019).

---

46 Der öffentliche Infrastrukturbereich ist in Deutschland föderal organisiert. Kommunen, Länder und Bund haben unterschiedliche Kompetenzen.

47 Derivate sind Finanzkontrakte (Zinsswaps, Währungsswaps, Optionen, Futures, Termingeschäfte), die sich auf einen Basiswert (Rohstoffpreis, Aktienkurs, Zinssätze) beziehen.

Abbildung 4
Aktienbestand und Aktienhandel
In absoluten Zahlen, Umschlagshäufigkeit pro Jahr, weltweit 1980 bis 2018

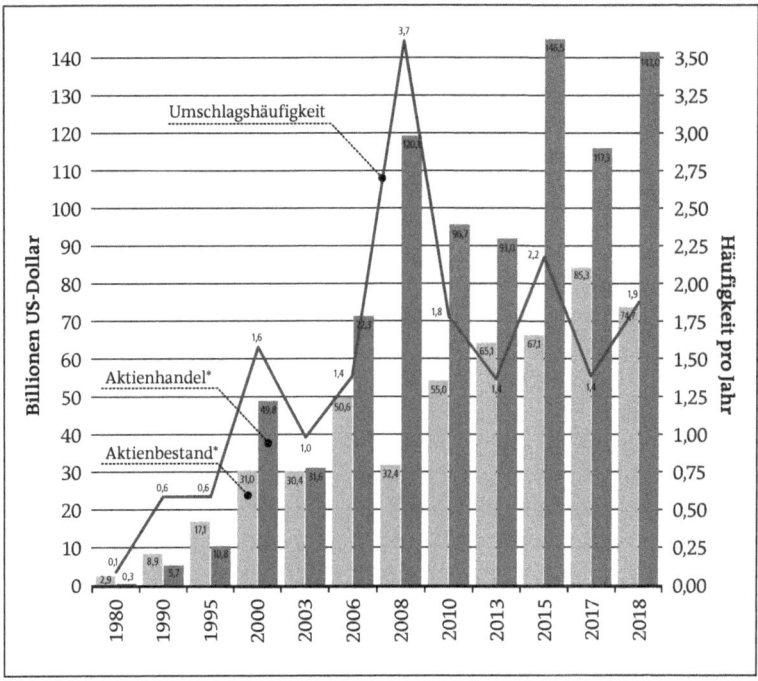

* *Aktienbestand und Aktienhandel bezogen auf die Börsen, die Mitglieder des*
   World Federation of Exchanges (WFE) *sind, sowie die Börsen der London SE*
   Group.
Quelle: World Federation of Exchanges (WFE)
Bundeszentrale für politische Bildung 2019 | www.bpb.de

Finanzvermögen gibt es nicht ohne Schulden. Aus Krediten und Anleihen – alles Vermögenswerte – leiten die Gläubiger Zahlungsansprüche ab, die von Schuldnern bedient werden müssen. Folglich wuchs parallel zum globalen Finanzvermögen auch der internationale Schuldenberg. Nach einer Studie des Institute of International Finance (IIF) belaufen sich die weltweiten Schulden auf rund 251 Billionen US-Dollar. Im letzten Jahrzehnt wuchs die Verschuldung um fast 40 Prozent. Die Produktionsunternehmen sind mit 74 Billionen US-Dollar und der Finanzsektor mit 61 Billionen US-Dollar verschuldet. Der Schuldenberg der privaten

Haushalte beläuft sich auf 47 Billionen US-Dollar. Die Staatsschulden erreichen eine Höhe von 68 Billionen US-Dollar.

Der Anblick des aufgeblähten Finanzsektors verleitet zu dem Schluss, dass sich die Finanzmärkte von der Realwirtschaft entkoppelt haben. Im Casinokapitalismus zocken Banker und Fondsmanager angeblich mit Aktien, Anleihen, Währungen, Rohstoffen und Derivaten, die keinen realwirtschaftlichen Nutzen mehr haben. Eine Entkoppelung der Wertpapierkurse vom Realkapital ist aber nur vorübergehend möglich. Die Spekulation lässt Blasen entstehen, diese existieren aber nicht dauerhaft. Dividenden, Zinsen und Tilgungsraten müssen weiterhin aus Einkommen und Gewinnen bedient werden. Diese werden in der Produktion und im Dienstleistungssektor erzielt. Wenn Profite und Einkommen schrumpfen, dann platzen auch die Spekulationsblasen.

Die Finanzmärkte wurden politisch entfesselt. Die US-Regierung sprengte 1973 das Währungssystem von Bretton-Woods. Anschließend beseitigten die Industriestaaten Kapitalverkehrskontrollen sowie Zinsobergrenzen und lockerten Kreditvergabestandards. In London entstand ein entfesselter Euro-Dollar-Markt. Margaret Thatcher löste 1986 mit dem »Big Bang« die nächste Deregulierungswelle aus.[48] Die City of London wurde zum globalen Finanzzentrum. So wurden die nationalen Grenzen der Finanzmärkte niedergerissen.

Die Abschaffung der festen Wechselkurse zwang die Unternehmen dazu, sich gegenüber Währungsschwankungen abzusichern. Wenn ein deutsches Unternehmen Güter nach Brasilien exportiert oder in Indien investiert, kann ein Kursverfall des Real oder der Rupie seine Kalkulation und Gewinne verhageln. Für 1000 Real oder Rupien gibt es dann weniger Euros. Dieses Wechselkursrisiko kann durch ein Derivat ausgeschaltet werden. Die Bank, die das Derivat ausgibt, garantiert dem Unternehmen einen festen Wechselkurs für den Tag, an dem die Fremdwährung in Euro umgetauscht werden soll. Zudem können Unternehmen variabel verzinste Kredite gegen das Risiko steigender Zinsen versichern. Mit sogenannten Zins-Swaps schützt sich die Firma vor einer unvorhergesehenen Zinsänderung und vermeidet so zusätzliche Finanzierungskosten. Vier von fünf Industrieunternehmen nutzen heute Derivate, um ihre Währungs-, Zins- und Rohstoffrisiken abzusichern. Diese Finanztransaktionen sind realwirtschaftlich veranlasst. Darüber hinaus sind Aktien und Anleihen wichtige Finanzierungsins-

---

48　Die Thatcher-Regierung deregulierte den Wertpapierhandel und hob die Trennung von Investmentbanken und Geschäftsbanken auf.

trumente. Unternehmen finanzieren über Aktien- und Anleiheemissionen ihr Wachstum. In den 1990er-Jahren kurbelte eine Welle von Fusionen und Unternehmensübernahmen sowie ein verändertes Anlageverhalten der Pensionsfonds die Aktien- und Anleihemärkte an. Ein großer Teil, der auf den Finanzmärkten getätigten Transaktionen, ist folglich keine reine Spekulation.

Die Banken halfen den Unternehmen bei der Finanzierung und Absicherung ihrer Geschäfte. Mit der fortschreitenden Globalisierung des Handels, der Produktion und der Kapitalmärkte entstanden neue Giganten der Finanzwelt. Zwischen 2000 und 2007 stieg die Bilanzsumme der US-amerikanischen und deutschen Großbanken um jährlich 8 Prozent (Binder/Schäfer 2011). Damit wuchsen sie drei- bis fünfmal so schnell wie das jeweilige nationale Bruttoinlandsprodukt (Binder/Schäfer 2011). Im Krisenjahr 2007 kamen die drei weltweit größten Banken aus Europa. Die Bilanzen der Royal Bank of Scotland, der Deutschen Bank und der Banque Nationale de Paris beliefen sich auf 17 Prozent der weltweiten Wirtschaftsleistung. Die Verbindlichkeiten deutscher Banken waren dreimal so groß wie das heimische Bruttoinlandsprodukt. In Frankreich und Holland brachten die Schulden der Geldhäuser das Vierfache des jeweiligen Sozialprodukts auf die Waage, in Großbritannien war es das Fünffache, in Irland das Siebenfache (Tooze 2019).

Die Investmentbanken Goldmann Sachs, Morgan Stanley, Citigroup & Co handelten mit Derivaten, berieten Unternehmen bei Fusionen und Übernahmen und organisierten Börsengänge. Sie profitierten dabei von der politischen Entfesselung der Finanzmärkte. Ende der 1990er schaffte die Clinton-Regierung die Trennung von Geschäftsbanken und Investmentbanken ab. Währenddessen richteten Chuck Prince, Richard Fuld, Lloyd Blankfein und Kollegen ihr Bankgeschäft neu aus.[49] Auf der Jagd nach Rendite konzentrierten sie sich zunehmend auf die Finanzspekulation. Die großen Geldhäuser der Wall Street und City of London erzielten ihre höchsten Gewinne fortan im Eigenhandel mit Aktien, Devisen, Derivaten und Rohstoffen. Damit war das Casino rund um die Uhr geöffnet. Die Investmentbanken profitierten davon, dass ihre Kundenbetreuer und Händler die Köpfe zusammensteckten. Wer weiß, was die eigenen Kunden vorhaben, kann im Markt vorausschauend agieren.

---

49 Chuck Prince war der Vorstandsvorsitzende (CEO) von Citygroup, Richard Fuld
    der CEO von Lehman Brothers und Lloyd Blankfein der CEO von Goldmann
    Sachs.

Die neuen »Masters of the universe« drehten mit kleinem Eigenkapital große Räder. Die Schulden der Investmenthäuser beliefen sich zeitweise auf das 20 bis 50-fache ihrer Eigenmittel. So konnte die Eigenkapitalrendite kräftig gehebelt werden. Traurige Berühmtheit erlangte hierzulande die Forderung des Deutsche-Bank-Chefs Josef Ackermann nach einer 25-prozentigen Verzinsung des Eigenkapitals.[50] Die Investmentbanker finanzierten langfristige Wertpapierkäufe mit kurzfristigen Krediten. Gläubiger waren häufig US-amerikanische Geldmarktfonds.

Im Vorfeld der großen Finanzmarktkrise entwickelten die Alchemisten der Geldhäuser neue Produkte (ABS, CDO, CDS), um Hypothekenkreditrisiken auslagern zu können. Rating-Agenturen, die von denselben Banken bezahlt wurden, gaben den Schrottpapieren erstklassige Prüfsiegel. Das boomende Verbriefungsgeschäft nährte die Immobilienblase.

Am Roulettetisch des Casinos spielten neben den Investmentbanken auch Geldmarkt-, Investmentfonds, Private-Equity- und Hedgefonds. Sie machten Bankgeschäfte, mussten aber nicht die strengen Eigenkapital- und Liquiditätsauflagen der Geschäftsbanken fürchten. Diese Schattenbanken spekulierten mit Aktien, Anleihen, Währungen, Derivaten, strukturierten Wertpapieren, Kreditversicherungen und Unternehmen.

Republikweit berüchtigt sind die so genannten Hedgefonds. Sie verdanken ihren schlechten Ruf dem ehemaligen SPD-Vorsitzenden Franz Müntefering, der sie 2005 als Heuschrecken geißelte. Und das obwohl die Schröder-Regierung noch wenige Jahre zuvor der Branche den roten Teppich ausrollte. Hedgefonds verwalten heute ein Vermögen in Höhe von 3,3 Billionen Euro. Bridgewater, Millennium, Man Group & Co versuchen an verschiedenen Märkten Preisunterschiede auszunutzen und so genannte Arbitragegewinne einzustreichen. Hedgefonds arbeiten bevorzugt mit Leerverkäufen und hohen Schulden. Sie leihen sich gegen Gebühr Aktien und verkaufen diese sofort. Dann arbeiten sie darauf hin, dass der Kurs abstürzt, kaufen die Aktien wieder günstig ein und geben sie dem Verleiher zurück. Die Differenz zwischen Verkaufs- und Kaufpreis streichen sie als Gewinn ein. Hedgefonds gehen höhere Risiken ein als andere Finanzinvestoren. Die Renditen sind entsprechend

---

50 Der unter Ackermann vorangetriebene Ausbau des spekulativen Investmentbankings sollte der Deutschen Bank nach der Finanzmarktkrise fast das Genick brechen. Noch heute leidet die größte deutsche Bank an den finanziellen Folgen dieser strategischen Fehlentscheidung.

hoch. Hedgefonds-Manager gehören zu den Spitzenverdienern des Finanzsektors. Der weltweit bestbezahlte Fondmanager Carl Icahn erzielte 2018 einen Stundenlohn von 350.000 US-Dollar.

Auf dem Höhepunkt des Finanzmarktbooms mutierten selbst traditionelle Industrieunternehmen zu Finanzspekulanten. Der prominenteste Fall war die Firma Porsche, die mittels Aktienoptionen und Terminkontrakten versuchte den VW-Konzern zu schlucken. Darüber hinaus manipulierten die Geldhäuser jeden relevanten Preis auf den Finanzmärkten. Doch damit nicht genug. Hierzulande prellten Deutsche Bank, Commerzbank, Warburg Bank & Co den Fiskus mit so genannten Cum-Ex-Geschäften um mehr als 30 Milliarden Euro.[51]

Lange Zeit rechnete sich das riskante Spiel für Banker und Fondsmanager. Vor der großen Finanzkrise 2007 lag der Gewinnanteil der US-Finanzindustrie an den Gewinnen aller börsennotierten Unternehmen bei über 40 Prozent.

Das rapide Wachstum des fiktiven Kapitals machte die Weltwirtschaft instabiler und unsicherer.[52] Schon John Maynard Keynes beschrieb vor über 70 Jahren die gesamtwirtschaftlich negativen Auswirkungen des Casinos: »Spekulanten mögen unschädlich sein als Seifenblase auf einem steten Strom der Unternehmungslust. Aber die Lage wird ernsthaft, wenn die Unternehmungslust die Seifenblase auf einem Strudel der Spekulation wird.« Die internationale Vernetzung der Finanzinstitute und ihre hohe Verschuldung haben die Krisenanfälligkeit erhöht. Hinzu kommt die Irrationalität der Finanzmärkte. So sorgt der Herdentrieb immer wieder für dramatische Kursbewegungen. Euphorische Boomphasen wechseln sich ab mit Panikverkäufen. Die starken Kursausschläge haben unmittelbare realwirtschaftliche Folgen, sie beeinflussen die Finanzierungsbedingungen der Unternehmen (Horn 2011). Im Boom sind die Kredite günstig und mittels Aktienemissionen lassen sich einfach Investitionsmittel beschaffen. In der Krise vergeben die Banken keine Kredite mehr und Aktienemissionen werden schwierig. Die hohe Instabilität und Unsicherheit gehen zulasten der realwirtschaftlichen Investitions- und Wachstumsdynamik. Allein zwischen 1970 und 2007 gab

---

51 Bei Cum-Ex-Geschäften wurden Aktien kurz vor dem Dividendentermin verkauft und anschließend wieder zurückgekauft. Die Banken stellten bei jedem Besitzerwechsel eine Kapitalertragssteuerbescheinigung aus. Die Steuern wurden dann vom Fiskus mehrfach rückerstattet.

52 Fiktives Kapital sind Ansprüche auf Zins oder Gewinnausschüttungen. Sie sind fiktiv, weil sich hinter diesen Ansprüchen kein reales respektive reproduktives Kapital verbirgt.

es 124 Bankenkrisen, 326 Währungskrisen und 64 Staatsverschuldungskrisen (Laeven/Valencia 2012). In diesem Zeitraum schrumpfte auch das Wachstum der führenden Industrieländer.

Ursächlich für die zunehmende Finanzspekulation war, neben der Deregulierung, vor allem die steigende ökonomische Ungleichheit. In den letzten Jahrzehnten nahmen in fast allen Industrienationen die Einkommens- und Vermögensunterschiede zu. Die Vermögensbesitzer respektive ihre institutionellen Anleger suchten nach rentablen Anlagemöglichkeiten, welche die Realwirtschaft aufgrund der unzureichenden gesamtwirtschaftlichen Nachfrage und Produktivität nicht mehr bieten konnte. Die schlechten Renditeerwartungen realwirtschaftlicher Investitionsprojekte lenkten das überschüssige Kapital in den profitableren Finanzsektor. Dabei stieg der Appetit der Vermögenden nach höheren Renditen und riskanteren Anlagen. Insofern erhöhte der wachsende private Reichtum auch die Instabilität und Unsicherheit der Gesamtwirtschaft.

Darüber hinaus verstärkten globale Ungleichgewichte, die durch die ökonomische Ungleichheit verursacht wurden, die Liquiditätsschwemme. Defizitländer wie die USA, Großbritannien oder Frankreich importierten mehr Güter als sie exportierten. Die Defizite wurden auf Pump finanziert. Umgekehrt führten China, Deutschland oder Japan mehr Güter aus als ein. Die Überschüsse investierten sie überwiegend in US-amerikanische Finanzprodukte. Allein China verachtfachte zwischen 2000 und 2008 seine Finanzinvestitionen in US-Staatsanleihen auf 618 Milliarden US-Dollar.

Ein weiterer Grund für das rege Treiben auf den Finanzmärkten war die Privatisierung der Altersvorsorge. Sie schuf einen neuen Markt für Lebensversicherer, Pensions- und Investmentfonds. Hierzulande verfügen die Versicherer (Lebensversicherer, Pensionsfonds, Pensionskassen, etc.) über ein Kapitalvermögen in Höhe von 1.670 Milliarden Euro (2018). Der überwiegende Anteil dieser Kapitalanlagen besteht aus festverzinslichen Wertpapieren und Schuldscheinen. Diese institutionellen Anleger achten auf die Rendite ihres angelegten Kapitals. In der aktuellen Niedrigzinsphase investieren sie verstärkt in Risikoanlagen, da sichere Staatsanleihen zu wenig abwerfen. Staatliche Regulierung verhindert jedoch noch, dass sie zu hohe Risiken eingehen.

Im Jahr 2007 kam es zum ganz großen Knall. Die industrielle Warenproduktion hatte sich bereits vorher abgeschwächt und einen Konjunkturabschwung verursacht. Auf dem US-Immobilienmarkt platzte nun die Blase. Seit 1996 hatten sich die Hauspreise verdoppelt. Steigende Zinsen trieben nun einkommensschwache US-Hausbesitzer in den Ruin. Millionen Zwangsversteigerungen folgten, die Immobilienpreise purzelten, verbriefte Hypothekenkredite wurden wertlos und die hoch verschuldeten Banken gerieten ins Schleudern. Keine Bank traute mehr der anderen, sodass der Interbankenmarkt einfror. Die Geldmarktfonds stoppten die kurzfristige Bankenfinanzierung. Damit wurde den unterkapitalisierten Investmentbanken die Liquidität entzogen. Mitte September 2008 ging Lehman Brothers unter. Die Schockwellen dieser Insolvenz erfassten die gesamte Weltwirtschaft. Klamme Banken verkauften in Panik ihre Vermögenswerte und setzten die Börsen unter Druck. Zudem kappten sie ihre Kredite an Unternehmen und Privathaushalte. Folglich gingen die Investitionen und der private Konsum zurück. Allein in den USA vernichtete die Krise ein geschätztes Vermögen in Höhe von 22 Billionen Dollar. Auch europäische Banken wurden in den Abgrund gerissen. Sie hatten Milliardenbeträge in US-amerikanische Ramschpapiere investiert und verfügten über keine ausreichenden Eigenkapitalpuffer, um ihre Verluste wegstecken zu können. So wurde aus einer nationalen Immobilienmarktkrise die schwerste globale Finanzmarkt- und Wirtschaftskrise seit fast 80 Jahren.

Weltweit bekämpften Notenbanker und Schatzmeister die Krise mit einer Flut billigen Geldes, Finanzspritzen, Garantien, Verstaatlichungen und milliardenschweren Konjunkturpaketen. Die britische Labour-Regierung unter Gordon Brown und die Obama-Administration zwangskapitalisierten ihre kriselnden Großbanken. In der EU verhinderten Angela Merkel und Peer Steinbrück ein abgestimmtes europäisches Vorgehen. Jedes Land sollte vor seiner eigenen Haustür kehren. Folglich blieben viele europäische Geldhäuser dauerhaft unterkapitalisiert. Es folgte ein Schrecken ohne Ende. Die fortdauernde Bankenkrise verhinderte eine schnelle wirtschaftliche Erholung. Die Eurozone stürzte in eine schwere Krise.

Lediglich dem beherzten Eingreifen der US-amerikanischen Zentralbank (FED), der chinesischen Regierung und einiger europäischer Nationalstaaten war es am Ende zu verdanken, dass ein ökonomischer Super-GAU, wie er sich nach der Weltwirtschaftskrise 1929 ereignete, verhindert wurde. Die FED drehte den Geldhahn auf und stellte den heimischen und ausländischen Banken unbegrenzt Liquidität zur Verfügung. Vor diesem Hintergrund klingt die Aussage des damaligen Deutschbankers Josef Ackermann, sein Institut sei ohne staatliche Hilfe durch die Krise gekommen, wie blanker Hohn.[53] Die chinesische Regierung legte 2008 das weltgrößte Konjunkturprogramm auf. Mit einem Mix aus Investitionen, höheren Staatsausgaben und Bankkrediten in Höhe von gigantischen 20 Prozent des chinesischen Bruttoinlandsproduktes schob Peking die Weltkonjunktur an. Davon profitierten besonders große Exportnationen wie Deutschland. So beruhte die gute deutsche Wirtschafts- und Beschäftigungsentwicklung nach 2009 auf der starken ausländischen Nachfrage nach deutschen Exportgütern. Heute, nur ein Jahrzehnt später müssen die Zentralbanker und Finanzminister erneut die Schleusen öffnen. In der Corona-Pandemie versorgt die FED die Weltwirtschaft wieder mit Dollar und die Trump-Regierung schnürt das größte Konjunkturpaket in der Geschichte der USA.

Bereits während der Finanzmarktkrise verschoben sich die Machtverhältnisse auf den internationalen Finanzmärkten und in der Weltwirtschaft. Dank der ineffizienten europäischen Bankenrettung blieb die Wall Street die erste Adresse des globalen Finanzsystems. Und China gehörte nun endgültig zum Kreis der mächtigsten Wirtschaftsnationen dieser Erde.

Strukturwandel des Finanzkapitals

Seit der Jahrtausendwende änderten sich die Eigentumsverhältnisse der Unternehmen und die Struktur des Finanzkapitals. Die alte Deutschland AG – die enge Verflechtung von Banken und Produktionsunternehmen – ist inzwischen Geschichte. Die Großbanken sind nicht mehr die Spinne im Netz. Ende der 1990er-Jahre entdeckten die großen Banken – insbesondere die Deutsche Bank – das Investmentbanking. Größere Kapitalbeteiligungen waren da nur hinderlich.[54] Rot-grüne Modernisierer unterstützten tatkräftig die Zerschlagung der deutschen Variante des

---

53 Die deutsche Bank überlebte die Krise nicht nur aufgrund der Liquiditätshilfe der FED, sondern auch aufgrund der staatlichen Rettung der IKB und des weltgrößten Versicherers AIG. Eine Pleite eines der beiden Institute hätte aufgrund von milliardenschweren Forderungstitel der Deutschen Bank ihr Eigenkapital ausgelöscht.

54 Wenn eine Bank sich um einen Beratungsauftrag für eine Unternehmensfusion bewirbt, ist eine Kapitalbeteiligung bei einem Konkurrenten des potenziellen Auftraggebers ein gewichtiges Ausschlusskriterium, da so Insiderinformationen weitergegeben werden könnten.

organisierten Kapitalismus.[55] Schröder, Eichel & Co entfesselten die Kapitalmärkte und schafften die Steuer auf Veräußerungsgewinne aus Kapitalbeteiligungen ab. Anschließend verscherbelten die deutschen Banken ihre Unternehmensbeteiligungen und verließen deren Aufsichtsräte.

Noch Mitte der 1990er-Jahre gehörten die heimischen Unternehmen mehrheitlich Einzelpersonen, Banken, nationalen Unternehmen und der öffentlichen Hand. Rund 70 Prozent der größten Unternehmen hatten einen Mehrheitsaktionär, der mindestens ein Viertel der Aktien besaß. Damals schickte allein die Deutsche Bank ihre Vorstände als Aufsichtsräte in 29 der 100 größten Unternehmen.

An die Stelle der Banken traten nun Finanzinvestoren. Heute liegt der Streubesitz der DAX-Unternehmen bei über 80 Prozent. Drei von fünf Aktien deutscher Unternehmen befinden sich in den Händen von Pensions-, Investitionsfonds und Versicherungen, so genannter institutioneller Investoren (Ernst & Young 2019). Mehr als die Hälfte der Eigentümer kommt aus dem Ausland. Das Finanzkapital hat sich globalisiert.

Wir leben heute in einem Zeitalter der Vermögensverwalter. Sogenannte Indexfonds verbuchten einen enormen Mittelzufluss. Das weltweite ETF-Vermögen verfünfzehnfachte sich zwischen 2005 und 2019 auf rund 6180 Milliarden US-Dollar (Statista 2020).[56] Folglich stieg der Einfluss der großen angelsächsischen und kontinentaleuropäischen Vermögensverwalter in börsennotierten Unternehmen.

Der größte globale Vermögensverwalter ist der rund 7 Billionen Euro schwere US-Finanzinvestor Blackrock. In der Finanzmarktkrise profitierte Blackrock vom Niedergang der Banken und lukrativen Beraueraufträgen.[57] Deutschlandweit bekannt wurde Blackrock durch den wirtschaftsliberalen CDU-Politiker Friedrich Merz, der im Herbst 2018 erfolglos für den CDU-Parteivorsitz kandidierte. Merz leitete den Aufsichtsrat der Deutschlandsparte des US-Vermögensverwalters und

---

55 Auf den Trümmern der Deutschland AG sollte eine »Aktionärsdemokratie« errichtet werden. Diese sollte mehr Kapital anziehen, die Transparenz erhöhen, die Kapitalkosten senken, Innovationsfähigkeit und Produktivität verbessern und das Wachstum ankurbeln.

56 Ein ETF (Exchange Traded Fund) ist ein börsengehandelter Indexfonds, der die Wertentwicklung eines Börsenindex (z. B. DAX) abbildet.

57 Blackrock hatte mehrere Beratungsmandate für die Europäische Zentralbank (EZB). Blackrock war auch an der Durchführung des jüngsten Stresstests der europäischen Bankenaufsicht beteiligt, obwohl der Vermögensverwalter an einigen der überprüften Banken direkt beteiligt ist.

spielte für Larry Fink (CEO Blackrock) den Türöffner zu deutschen Unternehmen. Das war offensichtlich auch einigen seiner Parteifreunde
suspekt.

Der »schwarze Fels« erhält sein Kapital von den Superreichen die-
ser Welt. Andere große Vermögensverwalter heißen Vanguard, Capi-
tal Group, State Street, Fidelity oder Pimco. Die Fondsmanager kaufen
Unternehmensanteile für passiv und aktiv gemanagte Aktienfonds.
Blackrock ist allein an 28 der 100 größten Unternehmen beteiligt. Der
Finanzinvestor hält Anteile an allen Dax30-Unternehmen. Die Beteiligungen schwanken zwischen 3 und 8 Prozent. In jedem dritten Dax-
Unternehmen ist Blackrock der größte Einzelaktionär. Die zahlreichen
Unternehmensbeteiligungen, die Überkreuzbeteiligungen der Vermögensverwalter untereinander sowie die Beteiligung an Ratingagentu-
ren erzeugen eine fast schon kartellartige Macht des Finanzinvestors in
einzelnen Branchen. Hinter den Kulissen nimmt Blackrock mit seinen
sogenannten »Investment Steward Teams« Einfluss auf die Unternehmenspolitik. In Hinterzimmergesprächen mit dem Management und
den Aufsichtsratsvorsitzenden werden Unternehmensentscheidungen
vorbereitet. So wird die Unternehmensmitbestimmung umgangen.

Darüber hinaus gibt es eine kleine Gruppe aggressiver aktivistischer
Finanzinvestoren. So sammeln Private-Equity-Firmen – eine weitere
Müntefering'sche Heuschrecke – von Vermögenden Geld ein, kaufen damit ganze mittelständische Unternehmen, trimmen diese auf Rendite
und stoßen sie nach spätestens sieben Jahren wieder ab. Das weltweit
verwaltete Vermögen der Private-Equity-Branche erreicht inzwischen
2,7 Billionen Euro. Seit Ende der 1990er-Jahre haben Blackstone, KKR,
Carlyle, CVC & Co in Deutschland rund 10.000 Geschäfte abgewickelt.
Die Private Equity-Fonds investierten 2018 rund 30 Milliarden Euro. Häufig müssen die übernommenen Unternehmen ihren Kaufpreis durch
Kreditaufnahme selbst bezahlen (Leveraged Buy-Out). Dies kann zur
Überschuldung der gekauften Firmen führen. David Rubenstein, Henry
Kravis, Alexander Dibelius und Kollegen zerlegen die gekauften Fir-
men, drücken die Löhne und bauen Arbeitsplätze ab. Die durchschnitt-
liche Rendite des eingesetzten Kapitals lag in den letzten 10 Jahren bei
18 Prozent. Auch die bereits erwähnten Hedgefonds kaufen mittlere und
größere Unternehmen und versuchen deren Geschäftspolitik mit dem
Ziel steigender Gewinne, Dividenden und Aktienkurse zu beeinflussen.
Oft erhöhen sie den Druck auf die Geschäftspolitik des Unternehmens
durch öffentliche Kampagnen. Nach spätestens drei Jahren werden die
Unternehmensanteile wiederverkauft.

In nicht allen Unternehmen spielen Finanzinvestoren eine bedeutende Rolle. Die wichtigsten Ausnahmen bleiben Familiendynastien, Stiftungen und Staatsbeteiligungen großer Autobauer, Stahlkocher, Konsumgüterhersteller und Banken. Namentlich VW, BMW, Thyssen Krupp, Salzgitter, Henkel, Commerzbank und Andere. Unter den 100 größten Unternehmen gibt es heute 27 Unternehmen, die mehrheitlich im Besitz von Einzelpersonen, Familien oder Familienstiftungen sind. Der Anteil dieser strategischen Investoren am Aktienbestand der DAX-Unternehmen beläuft sich aber nur noch auf 12 Prozent.

Der Rückzug der Banken aus den Unternehmen führte dazu, dass sie heute kein zentraler industrie- und strukturpolitischer Akteur mehr sind. Trotzdem lenken Deutsche Bank, Commerzbank & Co mittels ihrer Firmenkredite sowie Aktien- und Anleiheemissionen weiterhin große Investitionsströme – nun aber fast ausschließlich ihrer einzelwirtschaftlichen Logik folgend. Unterhalb der Großunternehmen bleibt die Macht der Banken ungebrochen. Klein- und mittelständische Betriebe finanzieren sich weiterhin über Bankkredite. Die Auflösung der Deutschland AG ließ den Schutzwall gegenüber dem Ausland bröckeln. Die Banken spielten nicht mehr den Beschützer vor feindlichen Übernahmen und viele Unternehmen wurden folglich zu einer Ware.

Die Finanzinvestoren trimmten die Unternehmen auf Rendite. Im Mittelpunkt des Shareholder-Value-Konzepts stehen der Ertragswert, der Aktienkurs und die Dividende.[58] Unternehmensinvestitionen müssen eine Mindestrendite erzielen. Diese sollte der durchschnittlichen Verzinsung des vorgeschossenen Kapitals entsprechen. Nur wenn die Mindestrendite übertroffen wird oder Wachstumsfantasien entstehen, steigt der Unternehmenswert (Shareholder Value).[59]

Das Management setzte die aktionärsorientierte Unternehmenspolitik begeistert um, da die Anteilseigner die variable Vergütung der Vorstände an entsprechende Finanzkennziffern koppelten. Mehr als die Hälfte der Topgehälter speist sich noch immer aus variablen Vergütungsbestandteilen. Die Gehälter der Manager explodierten in den letzten drei Jahrzehnten, woran die Umstellung ihrer Vergütungssysteme einen großen Anteil hatte. (siehe Kapitel »Jahrhundert der Ungleichheit«).

---

58 Der Ertragswert ergibt sich durch die Abzinsung der zukünftigen Zahlungsüberschüsse (diskontierter Cashflow).

59 Eine hoher Unternehmenswert und Aktienkurs schützt die Kapitalgesellschaften gleichzeitig vor feindlichen Übernahmen. Zudem können eigene Aktien immer auch als Währung zum Kauf anderer Firmen verwendet werden.

Die Gewinne der Kapitalgesellschaften sind auch nach der Finanz-marktkrise immer weiter gestiegen. Die 30 größten Börsenschwerge-wichte erzielten 2017 einen historischen Bruttogewinn in Höhe von 133 Milliarden Euro und ein Jahr später belief sich der Gewinn vor Steu-ern und Zinsen immer noch auf 119 Milliarden Euro. Der Nettogewinn der Dax30-Konzerne kletterte zwischen 2000 und 2018 um 58 Prozent auf 95 Milliarden Euro. Umgekehrt sank der Anteil der Löhne und Ge-hälter am Volkseinkommen bis 2007 und stabilisierte sich erst nach der Finanzmarktkrise. Dies führte zu einer strukturellen Schwäche der ge-samtwirtschaftlichen Nachfrage mit entsprechend negativen Folgen für Wachstum und Beschäftigung.

Die Finanzinvestoren setzten nicht mehr auf organisches Wachstum, sondern entzogen den Firmen sogar Kapital. Allein 2018 schütteten die 160 größten Aktiengesellschaften über 50 Milliarden Euro Dividende aus. Dies entsprach 42 Prozent ihrer Gewinne. Gleichzeitig laufen die Aktienrückkaufprogramme auf Hochtouren, was sich negativ auf die Rücklagen und Investitionen auswirkt. Siemens, Munich Re, Allianz und Andere kauften 2018 für fast neun Milliarden Euro eigene Aktien, um die Kurse und den Gewinn je Aktie nach oben zu treiben. Die gesamt-wirtschaftliche Investitionsquote ist historisch niedrig und 2003 lagen die Investitionen in Maschinen, Grundstücke und Gebäude erstmals unter dem Abschreibungswert. Seit Beginn dieses Jahrtausends sparen die Unternehmen und investieren nicht mehr ausreichend in neue Pro-dukte und Produktionsverfahren.

Management und Finanzinvestoren veränderten auch die Unterneh-mensorganisation und die Wertschöpfungsketten: Der Markt wurde zum zentralen Steuerungsprinzip gemacht. Die einzelnen Unterneh-mensbereiche mussten fortan ihre Kapitalkosten erwirtschaften und ihre Renditeziele erreichen. Wenn die Zahlen nicht stimmten, wurden sie verkauft oder geschlossen. Vertikale Konzernstrukturen wurden auf-gelöst und die Fertigungstiefe reduziert. Damit wurden stabile Zuliefe-rer-Abnehmer-Beziehungen infrage gestellt.

In kapitalmarktorientierten Unternehmen veränderte sich die Ar-beitswelt. Marktförmige Kontrollsysteme gewährten den Beschäftigten größere Autonomie, erhöhten aber mittels Zielvorgaben und internen Wettbewerb den Leistungsdruck. Durch Personal- und Arbeitszeitpolitik wurden Arbeitseinsatz und Kapazitätsauslastung optimiert, die Produk-tivität gesteigert und Arbeitskosten gesenkt. Die interne betriebliche Flexibilität wurde massiv ausgebaut. In vier von fünf Betrieben gibt es heute flexible Arbeitszeitregime und die Ausgabe von Belegschaftsak-

tien trug zu einer oberflächlichen Verschmelzung von Arbeitnehmer-
und Aktionärsinteressen bei.

Noch vor über 15 Jahren wollte der damalige BDI-Präsident Michael
Rogowski Flächentarifverträge und Betriebsverfassungsgesetz im La-
gerfeuer verbrennen. Nach dem Comeback der Gewerkschaften in
der Finanzmarktkrise stellten Arbeitgeberverbände und Konzernlenker jedoch die öffentlichen Angriffe ein. Die Abschaffung der Mitbestimmung oder die Einführung des angelsächsischen eingliedrigen
Board-Systems wurden hierzulande nicht mehr ernsthaft diskutiert
und Shareholder-Value orientierte Unternehmen stellen Tarifverträge
und Mitbestimmung nicht offen infrage. Aktionärsorientierte Konzerne profitieren von Flächentarifverträgen, da die Lohnzuwächse in
der Fläche geringer ausfallen, als wenn sie auf betrieblicher Ebene aus-
gehandelt werden.[60] Zudem sichern Tarifverträge den Betriebsfrieden,
denn insbesondere exportorientierte Großunternehmen sind durch
Streikaktivitäten leicht verletzbar. Des Weiteren helfen Betriebsräte
und Unternehmensmitbestimmung bei der Lösung unternehmensin-
terner Konflikte. Die Mitbestimmung hat die Einführung und Umsetzung von Shareholder-Value-Strategien nicht wirklich behindert und
die Ausgliederung von Unternehmensbereichen höhlt Flächentarifverträge und Mitbestimmung auch ohne große öffentliche Auseinandersetzung schleichend aus.

Globalisierung

Nach dem Zusammenbruch der realsozialistischen Staaten und der
wirtschaftlichen Öffnung Chinas, hat die kapitalistische Produktionsweise heute fast jeden Winkel unseres Planeten in Besitz genommen.
Die Ausweitung der internationalen Arbeitsteilung ist kein neues Phä-
nomen, denn der Kapitalismus ist ein auf Wachstum programmiertes
Wirtschaftssystem und überschreitet seit 150 Jahren nationale Grenzen. Am weitesten fortgeschritten ist die Globalisierung auf den Finanzmärkten. In den letzten Jahrzehnten durchpflügten immer mehr
Containerschiffe die Weltmeere, zahllose LKWs verstopften die Fern-
straßen, unzählige Frachtflieger starteten durch. Der Online-Handel
explodierte und tausende neuer Logistikzentren entstanden auf der
grünen Wiese. Stark sinkende Transportkosten, der digitale Fortschritt

---

60 Die Gewerkschaften orientieren sich bei Flächentarifverträgen an der gesamtwirtschaftlichen Produktivität.

und der Abbau von Handelshemmnissen lösten einen erneuten Globalisierungsschub aus.

Der internationale Handel wuchs schneller als die Produktion. Zwischen 1960 und 2018 stieg der weltweite Warenaustausch um das 20-fache. Im gleichen Zeitraum versiebenfachte sich die weltweite Warenproduktion. Folglich wurden die Nationalökonomien immer abhängiger vom Außenhandel. Die Außenhandelsquote – Anteil der Warenexporte und -importe am weltweiten Sozialprodukt – stieg seit 1970 von 19 auf 46 Prozent. Für die Exportnation Deutschland liegt die Außenhandelsquote sogar bei rund 70 Prozent.

Im internationalen Warenhandel spielen die Arbeitskosten eine immer geringere Rolle. Lediglich ein Fünftel des globalen Handels kann heute noch durch Lohnkostenunterschiede erklärt werden (Global McKinsey Institute 2019). Die Industrienationen tauschen untereinander überwiegend Kapitalgüter. Deutsche Unternehmen konkurrieren nicht mit arbeitsintensiven Billigprodukten und Armutslöhnen aus Mosambik oder Pakistan, sondern mit teuren kapitalintensiven Qualitätsprodukten aus den Hochlohnländern Frankreich, Schweden oder Japan.

Dem weltweiten Absatz folgten bald die globalen Investitionen. Seit den 1970er-Jahren stiegen die ausländischen Direktinvestitionen um das 50-fache (UNCTAD 2019). Der Investitionsbestand im Ausland vergrößerte sich seit den 1980er-Jahren um das 22-fache.[61] Die grenzüberschreitenden Investitionen schufen internationale Wertschöpfungsketten und diese neuen globalen Produktionsnetzwerke fördern wiederrum den Handel durch die Aus- und Einfuhr von Zwischengütern und Vorleistungen.[62] Zwei Drittel des Welthandels werden heute innerhalb der großen Konzerne abgewickelt. Toyota, Volkswagen, Nestle und Andere haben sich in globale Koordinatoren und Entscheidungsträger von internationalen Wertschöpfungsketten verwandelt. Die Konzerne organisieren Entwicklung, Produktion und Vertrieb über ein komplexes Netz von Zulieferern, Verkäufern und Dienstleistern.

---

61 Eine Folge des wachsenden Kapitalexports war die bereits beschriebene Ausdehnung des Finanzsektors. Wobei die Kapitalmärkte der internationalisierten Produktion folgten und nicht umgekehrt. Nach der Finanzmarktkrise schrumpften die Portfolioinvestitionen, während die Direktinvestitionen weiter zunahmen.

62 Über zwei Drittel der gehandelten Waren sind Zwischengüter, die anschließend zu Fertigprodukten weiterverarbeitet werden. Die Industrie- und Schwellenländer wickeln heute die Hälfte ihrer Exporte innerhalb globaler Wertschöpfungsketten ab.

Ein BMW wird in München, Singapur und Kalifornien designt. Die Teile und Komponenten kommen von heimischen Zulieferern wie Bosch und Continental, aber auch von ausländischen Zulieferern aus Italien, Spanien, Großbritannien, Japan, Kanada und den USA. Die Produktion der Fahrzeuge erfolgt in acht deutschen Werken und weiteren Produktionsstätten in Südafrika, Großbritannien, Österreich, USA und China. Darüber hinaus gibt es in Russland, Ägypten, Thailand, Indien, Indonesien, Malaysia und Brasilien Montagewerke, die fertige demontierte Fahrzeuge wieder zusammensetzen. Der bayerische Autobauer verkauft seine Produkte über eigene Filialen und einen Onlineshop direkt an seine Kunden. Ferner gibt es weltweit 6000 Vertragshändler.

Ein weiteres Beispiel für den Aufbau einer internationalen Wertschöpfungskette ist die Herstellung des iPhones. Apple entwickelt und designt sein iPhone am Firmensitz im Cupertino (USA). Die Zahl der Zulieferer wird auf 700 geschätzt. Davon kommen 349 aus China, 149 aus Japan, 60 aus den USA, 42 aus Taiwan und 14 aus Deutschland. LG liefert Display Panels, Sony die Kameras und Samsung die Prozessoren. Die Fertigung und Montage der iPhones findet in China und in kleinen Serien in Brasilien statt. Die Verteilung erfolgt über US-amerikanische Logistikzentren. Der Vertrieb wird über Apple-Stores und externe Verkäufer organisiert.

BMW und Apple zeigen sehr anschaulich, wie die Konzerne ihre Fertigungstiefe reduzierten und die Zuliefererlandschaft international neu aufstellten. Die Zulieferer erarbeiten heute bis zu 80 Prozent des gesamten Wertschöpfungsertrags. Innerhalb dieser Wertschöpfungsketten gibt es eine klare internationale Arbeitsteilung: In den Industrieländern finden überwiegend kapital- und wissensintensive Aktivitäten statt und in den Schwellen- und Entwicklungsländern vermehrt Produktions- und Montagetätigkeiten. Bereits in den 1970er-Jahren wurde die deutsche Textilproduktion verlagert, anschließend folgten die Unterhaltungselektronik, die Haushaltsgeräte, die Druckereien, Gummi- und Kunststoffwaren und die Möbelproduktion. Mitte der 1990er-Jahre begannen die deutschen Großunternehmen erneut ihre Wertschöpfungsketten umzubauen. Fast jeder dritte Betrieb der Metall- und Elektroindustrie verlagerte einen Teil seiner Wertschöpfungskette bevorzugt Richtung Osten. Der Anteil der ausländischen Vorleistungen stieg im Zuge der EU-Osterweiterung auf 35 Prozent. Diese Aus- und Verlagerungswelle ist aber inzwischen abgeebbt.

In den internationalen Wertschöpfungsketten spielen analoge und digitale Dienstleistungen eine immer größere Rolle. Die internationalen

Konzerne brauchen aufgrund neuer Logistik- und Organisationskonzepte sowie kürzerer Produktlebenszyklen umfangreichere Transport-, Kommunikations-, Beratungs- und Forschungsdienstleistungen. Forschung und Entwicklung, Marketing, I-K-Technologien, Copyright und Lizenzen sowie Design werden immer wichtiger. Die Digitalisierung integriert die Wertschöpfungsketten durch digitale Bestellprozesse, kundenindividuelle Produktentwicklungen, eine vernetzte Planung und Fertigung sowie integrierten Kundenservice. Außerdem werden die Bestands- und Planungsdaten mit Zulieferern, Kunden und anderen Wertschöpfungspartnern ausgetauscht.

Bei näherer Betrachtung entpuppt sich die Globalisierung als Regionalisierung. Die Handels- und Kapitalströme konzentrieren sich auf die führenden Industriestaaten und Wirtschaftsblöcke. Die Industrienationen tätigen noch immer 71 Prozent der ausländischen Direktinvestitionen. Die so genannte Triade (Nordamerika – Europa – Asien) wickelt 78 Prozent aller Warenexporte ab. Politik spielte dabei eine zentrale Rolle, denn der EU-Binnenmarkt und die Eurozone förderten die grenzüberschreitende Vernetzung der europäischen Volkswirtschaften. Gleiches gilt für nordamerikanische und asiatische Freihandelszonen (NAFTA und ASEAN). Am aktuellen Rand werden in Europa und Asien globale Wertschöpfungsketten wieder stärker regionalisiert, weswegen auch der regionale Warenaustausch wächst. Ursächlich sind die rückläufige Bedeutung der Arbeitskosten, die hohe Verletzlichkeit von internationalen Wertschöpfungs- und Lieferketten und der steigende Wertschöpfungsanteil immaterieller Güter. Einige asiatische Schwellenländer können bisher importierte Zwischenprodukte nun selbst herstellen. Die Corona-Pandemie wird die Regionalisierung weiter forcieren. Unternehmen werden ihre Produktionsprozesse stärker diversifizieren und die Lagerhaltung verstärken, um längere Produktionsausfälle zukünftig zu vermeiden.

Die zentralen Akteure der wirtschaftlichen Globalisierung sind das Finanzkapital, sprich die großen Banken und Finanzinvestoren, sowie die multinationalen Konzerne. Die Konzentration und Zentralisation des Kapitals schreitet weiter voran, denn die Größen- und Verbundeffekte globaler Absatzmärkte und digitaler Plattformen fördern Monopolisierungstendenzen.

Die 100 größten Multis konzentrieren laut einer UNCTAD-Studie rund 17 Prozent des weltweiten Auslandsumsatzes auf sich. Ihr Umsatz verdoppelte sich zwischen 1995 und 2015 auf fast acht Billionen US-Dollar und sie besitzen 9 Prozent des Auslandsvermögens. Jeder Multi hat im Schnitt 550 Tochterunternehmen, davon 370 im Ausland. Exxon Mobil, Royal Dutch Shell, General Electric & Co beschäftigen insgesamt 16 Millionen Arbeitnehmer. Drei von fünf Beschäftigten arbeiten im Ausland. Einer Untersuchung der Eidgenössischen Technischen Hochschule (ETH) folgend, verantworten die mächtigsten 147 Großkonzerne 40 Prozent des globalen Umsatzes.

Die Großkonzerne können ihre Waren und Dienstleistungen auf vermachteten Märkten zu überhöhten Preisen verkaufen. Sie konnten seit den 1980er-Jahren Preisaufschläge von über 40 Prozent durchsetzen.[63] Folglich sind die Kapitalrenditen der Konzerne deutlich höher als die ihrer kleineren Konkurrenten. Die Kehrseite der Monopolrenditen ist ein sinkender Anteil der Arbeitseinkommen an der Wertschöpfung. Die Monopolisierung dämpft und verlängert auch den Konjunkturverlauf.[64]

Die Multis sind, entgegen einem weit verbreiteten Vorurteil, keine »heimatlosen Gesellen«. Die Großkonzerne erzielen zwar über zwei Drittel ihres Umsatzes im Ausland, ihre jeweiligen Heimatmärkte haben aber noch immer große Bedeutung. 92 der 100 Multis haben ihren Hauptsitz in einem Industrieland. Allianz, BASF, SAP, die Deutsche Bank & Co haben ihre Firmenzentralen in München, Ludwigshafen, Walldorf und Frankfurt. Forschung- und Entwicklung, Design, Marketing und Markenpolitik sind weiterhin in ihren Herkunftsländern angesiedelt. In der heimischen Automobilindustrie befinden sich sogar noch alle wichtigen Stufen der Wertschöpfungskette – Rohbau, Werkzeugbau, Komponentenfertigung, Lackierung und Endmontage – im Inland.

Das Management der Multis ist keine internationale Wirtschaftselite, sondern weiterhin national fest verwurzelt. Die Vorstände deutscher Unternehmen bestehen fast ausschließlich aus deutschen Männern. Herbert Diess (VW), Oliver Zipse (BMW), Joe Kaeser (Siemens) und Kollegen sind bestens vernetzt mit der politischen Elite des Landes und befinden sich im regelmäßigen Austausch mit den nationalen Regulierungsbehörden, Finanz- und Arbeitsämtern. Natürlich haben in-

---

63 Konzerne verfügen über eine hohe Einkaufsmacht und diktieren ihren Lieferanten Preise und Fristen. Sie nutzen die Größeneffekte der Massenproduktion und erhalten günstige Finanzierungskonditionen. Die hohen Kosten der Massenproduktion sind gleichzeitig eine Markteintrittsbarriere für kleine und mittlere Wettbewerber.

64 Aufschwungsphasen werden gestreckt und Krisen hinausgezögert. Ursächlich dafür ist die gute Liquiditätsausstattung von Großunternehmen. Sie bremst die Kapitalvernichtung im Abschwung. Umstritten sind die von der Monopolisierung ausgehenden langfristigen wirtschaftlichen Stagnationstendenzen.

ternationale Absatzmärkte und Wertschöpfungsketten die Sicht des Managements und der Eigentümer verändert. Für viele Konzerne ist heute die Entwicklung der Weltkonjunktur wichtiger als die Schwankungen des Heimatmarktes. Folglich drängen die deutschen Vorstände und Arbeitgeberverbände nur noch in Ausnahmesituationen wie der Finanzmarkt- oder Coronakrise auf eine aktive nationale Konjunkturpolitik. Die Konzernlenker setzen heute verstärkt auf freien Welthandel und internationalen Investorenschutz. Gleichzeitig werden jedoch alle Möglichkeiten der nationalen Standortförderung ausgeschöpft. Bei internationalen Handelskonflikten und Rechtsstreitigkeiten bleibt, nicht zuletzt aufgrund schwacher internationaler Institutionen, der eigene Nationalstaat weiterhin der letzte verlässliche Ansprech- und Bündnispartner. Doch die Globalisierung hat die Verhandlungsmacht des Managements und der Kapitaleigentümer gestärkt. Die Vorstände können Belegschaften gegeneinander ausspielen und erpressen, indem sie mit grenzüberschreitenden Produktionsverlagerungen drohen oder Großaufträge intern ausschreiben. Häufig ist die Drohung mit Standortverlagerung aber nur ein taktischer Schachzug. Die Wahl des Produktionsstandortes ist nicht nur eine Frage der Personalkosten. Eine gute Verkehrsinfrastruktur, eine zuverlässige Energieversorgung, politische Stabilität, Rechtssicherheit, die Qualifikation der Beschäftigten sowie die Größe und geografische Lage des Absatzmarktes sind mindestens genauso wichtig. Folglich sind die Einfluss- und Gestaltungsmöglichkeiten nationaler Belegschaften und nationaler Politik in Zeiten der Globalisierung weiterhin vorhanden.

Digitalisierung

Der digitale Fortschritt bestimmt immer stärker unseren Alltag. In der Industrie werden Anlagen, Roboter und andere Geräte mithilfe zugewiesener IP-Adressen digital gesteuert und kontrolliert. In den Krankenhäusern unterstützen Computer die Diagnose und Therapie. Pflegeroboter können das Pflegepersonal bei schweren körperlichen Arbeiten entlasten. Roboter mähen den Rasen, kochen Essen und saugen Staub. Die Corona-Pandemie beschleunigt den digitalen Umbau der Arbeitswelt. Jeder vierte Beschäftigte arbeitet in der Krise zu Hause am Laptop und nimmt an Videokonferenzen teil.

Die digitale Wirtschaft organisiert Daten und Wissen. Algorithmen werden zu Produktionsmitteln, Daten zu Rohstoffen und Information zu einer Ware. Informationsgüter lassen sich günstig vervielfältigen und transportieren. Hinzukommt, dass sie durch ihre Nutzung nicht verbraucht werden und von vielen Personen gleichzeitig genutzt werden können.[65] Die Digitalisierung verändert die Geschäftsmodelle, die Unternehmensorganisation, die gesellschaftliche Arbeitsteilung und die Marktstrukturen.

Seit den 1970er-Jahren schuf die digitale Technologie die materiellen Voraussetzungen für die Globalisierung und Finanzialisierung des modernen Kapitalismus. Der Mikroprozessor, das Internet, Industrieroboter, das rechnergestützte Konstruieren (CAD-Programme) und CNC-Maschinen waren die großen digitalen Innovationen des 20. Jahrhunderts. Die IT-Technik rationalisierte die Fertigung und veränderte die Unternehmensorganisation sowie die Kunden- und Lieferantenbeziehungen (Raphael 2019). Durch den schnellen Informationsaustausch konnten einzelne Abteilungen und Fertigungsschritte ausgegliedert werden. Anfang des 21. Jahrhunderts nutzten alle Autobauer digitale Technik, um Aufträge zwischen Herstellern und Zuliefern abzuwickeln.

Der Finanzsektor wurde zum wichtigsten Nachfrager dieser digitalen Techniken (Staab 2019). Die Banken ermöglichten mit ihren IT-Investitionen den Hochfrequenzhandel und den automatisierten Handel. In den 1980er-Jahren investierten die Geldhäuser jedes Jahr ein Fünftel mehr in digitale Endgeräte und Software als im Vorjahr. Inzwischen machen algorithmisch veranlasste Investitionen die Hälfte der US-Börsentransaktionen aus. Ohne digitale Technologie wäre der Finanzsektor heute nicht mehr handlungsfähig.

Im Zuge der Digitalisierung schufen Google, Amazon, Ebay und Facebook ein neues Produktionsmodell: die digitale Plattform. Ein Marktplatz, auf dem Kunden, Firmen und Arbeitskräfte ihre Produkte, Dienstleistungen und Arbeitskraft anbieten und nachfragen können. Die Wertschöpfung der Plattform basiert auf Werbung, gebührenpflichtigen Angeboten, Vermittlungsgebühren oder der Verwertung von Kundendaten.

Die Plattformunternehmen entscheiden, wer auf ihren digitalen Märkten Produkte anbieten darf und die Internetgiganten verschaffen sich durch das Sammeln von Kundendaten große Informationsmacht.

---

65 Aufgrund des Überflusses digitaler und digitalisierter Güter, prognostiziert Paul Mason als prominenter Vertreter eines Postkapitalismus, dass die Produktionskosten und Warenpreise künftig gegen Null tendieren werden. Wenn profitorientierte Unternehmen aber keinen Gewinn mehr erzielen können, dann würde sich die kapitalistische Produktionsweise selbst überwinden.

In der Plattformökonomie werden Gewinne vermehrt über Nutzungsgebühren – Streaming- und Verleihdienste – erzielt. Die Profite von Google, Amazon, Ebay & Co sind Renten aus Marktbesitz (Staab 2019). Die Plattformen haben nur eine kleine Kernbelegschaft und greifen verstärkt auf externe Arbeitskräfte zu. Dazu zählen Kunden, die bewerten und beraten ebenso wie Selbstständige, die bezahlte Aufträge übernehmen. Diese Arbeitskräfte haben keine arbeits- und sozialrechtlichen Ansprüche. Die Plattformökonomie geht einher mit einer rigiden Kontrolle der Beschäftigten. Mittels Smartphones und Tablets können Bewegungs- und Leistungsprofile erstellt werden. Intelligente Algorithmen fahnden nach Normabweichungen und Bewertungssysteme kontrollieren die Leistung der Beschäftigten.

Die Internetgiganten finanzieren den Ausbau ihrer Plattformen mit Hilfe von Finanzinvestoren. Amazon, Facebook, Google & Co sind alle an der Börse notiert. Ihre großen institutionellen Investoren sind die üblich Verdächtigen: Blackrock, Vanguard, State Street und Fidelity. An der Wiege der digitalen Ökonomie stand jedoch der investive Staat. Das Internet und die Basistechnologien des Smartphones sind das Produkt jahrzehntelanger militärisch-industrieller US-Forschung. Anschließend verwerteten Apple, Microsoft und Andere die öffentlich finanzierte Grundlagenforschung mit ihren privaten Patenten. Die Geschichte von wagemutigen Garagenbastlern ist ein Mythos des Silicon Valley.

Der digitale Fortschritt hat die Machtarchitektur des modernen Kapitalismus verändert. Unternehmen, die über die meisten Daten, die besten Algorithmen und leistungsstärksten Computer verfügen, gewinnen an Macht und Einfluss. Die erfolgreichsten Unternehmen des Silicon Valley haben heute einen höheren Börsenwert als die Börsenschwergewichte der Old Economy. Ihre Gründer gehören zu den reichsten Männern der Welt. Der durch die Corona-Pandemie ausgelöste Digitalisierungsschub fördert den Siegeszug der Internetgiganten und Softwareschmieden. Deutsche Unternehmen spielen in der digitalen Ökonomie nur eine Nebenrolle. Ein deutsches oder europäisches Google gibt es nicht. In der Informations- und Kommunikationstechnologie sind deutsche Unternehmen nur durch SAP und Infineon vertreten.

In den letzten Jahrzehnten hat die schöpferische Zerstörung der Internetkonzerne ganze Industrie- und Dienstleistungsbranchen umgewälzt. Amazon und Ebay mischten den Einzelhandel auf, Booking und AirBnB lehrten Hotelketten und Reiseveranstaltern das Fürchten und Uber forderte das Taxigewerbe heraus. Große Unternehmen der Musik-,

Elektronik- und Druckindustrie sowie viele Verlagshäuser überlebten das digitale Erdbeben nicht.

Dieser Siegeszug der digitalen Konzerne stützte sich ökonomisch auf Netzwerk- und Skaleneffekte. Mit der Zahl der Nutzer steigt der Nutzen der Internetplattformen. Skaleneffekte lassen die Preise für Computer und Software purzeln. Viele IT-Dienstleistungen (E-Mail-Account, Twitter, Facebook, etc.) werden heute kostenlos angeboten. Die Plattformunternehmen können aber den Preisverfall unendlich verfügbarer digitaler Güter begrenzen, indem sie den Zugang zu diesen Produkten und Dienstleistungen auf ihren Märkten kontrollieren und somit das Angebot beliebig verknappen.

Bei Apple, Microsoft, Google & Co gehen die Kosten einer zusätzlichen Produkteinheit – die so genannten Grenzkosten – nicht gegen Null. Die kostenlose Produktion ist eine Utopie des Silicon Valley. Digitale Technik ist auf Überwachung und Instandhaltung angewiesen. Bei Softwareprodukten müssen permanent Fehler und Funktionsmängel beseitigt werden. Wenn sich die Softwareumgebung verändert, müssen Anpassungen vorgenommen werden. Zudem steigen die Kosten, sobald die Kapazitätsgrenzen der Anlagen beziehungsweise Infrastrukturen erreicht oder deren Lebensdauer erschöpft sind (Fischbach 2017). Das Modell des kostenlosen »copy and paste« funktioniert also nicht einmal in der Welt der Informationsgüter, von der Welt der physischen Güter ganz zu schweigen. Das Auto aus dem 3D-Drucker oder die rein plattformgestützte Energieversorgung sind ebenfalls nur Phantasiegebilde.

Der digitale Fortschritt hat bis heute kein zweites Maschinenzeitalter eingeläutet. Die immer wieder angekündigten großen Produktivitätssprünge der vermeintlichen digitalen Revolution sind ausgeblieben. Die wirtschaftliche Leistungsfähigkeit der großen Volkswirtschaften nimmt seit den 1970er-Jahren in immer geringerem Tempo zu. Das Produktivitätswachstum verlangsamt sich. In Deutschland liegt der jährliche Produktivitätszuwachs seit der großen Finanzmarktkrise nur noch bei 0,9 Prozent. Zwischen 1991 und 2007 wuchs die Produktivität jährlich noch um 1,9 Prozent und zwischen 1971 und 1990 um 3,1 Prozent. Weder die Erfindung von Computern noch ihre anschließende Vernetzung nahmen den Fuß vom Bremspedal des Produktivitätsfortschritts. Ökonomen sprechen von einem »Produktivitätsparadoxon«. Ursächlich für den langfristig negativen Produktivitätstrend ist die Schwäche der privaten und öffentlichen Investitionen, welche maßgeblich auf die geringe Nachfrage nach Gütern und Dienstleistungen zurückzuführen ist. Technischer Fortschritt führt also nicht automatisch zu höherem Produktivitätswachstum. Entscheidend ist vielmehr die gesamtwirtschaftliche Entwicklung.

Die Digitalisierung macht die menschliche Arbeit nicht überflüssig. Die skizzierte Produktivitätsschwäche geht hierzulande einher mit steigender Beschäftigung und mehr bezahlten Arbeitsstunden (Arbeitsvolumen). Von einem Ende der Arbeitsgesellschaft keine Spur, denn auch im Informationszeitalter ist die vollautomatisierte Produktion nicht in Sicht. Die Arbeit bleibt die Quelle des Mehrwerts. Eine digitale, sprich technologische Arbeitslosigkeit, gibt es nicht. Roboter, Algorithmen und Big Data fressen keine Arbeitsplätze. Denn Arbeitslosigkeit wird nicht durch technische Innovationen verursacht, sondern durch Konjunkturkrisen. Das heißt natürlich nicht, dass der Strukturwandel komplett ins Wasser fällt. Der digitale Fortschritt verändert die Inhalte und Strukturen von Arbeit und Wirtschaft. Laut OECD kann in Zukunft jeder sechste Arbeitsplatz durch den digitalen Fortschritt ersetzt werden. Nach Analysen des Instituts für Arbeitsmarkt- und Berufsforschung (IAB) arbeitete 2016 hierzulande jeder vierte sozialversicherungspflichtige Beschäftigte – rund 8 Millionen Personen – in einem Beruf mit hohem Substituierbarkeitspotenzial.[66] Inwieweit Automatisierungen, die technisch machbar sind, aber auch umgesetzt werden, ist nicht prognostizierbar. Rationalisierungsbedingte Beschäftigungsverluste hat es in der Geschichte des Kapitalismus immer wieder gegeben. Die Wirtschaftsgeschichte lehrt uns aber auch, dass große Technologie- und Innovationsschübe mit positiven Beschäftigungseffekten einhergehen. Letztere haben die rationalisierungsbedingten Arbeitsplatzverluste immer überkompensiert. Das gilt für die Dampfmaschine und Elektrifizierung ebenso wie für das Auto oder die Elektrotechnik. Da in der zukünftigen Arbeitsgesellschaft vermehrt komplexe, nicht automatisierbare Arbeiten anfallen, könnten unter dem Strich auch mehr Jobs entstehen. Wie jedoch die Beschäftigungsbilanz ausfällt, ist nicht zuletzt eine Frage der Konjunktur-, Wirtschafts- und Finanzpolitik.

---

66 Das sind Berufe, in denen mindestens 70 Prozent der anfallenden Tätigkeiten durch Computer oder computergesteuerten Maschinen übernommen werden können.

Die Strukturprobleme des Rheinischen Kapitalismus 2.0

Finanzmärkte, Globalisierung und Digitalisierung haben den Rheinischen Kapitalismus kräftig durchgeschüttelt. Die Unternehmen sind heute stärker auf Rendite getrimmt, internationaler und auf digitalen Plattformen unterwegs. Die Märkte sind weniger in die Gesellschaft eingebettet. Instabilität, Unsicherheit und Ungleichheit haben zugenommen. Eine neue kapitalistische Formation – digitaler Kapitalismus, globaler Kapitalismus, Finanzmarktkapitalismus – ist dadurch aber noch nicht entstanden.

Die deutsche Variante des organisierten Kapitalismus unterscheidet sich weiterhin stark vom liberalen angelsächsischen Kapitalismus. Um die Pfadabhängigkeiten respektive das Alte im Neuen zu betonen, kann von einem Rheinischen Kapitalismus 2.0 gesprochen werden. Wobei das Update 2.0 die skizzierten strukturellen Veränderungen – Finanzinvestoren, globale Wertschöpfungsketten, digitale Plattformen – zum Ausdruck bringen soll.

Die zentrale Herausforderung des Rheinischen Kapitalismus 2.0 ist seine tief gespaltene Wirtschaftsstruktur. Einem kleinen, hochproduktiven industriellen und exportabhängigen Kern steht eine wachsende binnenmarktabhängige Dienstleistungsökonomie mit relativ geringer Produktivität gegenüber.[67] Der Rheinische Kapitalismus 2.0 hat einen gespaltenen Arbeitsmarkt. Im ersten Arbeitsmarktsegment arbeiten hoch qualifizierte Tariflohnbeschäftigte zu hohen Löhnen und guten Arbeitsbedingungen. Das zweite Arbeitsmarktsegment besteht aus einem großen Niedriglohnsektor mit überwiegend prekären und schlecht entlohnten Jobs. Der Gewerkschaftsforscher Wolfgang Schroeder ermittelt sogar drei Welten der Arbeitsbeziehungen. Zwischen der ersten und dritten Welt (Großbetriebe des Exportsektors und öffentlicher Dienst / Kleinbetriebe des Dienstleistungssektors) verortet er eine zweite Welt, in welcher mittelgroße Betriebe angesiedelt sind (Hassel/Schroeder 2018). Dort gibt es noch partiell gewerkschaftlichen Einfluss und viele Haustarifverträge. Der Trend geht zu einer nachlassenden Prägekraft der ersten und zweiten Welt der Arbeitsbeziehungen. Diese gespaltene Wirtschaftsstruktur des Rheinischen Kapitalismus 2.0 lähmt seine Akkumulationsdynamik. Die Wachstumsraten der Investitionen und des Sozialprodukts gehen zurück.

---

67 Die Dienstleistungen umfassen heute schon über 70 Prozent der Wertschöpfung und Beschäftigung.

Zukunft der Industrie

In den letzten Jahrzehnten hat sich die Wirtschaftsstruktur des Rheinischen Kapitalismus stark verändert. Viele Schlote rauchen nicht mehr. Der Bergbau, die Stahlindustrie, die Werften und die Textilindustrie sind fast verschwunden. Seit 1970 halbierte sich der Anteil der Industriebeschäftigten an der Erwerbsbevölkerung. Nach dieser langen Schrumpfungsphase konnte die Industrie jedoch ihr ökonomisches Gewicht halten. Seit der Jahrtausendwende blieb der Anteil der Industrieproduktion an der gesamten Wertschöpfung mit fast 24 Prozent stabil und auch der Beschäftigungsabbau wurde gestoppt.[68]

Das deutsche Produktionsmodell hat den Siegeszug der Aktionäre, seine Einbindung in internationale Wertschöpfungsketten und den digitalen Wandel gut überstanden. Die westdeutschen Standorte der Automobilindustrie, der Chemie- und Pharmaindustrie sowie des Maschinenbaus spielen in den internationalen Wertschöpfungsketten die erste Geige. Ihre Wertschöpfungsbeiträge sind auch zukünftig von hoher strategischer Bedeutung.

Die technologische Leistungsfähigkeit der heimischen Industrie ist intakt. Die Unternehmen stellen mehr Forscher und Entwickler ein und der Anteil der Forschungsausgaben am Sozialprodukt nimmt zu. Die Innovationsausgaben der forschungsintensiven Industrie steigen stärker als ihr Umsatz. Mithilfe von Industrie 4.0 und dem Internet der Dinge macht die Digitalisierung die Produktionsstätten noch produktiver. Die Gefahr, dass Apple, Google & Co die Vorherrschaft im deutschen Autobau übernehmen ist sehr gering, denn den Internetgiganten fehlt es schlicht am notwendigen Produkt- und Produktionswissen. Trotzdem steht der Automobilindustrie ein schwerer Strukturwandel bevor. Die Herstellung des Elektromotors erfordert nur noch die Hälfte der Wertschöpfung eines Verbrennungsmotors. Nach einer Studie des Fraunhofer Instituts kann dieser Wechsel des Antriebssystems republikweit 75.000 Arbeitsplätze kosten. Die Rentabilität der Industriekonzerne aber bleibt hoch. Sie können aufgrund ihrer starken Marktmacht und qualitativ hochwertiger Produkte weiterhin hohe Preise durchzusetzen.

In der westdeutschen Industrie wird die korporatistische Tradition noch mit Leben gefüllt. Management, Kapitaleigner und Gewerkschaf-

---

68 Die statistische Erfassung der Industriebeschäftigung ist unscharf. Die Grenzen zwischen Industrie- und Dienstleistungsbeschäftigung verschwimmen. Deswegen beschreibt der Begriff der industriellen Dienstleistungsgesellschaft das Ergebnis des wirtschaftlichen Umbruchs präziser.

ten setzen auf Kompromiss und nicht auf Konflikt, wobei Tarifverträge und Mitbestimmung von den Konzernen akzeptiert werden.[69] Der Staat hilft den Unternehmen mit einer aktiven Industriepolitik im Strukturwandel, indem er die Batteriezellenproduktion fördert, eine Ladeinfrastruktur schafft und den Absatz von Elektroautos unterstützt. Dem drohenden Fachkräftemangel werden die großen Industriekonzerne kurzfristig mit hohen Löhnen, attraktiven Karrieren, eigenen Aus- und Weiterbildungsaktivitäten sowie der Einwanderung von Hochqualifizierten erfolgreich entgegentreten.

Dennoch stehen einige institutionelle Säulen der Qualitätsproduktion unter Druck. Das deutsche Ausbildungs-, Bildungs- und Weiterbildungssystem ist aufgrund seiner chronischen Unterfinanzierung den Anforderungen einer modernen Volkswirtschaft immer weniger gewachsen. Deutsche Schüler schneiden in internationalen Vergleichen schlecht ab und ganze 7 Prozent der Jugendlichen erreichen hierzulande keinen Schulabschluss. Zwischen Ostsee und Alpen ist der schulische Erfolg stärker vom Elternhaus abhängig als in anderen Industrieländern. Kaum ein Viertel der Betriebe bildet noch aus und folglich fehlen vielen klein- und mittelständischen Unternehmen in naher Zukunft die Fachkräfte. Bereits heute beziffert das arbeitgebernahe IW die Fachkräftelücke auf über 310.000 Stellen, davon 60.000 IT-Spezialisten.

Doch damit nicht genug. Der Flächentarifvertrag ist nach der Deutschen Einheit erodiert.[70] Klein- und mittelständische Betriebe unterlaufen Tarifverträge. Der Osten der Republik ist in weiten Teilen eine tariffreie Zone. Von Berlin bis München ist nur noch jeder zweite Beschäftigte durch einen Tarifvertrag geschützt. Gleichzeitig wird die Tariflandschaft durch Öffnungsklauseln verbetrieblicht und dezentralisiert. Der Niedriglohnsektor und die prekären Jobs sind stark gewachsen, mittlerweile arbeitet fast jeder vierte Beschäftigte hierzulande für einen Niedriglohn. Die Zahl der Unternehmen mit Betriebsrat und paritätisch besetzten Aufsichtsrat sinkt.

Erschwerend hinzu kommt ein unterfinanzierter öffentlicher Sektor. Der schlanke Staat kann die Infrastruktur nicht mehr instand halten. Der Investitionsstau bei Verkehr, Energie, Digitalisierung und

---

69 Über 80 Prozent der Großbetriebe mit über 500 Beschäftigten sind tarifgebunden.

70 Nach der deutschen Einheit gelang es den deutschen Gewerkschaften nicht, das westdeutsche Tarifsystem in den Osten der Republik zu übertragen. Westdeutsche Unternehmen errichteten im Osten große tariffreie Zonen. Die ostdeutschen Betriebe setzten die westdeutschen Standorte fortan unter Druck.

Klimaschutz geht zulasten der wirtschaftlichen Leistungsfähigkeit der Unternehmen und der Volkswirtschaft. In bestimmten Infrastrukturbereichen – Digitalisierung, Energieversorgung, etc. – ist der Staat infolge umfangreicher Liberalisierungen und Privatisierungen nur noch eingeschränkt handlungsfähig. Das hat negative Folgen für die Qualität und Reichweite der entsprechenden Infrastrukturdienstleistungen.

Sollten eine oder mehrere dieser institutionellen Säulen des deutschen Produktionsmodells mittelfristig wegbrechen, wäre die Zukunftsfähigkeit des industriellen Kerns ernsthaft gefährdet. So könnte der Rheinische Kapitalismus doch noch einen Platz im Museum bekommen.

Zukunft der Dienstleistungsökonomie

Die heimischen Dienstleistungsbranchen gehen seit Jahrzehnten durch die Bettlergasse. Sie wurden nicht, wie in Skandinavien, durch einen Ausbau des Sozialstaats und eine aktive Dienstleistungspolitik zu hoch produktiven Sektoren entwickelt. Mit fatalen Folgen!

Im Einzelhandel, in den Krankenhäusern, in der Pflege, in der Logistik und in der Weiterbildung sind die Personalkosten der mit Abstand größte Kostenblock. Eine geringe Tarifbindung, unzureichende Qualitätsstandards und zu kleine Personalschlüssel führen zu einem massiven Lohndruck, hoher Arbeitsintensität und langen Arbeitszeiten. Die Gewerkschaften konnten dem kaum etwas entgegensetzen. Sie sind in den klein- und mittelständisch geprägten Dienstleistungsbranchen keine Gegenmacht. Die Arbeitsmarkt- und Sozialpolitik der Schröder-Regierung verschärfte die Situation, indem sie Armutslöhne und prekäre Beschäftigung förderte und somit den privaten Konsum dämpfte. Eine unzureichende Finanzierung des Sozialstaats – insbesondere im Bildungs- und Gesundheitswesen – sorgte und sorgt dafür, dass personengebundene öffentliche Dienstleistungen aus Kostengründen nicht weiter ausgebaut werden. In vielen Dienstleistungsbranchen hat sich ein brutaler Preis- und Kostenwettbewerb (Einzelhandel, Paketdienste) verfestigt. Folglich ist das Produktivitätswachstum in den Dienstleistungssektoren sehr schwach.[71] Dies liegt wohlgemerkt nicht allein an der vermeintlich geringen Rationalisierbarkeit von Dienstleistungen. Schließlich ermöglicht der digitale Fortschritt (insbesondere der Ein-

---

71 Die Produktivitätsentwicklung verläuft in den verschiedenen Dienstleistungsbranchen sehr unterschiedlich.

satz von Robotern und KI) inzwischen eine stärkere Automatisierung der Dienstleistungsarbeit. Die heimischen Dienstleistungsunternehmen investieren seit Mitte der 1990er-Jahre zu wenig in KI-Technologie, Innovation, Qualifizierung, Werbung, Marktforschung, Forschung und Entwicklung, Copyright und Lizenzen sowie Design. Nicht zufällig ist Deutschland hinsichtlich der Durchdringung der Dienstleistungsbranchen mit digitalem Fortschritt ein Nachzügler. Offensichtlich rechneten sich diese Modernisierungsinvestitionen aufgrund der geringen Arbeitskosten und unzureichenden Nachfrage nicht. Heute führen die niedrigen Löhne und schlechten Arbeitsbedingungen zu einem akuten Fachkräftemangel in einzelnen Dienstleistungsbranchen (z. B. Pflege, Kitas, Paketzustellung). Damit schließt sich der Teufelskreis aus niedrigen Löhnen, geringer Nachfrage, geringer Produktivität und schlechter Dienstleistungsqualität.

Ausblick

Im Rheinischen Kapitalismus des 20. Jahrhunderts gab es einen Transmissionsriemen, der lange Zeit einen Teil der Produktivitätsgewinne der Industrie mittels Steuern, Abgaben und Flächentarifverträgen auf den öffentlichen Dienst und die Dienstleistungsbranchen übertrug.[72] Die ökonomische Ungleichheit war gering. Insbesondere die Lohnstruktur war im internationalen Vergleich sehr egalitär.

Dieser Transmissionsriemen ist im Rheinischen Kapitalismus 2.0 gerissen. Die Arbeitsmarkt-, Sozial- und Steuerpolitik der Schröder-Regierung hat die ökonomische Ungleichheit stark ansteigen lassen (siehe Kapitel »Jahrhundert der Ungleichheit«). Finanzmärkte, Globalisierung und Digitalisierung haben diesen Ungleichheitstrend verschärft.[73] Die Einkommensunterschiede zwischen Managern und Arbeitnehmern, Frauen und Männern sowie Industrie- und Dienstleistungsbeschäftigten sind eklatant.

---

72 Bis in die 1990er-Jahre hatte die IG Metall die Tariffführerschaft. Die Gewerkschaften in anderen Branchen orientierten sich an den Abschlüssen der IGM in der Metall- und Elektroindustrie. Inzwischen geht die Tariflohnentwicklung in unterschiedlichen Branchen immer weiter auseinander.

73 Der Unterschied zu einigen Vertretern der säkularen Stagnationsthese besteht darin, dass hier die nationale Politik und nicht die Megatrends Finanzialisierung, Globalisierung und Digitalisierung als zentrale Ursache der Investitions- und Wachstumsschwäche identifiziert werden.

Die steigende Einkommens- und Vermögensungleichheit hat den privaten Konsum und somit die gesamtwirtschaftliche Nachfrage strukturell geschwächt. Gleichzeitig investierte ein chronisch unterfinanzierter Staat nicht mehr hinreichend in die physische und soziale Infrastruktur, wodurch die Entwicklung der Dienstleistungsbranchen blockiert wird. Die tief gespaltene Wirtschaftsstruktur des Rheinischen Kapitalismus 2.0 bremst die Investitionen, die Produktivität und die wirtschaftliche Entwicklung.[74]

Ferner verschärft die anhaltende Exportlastigkeit des Rheinischen Kapitalismus 2.0 die außenwirtschaftlichen Konflikte. Der größte Teil des schwachen deutschen Wirtschaftswachstums stützte sich ab der Jahrtausendwende auf die Auslandsnachfrage. Das änderte sich erst nach der großen Finanzmarktkrise. Die deutsche Volkswirtschaft wird aber weiterhin große Export- und Leistungsbilanzüberschüsse erzeugen. Diese außenwirtschaftlichen Ungleichgewichte führten zu wirtschaftlichen und politischen Spannungen zwischen Deutschland und seinen Handelspartnern. Die aktuellen Handelskonflikte mit den USA und China sind nur ein Vorgeschmack, was noch kommen wird.

Von Birnen, Oliven und Orangen
Klassengesellschaft im Umbruch

Der Deutsche liebt die Mitte und hasst die Extreme. Die Berliner Republik war in den Augen ihrer Bürger lange Zeit eine Mittelstandsgesellschaft. Kaum jemand fühlte sich hierzulande arm und kaum jemand reich.

Nach dem Zweiten Weltkrieg prägte Helmut Schelsky den Begriff der nivellierten Mittelstandsgesellschaft. Der konservative Soziologe behauptete, dass Nazis und Krieg die Oberschicht beseitigt hätten und die proletarischen Schichten nun mit Hilfe des »Wirtschaftswunders« in die gesellschaftliche Mitte aufsteigen könnten. Folglich würden soziale Schichten und Klassen hinter einer breiten Mittelschicht verschwinden. Tatsächlich ermöglichten die Einkommenszuwächse breiter Arbeitneh-

---

74 Da es einigen unserer europäischen Nachbarn in der Eurokrise wirtschaftlich noch viel schlechter erging, konnte die veröffentlichte Meinung darüber hinwegsehen, dass wir unter unseren Verhältnissen leben. Die schwache deutsche Investitionsdynamik und das geringe Wirtschaftswachstum waren kaum Gegenstand öffentlicher Debatte.

merschichten ihre Inklusion in die deutsche Konsum- und Wohlfahrts-
gesellschaft.

Doch Schelskys Abschied von der Klasse wurde von der Geschichte
widerlegt. Die alten Eliten machten in der neuen Bundesrepublik ungehindert Karriere. Der soziale Aufstieg der Industriearbeiterschaft fand
zwar statt, stieß dann aber an Grenzen. Besitz, Einkommen, Bildung
und Macht waren im Nachkriegsdeutschland weiterhin ungleich verteilt und wirkungsmächtig.

In den 1970er-Jahren begann die soziologische Zunft damit, einzelne
gesellschaftliche Trends zu verabsolutieren. Die Zeitdiagnosen namhaf-
ter Soziologen etikettierten unsere Gesellschaft plötzlich als Wissens-,
Informations-, Industrie-, Dienstleistungs-, Risiko- oder Erlebnisgesell-
schaft und verloren die Klassenfrage aus dem Blick.

Äußerst populär war Ulrichs Becks These von der individualisierten
Gesellschaft. Der bekannteste deutsche Soziologe seiner Zeit vertrat
die Auffassung, dass der wachsende und breit verteilte Wohlstand sowie die Bildungsexpansion die traditionellen Schicht- und Klassenbin-
dungen der Industriegesellschaft ausdünnen und auflösen würden. Der
Einzelne könnte dann seine Biografie, unabhängig von ökonomischen
und sozialen Zwängen, selbst basteln. Beck hatte einen Blick für das
Neue. Die Nachkriegsgeneration hatte plötzlich Freiheiten und Wahl-
möglichkeiten von denen ihre Väter, Mütter und Großeltern nur träu-
men konnten. Beck übersah aber, dass die systematische Produktion
und Reproduktion von ungleichen Lebenschancen weiter zum Kapitalismus gehörte. Becks Fahrstuhl, mit dem fast alle Berufsgruppen in
höhere Einkommens- und Bildungsetagen fahren sollten, blieb Ende
der 1980er-Jahre stecken. Auch in einer modernen und pluralen Gesellschaft prägte die soziale Herkunft immer noch sehr stark den eigenen
Lebensweg.

Anschließend diskutierten die Soziologen wieder über Ungleichheit.
Im Zentrum standen diesmal die sogenannten neuen Ungleichheiten: Geschlecht, Hautfarbe, Herkunft, sexuelle Orientierung, Religion
oder Staatsangehörigkeit. Alles Themen, die in den traditionellen Un-
gleichheitsdebatten unterbelichtet wurden. Was zusammen gehörte,
wuchs aber nicht zusammen. Im Gegenteil: Kulturelle und religiöse
Konflikte drängten die soziale Frage in den Hintergrund. Emanzipation, Anerkennung und Sichtbarkeit waren wichtiger als gute Arbeit,
soziale Sicherheit, Respekt und Kapitalismuskritik. Die Ungleichheits-
forschung uferte zur Vielfaltsforschung aus (Geißler 1996). Mit fatalen politischen Folgen: Die einhergehende Identitätspolitik und ein

progressiver Neoliberalismus entfremdeten ihre parteipolitischen Protagonisten – Grüne, Sozialdemokraten und Linksparteien – von der traditionellen Industriearbeiterschaft.[75] Einzelne Diskurse der akademischen und parteipolitischen Linken hatten nur noch wenig mit den Arbeits- und Lebenswelten der einfachen Arbeitnehmerinnen zu tun. Diese Entfremdung wurde inzwischen in zahlreichen autobiographischen Romanen verarbeitet.[76] Erst in den letzten Jahren erlebte die soziale Frage als Klassenfrage eine Renaissance. Klar ist aber auch: Es gibt kein Zurück in eine nicht-plurale, homogene Gesellschaft. Die angebliche Konfliktlinie zwischen Kosmopoliten und Kommunitaristen ist nicht zielführend.[77] Alte und neue Ungleichheiten dürfen nicht als Haupt- und Nebenwiderspruch betrachtet, sondern müssen gleichberechtigt in den Blick genommen werden.

Plurale Klassengesellschaft

Wir leben in einer Klassengesellschaft. Klassen und Schichten sind soziale Großgruppen mit gemeinsamen Lebenslagen, die maßgeblich unsere Lebens- und Entwicklungschancen prägen.

Die Soziologen haben die Sozialstruktur unserer Gesellschaft immer wieder nach sozialstatistischen Merkmalen gegliedert. Die Ergebnisse füllen einen ganzen Obst- und Gemüsegarten. Die bundesrepublikanische Gesellschaft wurde schon als Zwiebel, Olive, Kartoffel, Birne oder Orange dargestellt. Welches Obst oder Gemüse gerade auf den Teller kommt, hängt davon ab, was genau untersucht wird: Einkommen, Bildung, Berufsstatus, soziale Herkunft, Lebensstile, politische Einstellungen oder ein Mix dieser Merkmale.

Der Begriff der Klasse ist eine analytische Kategorie. Die marxistische Klassentheorie beschreibt nicht nur vertikale soziale Ungleichheiten, sondern untersucht gleichzeitig die sie verursachenden Ausbeutungs-

---

75 So bezeichnet Nancy Fraser das Bündnis von neuen sozialen Bewegungen (Feminismus, Rassismus, Multikulturalismus, etc.) mit der Wall Street, dem Silicon Valley sowie der Medien- und Kulturindustrie.

76 Didier Eribon: Rückkehr nach Reims oder J. D. Vance: Hillbilly Elegie.

77 Kosmopoliten sind die besser gebildeten bürgerlichen Mittel- und Oberschichten, die von der Globalisierung profitieren. Sie streiten für Menschenrechte und offene Grenzen. Die Kommunitaristen sind die niedrig gebildeten Mittel- und Unterschichten. Sie sind weniger mobil und setzen auf den Nationalstaat als Schutzmacht. Sie legen Wert auf lokale Gemeinschaften und Identität (Merkel 2017).

und Herrschaftsmechanismen. Das unterscheidet die Klassenanalyse von herkömmlichen Schichtmodellen und Milieustudien (Dörre 2018).

Die Klassenlagen werden bei Marx zunächst bestimmt durch die Eigentumsverhältnisse und die gesellschaftliche Arbeitsteilung. So wird die Wirtschafts- mit der Sozialstruktur einer Gesellschaft verknüpft. Der Kapitalismus ist geprägt durch den Gegensatz von Arbeit und Kapital. Marx bestimmt zwei Hauptklassen, die er aus ihrer unterschiedlichen Stellung im kapitalistischen Produktionsprozess ableitet: Die Lohnabhängigen, die ihre Arbeitskraft verkaufen müssen und die Kapitalisten, welche die Produktionsmittel besitzen. Dazwischen existieren selbständige und lohnabhängige Mittelklassen. Diese sehr abstrakte Vorgehensweise erfüllt aber noch nicht die Anforderungen einer modernen Klassenanalyse.

Im Kapitalismus sind Klassen nach Marx über ein ökonomisches Ausbeutungsverhältnis miteinander verbunden.[78] Die herrschende Klasse steigert ihren Reichtum, wenn der Lohn im Verhältnis zur wirtschaftlichen Leistungskraft sinkt und die unbezahlte Arbeitszeit zunimmt. Oder in den Worten von Bertold Brecht: »Reicher Mann und armer Mann standen da und sahn sich an. Und der Arme sagte bleich: Wär ich nicht arm, wärst du nicht reich.« Die ökonomische Ausbeutung erzeugt ein Macht- und Herrschaftsverhältnis. Die Lohnabhängigen müssen einen »Arbeitgeber« finden, der sie einstellt, um überhaupt ein Einkommen erzielen zu können. Diese Abhängigkeit birgt existenzielle Risiken in sich. Die Beschäftigten können ständig ihren Arbeitsplatz verlieren. Der soziale Konflikt, der das Verhältnis der Klassen prägt, ist eine zentrale Triebfeder der gesellschaftlichen Entwicklung. Oder wie Karl Marx es im kommunistischen Manifest formulierte: »Die Geschichte aller bisherigen Gesellschaft ist die Geschichte von Klassenkämpfen.« Folglich konzentrieren sich Klassentheorien immer auch auf die Akteure sozialen Wandels. Klassen sind aber keine sozial gleichartigen und einheitlich handelnden Großgruppen. Die fortschreitende kapitalistische Produktionsweise beseitigte zwar immer mehr räumliche und soziale Bindungen. Die Menschen wurden immer stärker den Marktkräften

---

78 Ausbeutung ist bei Marx eine ökonomische und keine moralische Kategorie. Die ökonomische Ausbeutung charakterisiert die kapitalistische Produktionsweise. Darüber hinaus gibt es aber noch weitere Kausalmechanismen, welche die Klassen verbinden. Dazu gehören die aus ungleichen Tausch und außerökonomischen Zwang resultierende Überausbeutung, die soziale Schließung, die bürokratische Kontrollmacht und die Enteignung von öffentlichen Gütern (Dörre 2018).

ausgesetzt und die Fabrikarbeit glich die Arbeitsbedingungen an. Dadurch wurden die Unterschiede zwischen einzelnen Erwerbsgruppen aber nicht überwunden. Die von Marx angekündigte Absenkung der Löhne und Qualifikationen, eine weitgehende Vereinheitlichung proletarischer Lebenslagen, wurde nie Wirklichkeit.

Max Weber hat die Klassenanalyse weiterentwickelt. Der große deutsche Soziologe gliederte die Gesellschaft nach wirtschaftlichen, herrschaftlichen und kulturellen Kriterien. Der Heidelberger Gesellschaftsforscher leitete die Klassenlagen, wie Marx, zunächst aus dem Besitz oder Nichtbesitz von Sachgütern ab. Hinzu kommen die Position im Erwerbssystem und die Marktverwertungschancen von Leistungen und Gütern. So entstehen zahlreiche Besitz- und Erwerbsklassen. Darüber hinaus betonte Weber die Bedeutung des Status. Die moderne Klassengesellschaft wird nicht nur durch die gesellschaftliche Arbeitsteilung und den Markt strukturiert, sondern auch durch eine Praxis der Statussicherung, die aus ständischen und feudalen Gesellschaften bekannt ist. Anschließend bündelte Weber benachbarte Klassenlagen, die sozial durchlässig sind, zu »sozialen Klassen«, die sich wiederum stark voneinander abgrenzen. So entsteht auch bei Weber eine übersichtliche Klassenstruktur.[79]

Moderne Klassen lassen sich nach Erwerbsgruppen, lebensweltlichen Milieus und politischen Lagern differenzieren. Erwerbs- und Berufsgruppen haben vergleichbare Einkommen und Bildungsabschlüsse, gemeinsame betriebliche Erfahrungen und Interessen. Milieus hingegen sind soziale Gruppen, die sich durch einen gemeinsamen Geschmack, eine ähnliche Lebensführung, gleiche Wertvorstellungen und einen gleichen Habitus auszeichnen.[80] Sie haben aber stets eine soziale Verankerung, die durch ihre Zugehörigkeit zu einer spezifischen Berufsgruppe zum Ausdruck gebracht werden kann. Die verschiedenen Klassenfraktionen können unterschiedliche Koalitionen eingehen, die quer zu den Klassen- und Lagergrenzen verlaufen können. Bereits Karl Marx wies darauf hin, dass Klassen keine sozialen Anhängsel ökonomischer Entwicklungen sind, sondern sich im politischen Konflikt selbst erzeugen. Das macht die Untersuchung der gesellschaftlichen Gliederung der kapitalistischen Gesellschaft zu einer hoch komplexen Angelegenheit.

---

79 Weber ermittelte vier soziale Klassen: Die Arbeiterschaft, das Kleinbürgertum, die besitzlose Intelligenz und Fachgeschultheit sowie Besitzende und durch Bildung Privilegierte.

80 Nach Bourdieu ist der Habitus des Einzelnen bestimmt durch seinen Lebensstil, seine Sprache, seine Kleidung und seinen Geschmack.

Der Wandel der Arbeit

Der Arbeitsgesellschaft des Rheinischen Kapitalismus 2.0 geht nicht die Arbeit aus. Im Gegenteil: Bezahlte Arbeit gibt es so viel, wie noch nie zuvor.[81] 45 Millionen Menschen waren Ende 2019 republikweit erwerbstätig. Dies war mehr als die Hälfte der Bevölkerung (54 Prozent). Der andere Teil, also Kinder, Jugendliche, Auszubildende, Rentner, Erwerbsunfähige und Arbeitslose, wurde von den Erwerbstätigen miternährt. Die Arbeitslosigkeit befand sich vor der Corona-Pandemie auf dem niedrigsten Stand seit der Deutschen Einheit. Die Lohnarbeit wuchs. Zwischen Berlin und München gab es 40 Millionen Arbeitnehmer. Die arbeitende Bevölkerung von heute ist bunter als früher, die Beschäftigten sind weiblicher, qualifizierter und häufiger ausländischer Herkunft. Die neuen Jobs sind prekärer und entstehen überwiegend in klein- und mittelständischen Dienstleistungsunternehmen.

Einer der ambitioniertesten Versuche, den Wandel der Arbeitswelt zu beschreiben, stammt von Michael Vester und seinem Hannoveraner Forschungsteam (Vester 2018). Der Soziologieprofessor im Unruhestand erstellte eine Landkarte der Berufsgruppen, die nach Qualifikation (An- und Ungelernte, Fachlehrberufe, Semiprofessionen, Professionen) und Arbeitslogik (interpersonelle, technische und organisatorische Arbeitslogik) gegliedert ist.[82] Vester untersuchte zunächst die großen Verschiebungen in der Arbeitswelt seit der Deutschen Einheit.

Nur jeder fünfte Arbeitnehmer arbeitet, der amtlichen Statistik folgend, noch in der Industrie. Nach der Vereinigung verschwand im produzierenden Gewerbe fast jeder vierte Arbeitsplatz. Zwischen 1991 und 2013 schrumpfte der Bereich der technisch-industriellen Arbeit um insgesamt 1,8 Millionen auf 14 Millionen Beschäftigte.[83] Dieser Jobabbau betraf besonders qualifizierte Facharbeiter und Handwerker. Ihr Anteil

---

81 Hierbei handelt es sich ausschließlich um Erwerbsarbeit. Arbeit zur Reproduktion der Arbeitskraft (Kindererziehung, Haushaltsführung) oder Freizeitarbeit werden nicht mitgerechnet.

82 Dadurch können soziale Spaltungen zwischen oben und unten (hoch vs. gering qualifizierte Berufsgruppen) sowie zwischen Kern und Rand (industrielle Arbeit sowie privates und staatliches Management vs. soziale Dienstleistungen und prekäre Selbstständigkeit) sichtbar gemacht werden.

83 Michael Vesters Daten basieren auf Auswertungen des Mikrozensus. Letzterer ist die größte jährliche Haushaltsbefragung der amtlichen Statistik. Befragt werden rund 810 000 Personen in etwa 370 000 privaten Haushalten und Gemeinschaftsunterkünften. Dies entspricht etwa ein Prozent der Bevölkerung.

an der arbeitenden Bevölkerung reduzierte sich von 21 auf 12 Prozent (Vester 2018). Dies entspricht einem Rückgang von 8 auf 5 Millionen Beschäftigte. Damit wurde die Facharbeitermitte nahezu halbiert. In den Industriebranchen fragten die Unternehmen nur noch Informatik- und Ingenieurberufe stärker nach. Ihre Zahl verdoppelte sich auf 2,1 Millionen. Dieser Jobzuwachs bei Hochqualifizierten war direkte Folge der Aufwertung globaler Wertschöpfungsketten.

Mit sinkender Industriebeschäftigung verlor das Normalarbeitsverhältnis seine prägende Kraft. Nur noch 60 Prozent der Beschäftigten arbeiten heute in sozial versicherter Vollzeit. Nach der Deutschen Einheit waren es noch 80 Prozent. Industriearbeit war nicht zuletzt aufgrund starker Gewerkschaften gute Arbeit. Die Löhne und Gehälter der Industriebeschäftigten waren und sind sehr hoch, schützen vor Armut, garantieren einen guten Lebensstandard und sorgen für eine auskömmliche Altersvorsorge. Atypische und prekäre Beschäftigung sind in der Industrie – trotz des Booms der Leiharbeit und der Werkverträge – deutlich weniger verbreitet als in den Dienstleistungsbranchen. So spielt Teilzeitarbeit aufgrund der männlichen Dominanz im Industriesektor keine große Rolle. In den technischen Berufen arbeiten weniger als 7 Prozent in Teilzeit. Der Verlust von Millionen Industriearbeitsplätzen führte dazu, dass Erwerbsarbeit nicht mehr automatisch zur gesellschaftlichen Integration beiträgt.

Gleichzeitig wurden die großen Industriekathedralen zurückgebaut. Heute arbeiten nur noch zwei von fünf sozialversicherten Beschäftigten in Großbetrieben. 11 Millionen Arbeitnehmer malochen in 18.000 Großunternehmen mit mehr als 250 Beschäftigten und mehr als 50 Millionen Euro Jahresumsatz. Das langsame Sterben der industriellen Großbetriebe schwächte die Organisationsmacht der Gewerkschaften.

Der oben skizzierte Strukturbruch wurde durch den Crash der ostdeutschen Industrie und globalisierte Wertschöpfungsketten beschleunigt.[84] In den 1990er-Jahren gingen die Produktionsverlagerungen nach Osteuropa zulasten der technischen Facharbeit.[85]

---

84 Bereits ein Jahr nach der Deutschen Einheit sank die Zahl der Erwerbstätigen in den neuen Ländern (ohne Berlin) um 12 Prozent beziehungsweise um rund 824 000 Personen.

85 Im Zeitraum 1991 bis 2009 nahm die Vorleistungsquote im Produzierenden Gewerbe um fast sieben Prozentpunkte zu. Die steigende Vorleistung ging einher mit einem Rückgang der Beschäftigung im Produzierenden Gewerbe um 27 Prozent. Der Bedeutungsverlust der heimischen Industriearbeit relativiert sich aber bei einem Blick über die Grenzen. Der Rheinische Kapitalismus 2.0

Sieben von zehn Beschäftigten arbeiten heute in einer Dienstleistungsbranche. Dabei gewinnt die Arbeit von Menschen an Menschen immer weiter an Bedeutung. Der Anteil der interpersonellen Dienstleistungen stieg von 26 auf 28 Prozent, was 12 Millionen Beschäftigten entspricht. Den größten Zuwachs unter den Humandienstleistungen verzeichneten höhere Bildungs-, Medizin-, Kultur- und Publizistikberufe, Sozialarbeits- und Therapieberufe sowie gering qualifiziertes Verkaufs- und Dienstpersonal. Zurück gingen hingegen die qualifizierten Verkaufs-, Ordnungs-, Gastronomie-, Betreuungs-, Pflege- und Schönheitsberufe. Der Boom der sozialen Berufe brachte vor allem Frauen in Lohn und Brot, doch die Humandienstleistungsjobs waren häufig unsicher und schlecht bezahlt.[86] Hier verschränken sich vertikale (arm/reich) mit horizontalen (Geschlecht/Ethnie) Ungleichheiten.

Neben den Humandienstleistungen wuchsen auch die organisatorischen und verwaltenden Dienstleistungen, wie Management-, Verwaltungs-, Finanz-, Vermarktungs- und Rechtsberufe. Diese erfüllen wirtschaftliche und staatliche Bedarfe. Ihr Anteil an der arbeitenden Bevölkerung nahm von 23 auf 26 Prozent zu. Dies entspricht rund 11 Millionen Beschäftigten. Besonders stark stiegen die unteren und oberen Managementberufe. In den letzten Jahrzehnten entstand ein administrativer Wasserkopf von 7 Millionen Führungskräften – von Lean-Management keine Spur. Die Zahl der qualifizierten Büro- und Verwaltungsfachkräfte schrumpfte hingegen deutlich, denn dort sparten Unternehmen und Staat viel Personal ein.

Der Weg in die industrielle Dienstleistungsgesellschaft war mit unsicherer und gering entlohnter Beschäftigung gepflastert. Heute hat jeder fünfte Arbeitnehmer – 21,8 Prozent – einen atypischen Job (Seils/Baumann 2019). Anfang der 1990er-Jahre waren es lediglich 13 Prozent. Die atypisch Beschäftigten arbeiten als Minijobber, Leiharbeiter, Teilzeitbeschäftigte (mit 20 oder weniger Stunden) oder sind befristet. Viele sind unterbeschäftigt. Sie können also nicht so viel arbeiten, wie sie möchten. Zudem ist die Arbeit schlecht bezahlt und republikweit entstand ein riesiger Niedriglohnsektor. In keinem Industrieland ist der Unterschied in der Entlohnung von industrieller Arbeit und Dienstleistungsarbeit so groß wie in Deutschland (Herzog-Stein et al. 2019).

---

verfügt aufgrund seiner starken Exportorientierung noch immer über einen der größten Industriesektoren weltweit.

86 Republikweit ist inzwischen jede zweite Beschäftigte eine Frau. Die Frauenerwerbsquote stieg in den letzten Jahrzehnten steil an, liegt aber mit 72 Prozent immer noch unter der der Männer (ca. 79 Prozent).

Die schlechte Bezahlung und hohe Unsicherheit personenbezogener Dienstleistungsjobs stehen in eklatantem Gegensatz zu ihrer gesellschaftlichen Bedeutung. Der Bedarf an frühkindlicher, schulischer und universitärer Bildung, Gesundheit, Pflege und Sozialdiensten wächst. Hier gibt es ein großes Expansionspotential auf dem deutschen Arbeitsmarkt. Um dieses Potenzial auszuschöpfen, müsste aber der Sozialstaat ausgebaut werden. Wie das geht, haben die skandinavischen Wohlfahrtsstaaten vorgemacht.

Die Beschäftigten erlebten in den letzten Jahrzehnten eine wahre Kompetenz- und Qualifikationsrevolution. Jeder fünfte Arbeitnehmer hat studiert. Anfang der 1990er-Jahre belief sich die Akademikerquote auf nur 12 Prozent. Fast jeder fünfte Arbeitnehmer hat keine Berufsausbildung – Tendenz sinkend! Höhere Qualifikationen gehen jedoch einher mit Niedriglöhnen und unsicherer Beschäftigung. Ausbildung und Studium schützen nicht mehr vor sozialer Unsicherheit und Abstieg. So werden die Bildungs- und Qualifizierungsanstrengungen von Millionen Beschäftigten entwertet.

Die Mittelklassen

Abseits der Lohnarbeit gibt es Kleinunternehmer, Händler, Handwerker und Bauern, die auf eigene Rechnung Güter und Dienstleistungen herstellen. Fast jeder zehnte Erwerbstätige – rund 4 Millionen Personen – ist hierzulande selbstständig. Dieser sogenannte alte Mittelstand verfügt über eigene Betriebsmittel und beschäftigt Familienangehörige oder wenige Arbeitnehmer.[87] Zwischen Kiel und Freiburg gibt es rund 3 Millionen Kleinbetriebe mit weniger als zehn Beschäftigten. Ihre kleinen Produktionsmittel ermöglichen keine große Kapitalakkumulation. Das Einkommen des alten Mittelstands stammt überwiegend aus eigener Arbeit, weswegen die Kleinunternehmer auch nicht der kapitalistischen Klasse zugerechnet werden.

Marx und Engels prophezeiten dieser »Übergangsklasse« eine proletarische Zukunft. Die harte Konkurrenz der Großunternehmen würde sie an den Rand drängen. Tatsächlich schrumpfte die Zahl der Selbstän-

---

87 Einige Klassenanalysen subsumieren unter den Mittelklassen auch einen neuen Mittelstand, welcher sich aus den Beschäftigten der Staatsapparate und Dienstleistungsbeschäftigten (Hauspersonal, Chauffeure, Wachdienste, Gärtner, etc.), die direkt aus den Gewinnen der Unternehmer bezahlt werden, zusammensetzt. Faktisch handelt es sich dabei aber um Lohnabhängige, weswegen auf diese Personengruppen hier nicht gesondert eingegangen wird.

digen im Verlauf des 20. Jahrhunderts um zwei Drittel. Das große Kapital verdrängte das kleine Eigentum und die Subsistenzwirtschaft. Der verbleibende Rest des alten Mittelstands erwies sich aber als besonders zäh. In Zeiten der Corona-Pandemie kämpfen jedoch viele Kleinunternehmer ums Überleben.

Die soziale Lage und Mentalität des alten Mittelstandes sind äußerst widersprüchlich. Einerseits pochen Kleinunternehmer auf ihre Autonomie, andererseits sind sie abhängig vom Marktgeschehen, ihren Kunden und großen Auftraggebern. Ihre Einkommen sind häufig nicht höher als ein Angestelltengehalt oder ein Facharbeiterlohn. Seit der Jahrtausendwende ist die Zahl der prekären Freiberufler und Soloselbstständigen kräftig gestiegen. Die kleine Selbständigkeit – beispielsweise die Ich-AG – wurde in wirtschaftlich schlechten Zeiten zu einem Krisenpuffer.

Kapitalistische Klasse und Eliten

Im Obergeschoss der bürgerlichen Gesellschaft wohnt, der orthodoxen marxistischen Lesart folgend, die kapitalistische Klasse. Sie kann nach Kapitalfraktionen – Industrie-, Handels-, Geld- oder Finanzkapital –, oder nach Unternehmern und Kapitaleigentümern unterschieden werden.

Die kapitalistischen Unternehmer verfügen über eigene Produktionsmittel und leben von der unbezahlten Mehrarbeit ihrer abhängig Beschäftigten. Ihre Produktion, ihr eingesetztes Kapital und die Zahl ihrer Arbeitskräfte sind so groß, dass sie nicht mehr selbst arbeiten müssen. Ihr Einkommen, sprich ihr Profit, hängt nicht von ihrer Arbeit, sondern vom vorgeschossenen Kapital ab. Deswegen werden Kleinstbetriebe nicht in den Kapitalistenclub aufgenommen.

Zwischen Kiel und Oberammergau gibt es rund 370.000 Unternehmen mit mehr als zehn Beschäftigten. Die Mehrheit sind Kapitalgesellschaften (ca. 200.000), gefolgt von Personengesellschaften (ca. 70.000) und Einzelunternehmen (ca. 66.000). Etwa 230.000 Unternehmen erwirtschaften einen Umsatz von über 2 Millionen Euro. Hier handelt es sich um kapitalistische Betriebe und Unternehmer. Das Produktivvermögen der Kapitaleigentümer ist hoch konzentriert. Ein Prozent der Bevölkerung besitzt 90 Prozent des gesamten Betriebsvermögens. Die obersten 0,1 Prozent verfügen über drei Viertel der Produktionsmittel. Doch die kapitalistische Klasse stützt sich nicht ausschließlich auf das Eigentum an Produktionsmitteln. Manager und Geschäftsführer verfügen häufig über keine Produktionsmittel und werden deswegen formal den Lohnabhängigen zugerechnet. Sie gehören aber zur kapitalistischen Klasse, da sie in ihren Unternehmen zentrale Machtfunktionen ausüben und ihr Gehalt aus dem Gewinn stammt. Die kapitalistische Klasse im engeren Sinn vereint nicht mehr als ein Prozent der Bevölkerung. Sie kann ihre Macht nicht allein ausüben. Deswegen ist sie auf die Zusammenarbeit mit anderen sozialen Gruppen aus Politik, Militär, Justiz, Polizei, Verwaltung, Medien und Kultur angewiesen.

Der Soziologe Michael Hartmann sieht die gesellschaftliche Macht in Händen einer herrschenden Elite. Der Begriff der Elite bezeichnet nicht die Stellung einer sozialen Gruppe im Produktionsprozess, sondern die Besetzung von Machtpositionen.[88] Die Wirtschaftselite unterscheidet sich jedoch empirisch nicht von der kapitalistischen Klasse, sie bildet vielmehr deren Kern (Hartmann 2016). Die herrschende Elite umfasst einen Kreis von mächtigen Personen aus Wirtschaft, Politik, Justiz, Verwaltung und Militär. In Deutschland sind dies etwa 4.000 Menschen mit einem harten Kern von rund 1.000 Personen (Hartmann 2016). Es handelt sich um reiche Unternehmensdynastien – Quandt, Piëch oder Porsche –, Topmanager, Bundesrichter und Minister. Dabei bedeutet Macht nicht zwangsläufig großen monetären Reichtum. So bekommen Spitzenpolitiker, Richter und Minister weniger Gehalt als der Geschäftsführer eines erfolgreichen mittelständischen Unternehmens.

Entscheidend für die Macht der herrschenden Elite ist ihre Einheitlichkeit. Dafür braucht sie eine gemeinsame soziale Herkunft (Hartmann 2018). Diese wird über Vererbung, soziale Rekrutierungspraktiken, gemeinsame Ausbildungs- und Karrierewege und eine gemeinsame Kultur sichergestellt. Wer ins Reich der Eliten eintreten will, braucht neben einer guten Ausbildung, ähnliche Denkmuster, Wertvorstellungen, Interessen und Hobbys. Diese Eigenschaften saugen Kinder aus großbürgerlichen Elternhäusern mit der Muttermilch auf. Wenn die herrschende Elite nicht homogen ist, dann ist die Reichweite ihrer Macht beschränkt.

In den letzten Jahrzehnten wurden die heimischen Eliten immer einheitlicher. Rund zwei Drittel der Kernelite stammt aus der oberen Einkommensschicht. Die Wirtschaftselite ist eine geschlossene Gesellschaft. Vier von fünf Vorstands- und Aufsichtsratschefs kommen aus der Oberschicht und drei von vier Spitzenvertretern privater Medien-

---

88 Der Begriff der Elite ist nicht unproblematisch. Er blendet wichtige Aspekte der Sozialstruktur einer Gesellschaft aus. Letztere wird auf ein einfaches dichotomes Schema reduziert: Elite und Masse.

konzerne sind Bürger- und Großbürgerkinder. In Justiz und Verwaltung sind es ungefähr zwei Drittel. Relativ offen ist hingegen die politische Elite. Dort kommt nur jeder Zweite aus oberen Einkommensschichten. Tendenziell schließt sich aber auch diese Elite und nähert sich damit der Wirtschaftselite an.

Je wichtiger die Machtposition, desto härter ist die soziale Auswahl. Ein kleiner Personenkreis entscheidet über die Besetzung von wirtschaftlichen Spitzenpositionen. Dieser wählt nur die Kandidaten aus, die der Persönlichkeitsstruktur der Elite nahekommen. Auch das Bildungssystem spielt bei der Rekrutierung eine wichtige Rolle. Zwar gibt es in Deutschland keine richtigen Elitehochschulen, dennoch hängt der Bildungserfolg auch hierzulande sehr stark von der sozialen Herkunft ab. Kinder aus Arbeiterhaushalten sind an den Universitäten kaum vertreten.

Die Macht der herrschenden Elite sprengt nach Auffassung einiger Soziologen inzwischen nationale Grenzen. Im globalen und digitalen Zeitalter bildete sich angeblich eine internationale Machtelite (Krysmanski 2015). Diese superreiche Geldelite ist überall und nirgends zu Hause, kreuzt auf ihren Luxusyachten durch die Weltmeere und hat angeblich unbegrenzte politische und ökonomische Macht. Konzern- und Finanzeliten, politische Eliten sowie Funktions- und Wissenseliten sichern das Vermögen dieser reichsten 0,1 Prozent. Die Macht dieser Milliardäre unterliegt keiner demokratischen und öffentlichen Kontrolle mehr.

Diese globale Geldelite existiert aber nur auf dem Papier. Die Eliten leben überwiegend in ihren Heimatländern und haben mehrheitlich nationale Eliteschulen und Universitäten besucht (Hartmann 2016). Sie haben keinen einheitlichen Willen und keine gleichartigen Interessen. Als Unternehmer und Kapitaleigentümer konkurrieren sie sogar häufig miteinander und sind somit als Kollektiv nicht handlungsfähig. Zudem können die Superreichen weder gesamte Volkswirtschaften lenken noch staatliches und zivilgesellschaftliches Handeln steuern. Der Versuch der Superreichen wichtige Entscheidungsträger zu beeinflussen, ist etwas Anderes.

Lebensweltliche Milieus

Die oben beschriebenen Besitz- und Erwerbsklassen sind keine kollektiv handelnden Akteure oder historischen Subjekte. Wie sich soziale Gruppen verhalten, kann nicht unmittelbar aus ihrer beruflichen Stellung, ihren Einkommen, ihrer Bildung und den damit verbundenen Interessen abgeleitet werden.

Eine anspruchsvolle Fortentwicklung der Klassenanalyse geht auf den französischen Soziologen Pierre Bourdieu zurück. Dieser verknüpfte die sozialen Klassenlagen mit der alltäglichen Lebensführung. Familie, Freundschaften, Nachbarschaften, Vereine sowie politische Parteien und Verbände verdichten sich zu lebensweltlichen Milieus. So können Lebenswelten ermittelt werden, die sich mit den Berufsgruppen der Klassenanalyse teilweise überschneiden. Dieser kultursoziologische Forschungsansatz verschafft mithilfe von Repräsentativumfragen Einblick in die Wertvorstellungen und Einstellungen der unterschiedlichen Milieus. Daraus kann ihr betriebliches und politisches Handeln abgeleitet werden. Gefragt wird nach Konsumgewohnheiten, Wünschen, Einstellungen zu Familie und Partnerschaft, Lebenszielen und Werthaltungen. Die abgeleiteten Milieus sind Großgruppen, die ähnliche Werthaltungen, Prinzipien der Lebensgestaltung und Mentalitäten haben. Dabei kann die Zugehörigkeit zu einem bestimmten Milieu im Lebenslauf wechseln. So können zum Beispiel berufliche und private Veränderungen einen Milieuwechsel nach sich ziehen.

Im letzten Jahrzehnt haben sich die Wertvorstellungen der heimischen Bevölkerung verändert (Müller-Hilmer/Gagné 2018). Für neun von zehn Deutschen ist soziale Gerechtigkeit noch immer sehr wichtig. Gleichzeitig wird aber Eigenverantwortung immer bedeutsamer. Leistungsorientierung und Verantwortung für die nächste Generation verlieren hingegen an Wert. Die Befragten fühlen sich in Zeiten großer ökonomischer und sozialer Umbrüche auf sich selbst zurückgeworfen. Globalisierung und Digitalisierung verunsichern die Menschen. Während der Einfluss der Religion weiter zurückgeht, gewinnt ein Nationalbewusstsein in Form eines Wirtschafts- und Verfassungspatriotismus an Bedeutung. Darüber hinaus wächst in unsicheren Zeiten das Bedürfnis nach Recht und Ordnung. Die Mehrheit der Deutschen will eine offene Gesellschaft. Emanzipation, Gleichberechtigung und Minderheitenschutz haben einen hohen Stellenwert. Das Solidarprinzip ist für drei von vier Deutschen noch immer wichtig. Politischen Institutionen wird aber mehr und mehr misstraut. Dieser allgemeine Wandel der Wertvorstellungen prägt die Milieus und ist Gegenstand der empirischen Milieuforschung.

Großer Beliebtheit erfreuen sich die »Sinus-Milieus«, welche seit 40 Jahren durch das Heidelberger Sinus-Institut für die Markt- und Wahlforschung ermittelt werden. Diese Milieus basieren auf Wertorientierungen, Lebensstilen, ästhetischen Präferenzen und der sozialen Lage (Bildung, Beruf und Einkommen). Lebensstile und Werthaltungen haben aber einen stärkeren Einfluss als Schichten- und Klassenlagen. Das Sinus-Institut ermittelt zehn unterschiedliche Milieus, die real existierende Subkulturen beschreiben sollen. Die Grenzen zwischen den Milieus sind fließend. Die Heidelberger Marktforscher ordnen die Milieus nach sozialer Lage und Werteorientierung und erstellen so eine Landkarte der lebensweltlichen Milieus, besser bekannt unter dem Namen »Kartoffelgraphik«. Diese Landkarte wird kontinuierlich an den soziokulturellen Wandel der Gesellschaft angepasst.[89]

Der Soziologe Michael Vester betrachtet die Milieus als Nachfahren sozialer Klassen, Schichten und Stände (Huinink/Schröder 2019). Der Hannoveraner Soziologe berücksichtigt neben der Qualifikation und Arbeitslogik der sozialen Gruppen auch deren Wertvorstellungen und Lebensführung. Die Milieus werden vertikal nach Herrschaft und horizontal nach ihrer Einstellung zur Autorität ausdifferenziert. Die vertikale Strukturierung der Gesellschaft bleibt weiterhin wirkungsmächtig. Die Milieus überlagern lediglich die alte Klassengesellschaft.

Michael Vester konnte für Deutschland 14 unterschiedliche Milieus ermitteln. Diese wurden zu fünf Großgruppen zusammengefasst. An der Spitze der Gesellschaft befinden sich die bürgerlichen und kleinbürgerlichen Milieus. Diese Milieus des Eigentums, der institutionellen Herrschaft und höheren Bildung umfassen ein Viertel der Bevölkerung. Sie haben ein gesichertes und privilegiertes Leben und grenzen sich in Lebensstil- und Geschmacksfragen von den Arbeitnehmermilieus ab.[90] Aufgeteilt werden diese Milieus in ein konservativ bürgerlich-kleinbürgerliches und ein progressiv linksliberales Milieu. Diese beiden oberen bürgerlichen Milieus verkörpern den Gegensatz zwischen Macht und Besitz einerseits sowie Geist und Bildung andererseits. Das konservative Milieu repräsentiert die wirtschaftlichen und hoheitlichen Funktionseliten. Sie haben die höchsten Führungspositionen im privaten und öffentlichen Management sowie gesellschaftlich hoch anerkannte medizinische und juristische Berufe. Sie sind machtbewusst, autoritär, paternalistisch und stammen aus groß- und kleinbürgerlichen Elternhäusern. Das progressive linksliberale Milieu umfasst die humanisti-

---

89 Datengrundlage des letzten Sinus-Updates waren 3.000 qualitative und über 300.000 quantitative Interviews.
90 Die Privilegierung entsteht hierzulande nicht durch Eliteschulen und Eliteuniversitäten, sondern durch subtile Selektionsmechanismen.

schen und dienstleistenden Funktionseliten. Hierbei handelt es sich um höhere und leitende Angestellte, Freiberufler, Beamte sowie Bildungs-, Kultur- Gesundheits- und Kommunikationsexperten. Sie haben postmaterialistische Werte, sind eher antiautoritär eingestellt und stammen aus dem alten Bildungsbürgertum und der modernen Dienstleitungselite.

Unter den bürgerlichen Milieus angesiedelt sind die sogenannten respektablen Volks- und Arbeitnehmermilieus. Diese große Arbeitnehmermittelschicht erfasst fast 70 Prozent der Bevölkerung. Sie ist sozial abgesichert und gesellschaftlich respektiert. Die Volks- und Arbeitnehmermilieus rekrutieren sich aus einem kleinbürgerlich-konservativen Arbeitnehmermilieu (25 Prozent der Bevölkerung) und einem modernen Arbeitnehmermilieu (ein Drittel der Bevölkerung). Das kleinbürgerlich-konservative Arbeitnehmermilieu ist autoritär eingestellt und bevorzugt Hierarchien und Konventionen. Dieses Milieu besteht überwiegend aus kleinen Beschäftigten und Selbstständigen traditioneller Berufe, welche häufig zu den Modernisierungsverlierern gehören. Die modernen Volksmilieus wollen ein unabhängiges Leben und berufliche Autonomie. Dafür setzen sie auf gute Bildung, Arbeitsleistung sowie familiäre, nachbarschaftliche und betriebliche Solidarität. Sie kommen aus gut qualifizierten Arbeiter- und Angestelltenberufen. Die Volks- und Arbeitnehmermilieus grenzen sich ebenfalls nach Unten ab und kritisieren die vermeintlich moralisch anstößige Lebensführung der Unterprivilegierten. Ganz unten befinden sich die unterprivilegierten Volksmilieus. Jeder Zehnte gehört zu diesen Unterklassen. Sie sind gering gebildet und qualifiziert sowie sozial schlecht abgesichert. Sie streben nicht nach sozialem Aufstieg, sondern versuchen den Anschluss zum Lebensstandard der Arbeitnehmermittelschicht nicht völlig zu verlieren.

Politische und ideologische Lager

Auf Grundlage der unterschiedlichen Wertvorstellungen und Einstellungen können nun verschiedene politische Lager gebildet werden.[91] Sie bringen unterschiedliche Erfahrungen, politische Grundeinstellungen und Gesellschaftsbilder zum Ausdruck, die wiederum bestimmten Milieus entsprechen. Die ideologischen Lager spiegeln somit nicht einfach

---

91 Die Lager und ihre Gliederung sind Ergebnis einer Repräsentativbefragung.

Einkommens- und Vermögensunterschiede wider. Bürgerliche Oberschichten können links wählen und Arbeitnehmermilieus rechts. Das
heißt im Umkehrschluss natürlich nicht, dass Klassenlage und politische Einstellung sowie Wahlverhalten vollständig entkoppelt sind. Der
Zusammenhang ist aber sehr kompliziert.

Die sozialdemokratische Friedrich-Ebert-Stiftung (FES) veröffentlichte 2006 die Studie »Gesellschaft im Reformprozess«, besser bekannt
unter dem Namen »Prekariatsstudie«. Die Untersuchung gliederte die
Wählerlandschaft entlang unterschiedlicher Wertvorstellungen und
Einstellungen zu zentralen politischen Konflikten. Abgefragt wurden
solidarische, libertäre, konservative und postmaterialistische Werte und
Grundsätze. Zudem sollten die Befragten sich selbst politisch verorten.
Die Autoren ermittelten auf dieser Grundlage neun politische Typen,
die zentrale normative und politische Einstellungsmuster ausdrücken
sollen.

Besonderes Aufsehen erregte der Typus des »Abgehängten Prekari-
ats«. Der damalige SPD-Vizekanzler Franz Müntefering griff die Autoren
der Studie öffentlich an. Der Begriff der Unterschicht sei eine Formulierung lebensfremder Soziologen. In einer modernen Gesellschaft gäbe
es keine Schichten mehr, so Müntefering. Daraufhin empfahlen Op-
positionspolitiker dem lebensfremden SPD-Politiker einen Besuch bei
Aldi oder Lidl.

Zwölf Jahre später wurde die FES-Studie von einem anderen Forscher-
team im Auftrag der Hans-Böckler-Stiftung (HBS) aktualisiert. Alle drei
Studien – Vester, FES und HBS – haben große inhaltliche Schnittmengen. Michael Vester unterscheidet sieben historisch dauerhafte ideologische Lager, die sich aktiv voneinander abgrenzen.

Die Oberschicht lässt sich politisch in ein linksliberales und ein konservatives Lager unterteilen. Die »Radikaldemokraten« (Vester) und die
»kritische Bildungselite« (HBS) verkörpern die linksliberale Oberschicht.
Sie umfasst rund ein Zehntel der Bevölkerung. Die »Radikaldemokraten«
sind überwiegend Akademiker und arbeiten als qualifizierte und leitende Angestellte, Beamte, Selbstständige, Freiberufler und in den
neuen Dienstleistungsberufen. Sie sind die Gewinner des sozialöko-
nomischen Strukturwandels. Die »Radikaldemokraten« treten für eine
tolerante und offene Gesellschaft ein und widersetzen sich geschlecht-
licher und ethnischer Diskriminierung. Traditionelle Arbeitnehmerinteressen und materielle Verteilungsfragen spielen für sie keine große
Rolle. Die »kritische Bildungselite« ist gesellschaftlich sehr gut integriert, politisch interessiert und engagiert. Parteipolitisch ist die links-

liberale Oberschicht eine grüne Hochburg mit relevanter linker und sozialdemokratischer Wählerschaft.

Die konservative Oberschicht wird repräsentiert durch das »traditionell-konservative Lager« (Vester) respektive die »konservativen Besitzstandswahrer« (HBS). Sie entsprechen 10 bis 14 Prozent der Bevölkerung. Sie arbeiten als leitende Angestellte, Beamte oder Selbstständige. Die konservative Oberschicht hat ein sehr hohes Einkommen und strebt nach politischer Führung. Sie ist autoritär, sozialdarwinistisch, fremden- und gewerkschaftsfeindlich. Die traditionell Konservativen sind gut integriert und beteiligen sich am gemeindlichen, kirchlichen und kulturellen Leben. Sie wollen einen konservativen Sozialstaat ohne Mitbestimmung und gewerkschaftlichen Einfluss. Ausländer werden stark ausgegrenzt. Die konservative Oberschicht wählte lange Zeit mehrheitlich Union und FDP, vereinzelt auch SPD und Bündnis90/Die Grünen, heute verstärkt AfD.

In der Hans-Böckler-Studie gibt es darüber hinaus ein engagiertes Bürgertum, welches 18 Prozent der Bevölkerung verkörpert und ebenfalls der Oberschicht zugerechnet wird. Dieses Bürgertum besteht überwiegend aus Akademikern und bezieht sehr hohe Einkommen. Diese engagierten Bürger sind überzeugte Demokraten und wählen Union, SPD und Grüne.

Die Mittelschichten lassen sich ebenfalls in unterschiedliche politische Lager unterteilen. Ein sehr großes politisches Lager bilden die »Gemäßigt-Konservativen« (Vester). Sie umfassen 17 Prozent der Bevölkerung und arbeiten in Agrar-, Textil-, Bau- und Bergbauberufen sowie in administrativen Dienstleistungsjobs (Handel, Banken, Versicherungen, Verwaltung). Die »Gemäßigt-Konservativen« leben in ländlichen und kleinstädtischen Regionen und sind sozial sehr gut integriert. Familie, Freundeskreis und Vereinsleben spielen eine große Rolle. Sie sind Anhänger des Leistungsprinzips und akzeptieren einen sozialen Ausgleich im Sinne der katholischen Soziallehre. Sie wählen mehrheitlich Union, durchschnittlich SPD sowie unterdurchschnittlich FDP, Grüne und AfD. Hier gibt es Schnittmengen mit der Gruppe der »verunsicherten Leistungsindividualisten« aus der Hans-Böckler-Studie. Dies sind Selbstständige – alter Mittelstand – sowie unterqualifizierte Beschäftigte, die sich hochgearbeitet haben. Sie sind Verfechter des Leistungsprinzips, lehnen moderne Familienformen ab und sind fremdenfeindlich. Sie wählen Union oder AfD.

Ein weiteres politisches Lager besteht überwiegend aus Rechtsextremen. Vester nennt sie die »Rebellisch-Autoritären« und schätzt ihren

Bevölkerungsanteil auf 14 Prozent. Sie rekrutieren sich aus den traditionellen unteren und mittleren Milieus. Stark vertreten sind autoritär strukturierte Berufsgruppen (Polizei, Bundeswehr, Sicherheitsdienste). Sie lehnen den wirtschaftlichen und kulturellen Wandel ab. Sie sind nur auf ihren eigenen Vorteil aus, solidarisches Verhalten ist ihnen fremd. Der Politik werfen sie Verrat an den »kleinen Leuten« vor. Die »Rebellisch-Autoritären« reagieren auf den gesellschaftlichen Wandel mit aktivem Widerstand. Ihre Wut trifft Ausländer, Homosexuelle, Muslime und Juden. Aus diesem Milieu rekrutiert der gewaltbereite Rechtsextremismus seine Aktivisten. Die Rebellisch-Autoritären haben viel gemeinsam mit den »gesellschaftsfernen Einzelkämpfern« aus der Hans-Böckler-Studie. Auch sie sind antisolidarisch, autoritär, fremdenfeindlich und aggressiv nationalistisch. Die »Rebellisch-Autoritären« und »gesellschaftsfernen Einzelkämpfer« wählen – wenn überhaupt – rechtsextrem und rechtspopulistisch. Die ehemaligen Volksparteien erreichen diese Gruppen nicht mehr.

Nachfolgend werden die mittleren und unteren Arbeitnehmermilieus beleuchtet. Das ideologische Lager der »Sozialintegrativen« (Vester) sowie die »zufriedene Generation Soziale Marktwirtschaft« (HBS) repräsentieren die unteren und mittleren modernen Arbeitnehmermilieus, insgesamt 13 bis 16 Prozent der Bevölkerung. Sie arbeiten in Büro-, Verwaltungs-, Medizin-, Bildungs- und Erziehungsberufen. Viele sind Mitarbeiter der Gewerkschaften, Kirchen und sozialen Organisationen. Ihre Eltern waren Facharbeiter, Handwerker und Fachangestellte. Sie wollen mehr Verteilungsgerechtigkeit, mehr Bürgerrechte und eine fortschrittliche Umweltpolitik. Die »Sozialintegrativen« haben eine ausgeprägte Sozialstaats- und Arbeitnehmerorientierung. Außerdem setzen sie sich für mehr Mitbestimmung ein und misstrauen der Parteipolitik. Die »Sozialintegrativen« und die »zufriedene Generation Soziale Marktwirtschaft« wählen bevorzugt Rot-Rot-Grün, durchschnittlich aber auch FDP und unterdurchschnittlich die Unionsparteien.

Das ideologische Lager der »Skeptisch-Distanzierten« (Vester) und der »desillusionierten Arbeitnehmermitte« (HBS) umfasst 10 bis 18 Prozent der Bevölkerung. Sie rekrutieren sich aus den mittleren Arbeitnehmermilieus. Die »Skeptisch-Distanzierten« arbeiten als Facharbeiter und Fachangestellte und haben ein gutes Bildungsniveau. Trotzdem haben sie Erfahrungen mit prekärer Beschäftigung und Arbeitslosigkeit. Sie sind gegenüber Ideologien immun und schwanken zwischen modernen Lebensstilen und Tradition. Gegenüber der Politik und dem Sozialstaat sind sie distanziert. Die »Skeptisch-Distanzierten« haben

Angst vor sozialem Abstieg, kritisieren neoliberale Politik und sind gewerkschaftlich engagiert. Sie wählen mehrheitlich SPD, die Linke und durchschnittlich Union und FDP.

Das »resigniert-autoritätsgebundene Lager« (Vester) und die »missachteten Leistungsträger« (HBS) entsprechen 10 bis 13 Prozent der Bevölkerung. Sie rekrutieren sich aus den traditionellen unteren und mittleren Milieus. Sie stammen zu 70 Prozent aus Arbeiterfamilien. Die »Resigniert-Autoritätsgebundenen« haben die niedrigsten Bildungsabschlüsse, sind gesellschaftlich abgehängt und leben in ständiger Unsicherheit. Durch Krankheit, Arbeitslosigkeit, Alter und Invalidität können sie jederzeit in den Armutskeller stürzen. Historisch entspricht dieses Lager der unteren Mittel- und Unterschicht der alten Industriegesellschaft. Diese Menschen sind von der Politik enttäuscht. Sie sind aber weder aggressiv autoritär noch rassistisch eingestellt. Die »missachteten Leistungsträger« wünschen sich einen starken Sozialstaat. Letzter soll sie paternalistisch umsorgen und vor Fremden schützen. Sie wählten überdurchschnittlich SPD und Linkspartei sowie unterdurchschnittlich Union, FDP und Grüne. Nach der Agenda-Politik kehrten sie der SPD den Rücken und wählen nun verstärkt AfD.

Die Hans-Böckler-Studie ermittelt für die Unterschicht zusätzlich ein »abgehängtes Prekariat« mit 5 Prozent der Bevölkerung. Dieses Prekariat besteht aus An- und Ungelernten sowie einfachen Arbeitern und Angestellten. Dort herrscht große berufliche Unsicherheit. Minijobs, unfreiwillige Teilzeit, Leiharbeit und Arbeitslosigkeit sind weit verbreitet. Die Prekären wünschen sich einen starken Sozialstaat, kritisieren die große Ungleichheit und haben eine antilibertäre und antisolidarische Grundhaltung. Zuwanderung und kulturelle Vielfalt werden abgelehnt und es gibt kein Vertrauen in die politischen Institutionen. Die abgehängt Prekären wählen bevorzugt AfD, Linke und SPD.

Progressive Mehrheiten in einer pluralen Klassengesellschaft

In den letzten drei Jahrzehnten hat sich die soziale Spaltung der Gesellschaft vertieft. Die Oberschicht mehrte ihren privaten Reichtum auf Kosten der Lohnabhängigen und sozial Benachteiligten. Gleichzeitig hat sich die Zusammensetzung der arbeitenden Bevölkerung stark verändert. Während die Industriebeschäftigung schrumpfte, wuchsen die sozialen Berufe und Verwaltungsberufe. Lebensweltlich hat sich die Arbeitnehmerschaft in sehr unterschiedliche Milieus und politische Lager ausdifferenziert, die sich teilweise stark voneinander abgrenzen.

In dieser pluralen Klassengesellschaft können immer noch progressive Mehrheiten organisiert werden. Auch nach drei Jahrzehnten neoliberaler Hegemonie wünscht sich eine Bevölkerungsmehrheit (55 bis 70 Prozent) mehr Sozialstaat, mehr Verteilungsgerechtigkeit und sozialen Ausgleich. Dieser Ruf nach Gerechtigkeit spiegelt die objektiven Interessen der unteren und mittleren Arbeitnehmermilieus wider. Ihre Lebensbedingungen sind sehr eng mit der Lohnarbeit und der sozialstaatlichen Absicherung verknüpft. Für sie geht es um gute Löhne, gesunde Arbeit, sichere Arbeitsplätze, armutsfeste Renten, gute Pflege und bezahlbares Wohnen. Die soziale Frage ist für sie aktueller denn je. Diese Arbeitnehmermilieus haben jedoch weiterhin unterschiedliche Gerechtigkeitsvorstellungen, Lebensziele und politische Haltungen, weswegen kollektives milieuübergreifendes Handeln äußerst voraussetzungsvoll ist.

Die An- und Ungelernten, einfachen Arbeiter und Angestellten, Facharbeiter und Humandienstleister wurden von der Politik der Schröder-Regierung schwer enttäuscht. Das sozialdemokratische Leistungs- und Sozialstaatsversprechen wurde gebrochen. Folglich ist ihr Vertrauen in die politischen Institutionen und ehemaligen Volksparteien dramatisch gesunken. In einzelnen Arbeitnehmermilieus (abgehängtes Prekariat, Resigniert-Autoritätsgebundene, desillusionierte Arbeitnehmermitte) ist der soziale Protest inzwischen nach rechts gegangen.

Eine sozial-ökologische Reformpolitik kann aktuell nur noch auf die sichere Unterstützung der linksliberalen Oberschicht (Radikaldemokraten, kritische Bildungselite) und der modernen Arbeitnehmermilieus (Sozialintegrative, zufriedene Generation Soziale Marktwirtschaft), also rund ein Viertel der Bevölkerung, zählen.

Das konservative Lager (Traditionell-Konservative, konservative Besitzstandswahrer, Gemäßigt Konservative), das bis zu 30 Prozent der Bevölkerung ausmacht, wird dieser Reformpolitik skeptisch bis ablehnend gegenüberstehen. Die Forderung nach mehr sozialer Sicherheit und Sozialstaatlichkeit stößt aber auch hier auf offene Ohren. Zumindest dann, wenn sie nach Prinzipien der Leistungsgerechtigkeit organisiert ist. Auf entschiedenen Widerstand trifft eine sozialökologische Reformpolitik allerdings bei den Rechtsextremen (Rebellisch-Autoritäre, gesellschaftliche Einzelkämpfer).

Offen und somit politisch umkämpft ist die Haltung der traditionellen unteren und mittleren Arbeitnehmermilieus (Resigniert-Autoritätsgebundene, Skeptisch-Distanzierte, desillusionierte Arbeitnehmermitte, missachtete Leistungsträger), die bis zu 30 Prozent der Bevölkerung versammeln. Sie wollen gute Arbeit und mehr soziale Sicherheit. Dort wird sich künftig entscheiden, wohin unsere Republik steuert.

Brandaktuell ist somit das bereits unter Willy Brandt postulierte Bündnis von Mitte und Unten. Die soziale Frage ist dafür zentral, reicht aber als alleiniges Bindeglied nicht aus. Sie muss um die ökologische Frage und Antworten auf neue Ungleichheiten erweitert werden. Der Kampf für höhere Löhne, Umverteilung, bezahlbares Wohnen, eine Lebensstandard-sichernde Rente und gute Pflege muss mit dem Engagement für mehr Klimaschutz sowie dem Kampf gegen Rassismus, Homophobie, Islamfeindlichkeit und Antisemitismus verbunden werden.

Schwächlinge, Dinosaurier und Bestien
Die Krise der Gegenkräfte und Institutionen

Sozialstaat auf Krücken

Nach dem Zweiten Weltkrieg stritten die deutsche Sozialdemokratie, die Gewerkschaften und der christliche Arbeitnehmerflügel der Unionsparteien für einen Ausbau des Sozialstaats. Da der Kapitalismus auf parlamentarischen Weg nicht überwunden werden konnte, sollte er zumindest politisch gezähmt werden.

Der Sozialstaat sollte Ungleichheiten abbauen und so ein selbstbestimmtes Leben in Freiheit ermöglichen. Schrumpfende Einkommens- und Vermögensunterschiede sowie ein sozial durchlässiges Bildungssystem sollten für gleichere Lebenschancen sorgen. Die institutionalisierte Solidarität der Sozialversicherungen sollte die Leistungen am Bedarf und nicht am persönlichen Gesundheitsrisiko oder Geldbeutel ausrichten.

Vor dem Hintergrund dieser reformistischen Grundüberzeugungen rangen Gewerkschaften und SPD in den 1950er-Jahren um eine dynamische Rente, erstritten die Montanmitbestimmung und engagierten sich im sozialen Wohnungsbau. Bereits unter der konservativen Adenauer-Regierung konnten erste große soziale Fortschritte erzielt werden. In diesen Gründungsjahren der Bundesrepublik entstand ein korporatistisch konservativer Wohlfahrtsstaat (Esping-Andersen 1990). Das auf Bismarck zurückgehende Sozialversicherungssystem knüpfte seine Leistungen an Erwerbsarbeit. Der konservative deutsche Sozialstaat handelte nach dem Subsidiaritätsprinzip. Der Staat sprang erst ein, wenn die Familie nicht mehr helfen konnte. Die staatliche Umverteilung war, im Vergleich zu anderen Wohlfahrtsstaaten, nicht stark ausgeprägt. Während die Bonner Republik die Einkommen der Superreichen in der Spitze mit 56 Prozent besteuerte, belasteten Frankreich, Großbritannien und die USA ihre Topverdiener mit rund 90 Prozent. Die eigene Erwerbsbiografie und die Leistungsfähigkeit der Familie bestimmten die Lebenslage. Der konservative Wohlfahrtsstaat förderte die hierarchische Gliederung der Gesellschaft nach Beruf, Geschlecht und

Herkunft. Die sozialstaatliche Solidarität war eine Solidarität von Männern für Männer (Bude 2019).

In den frühen 1970er-Jahren stärkte die Reformpolitik der Brandt-
Regierung die Mitbestimmung, humanisierte die Arbeitswelt, verbesserte die soziale Sicherung und baute das Bildungs- und Gesundheitswesen aus. Die Sozialleistungsquote – Anteil der Sozialleistungen
am Bruttoinlandsprodukt – stieg zwischen 1960 und 1975 von 18 auf
26 Prozent.[92] Nach der ersten großen Öl- und Wirtschaftskrise (1973)
und dem Rücktritt Willy Brandts (1974) endete das goldene Zeitalter des
Sozialstaats. Die Wirtschaftselite leitete eine betriebliche und politische
Gegenoffensive ein. Nach dem Sturz der sozial-liberalen Koalition (1982)
kürzte die Kohl-Regierung die Sozialausgaben und deregulierte den
Arbeitsmarkt. Gewerkschaftliche Gegenwehr verhinderte jedoch tiefere
Einschnitte. Die Sozialleistungsquote blieb konstant bei 25 Prozent.

Abbildung 5
Sozialleistungsquote 1960–2018
Summe aller Sozialleistungen in % des BIP; 1960–1990 alte Bundesländer

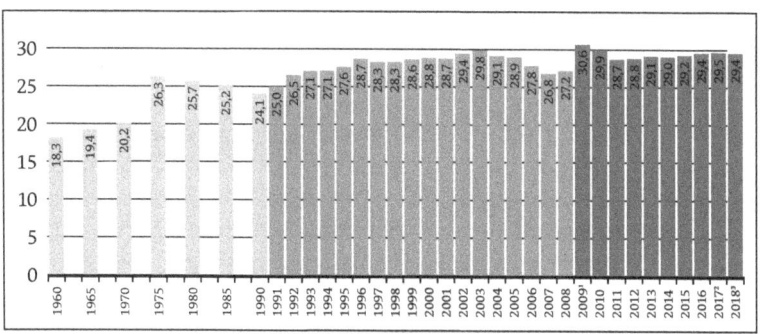

1 *Ab 2009: Einschließlich der mit der GKV vergleichbaren Grundleistungen der
Privaten Krankenversicherung. Vergleich mit den Vorjahren nur eingeschränkt
möglich.*

2 *Vorläufiger Wert*

3 *Geschätzt*

Quelle: Bundesministerium für Arbeit und Soziales (zuletzt 2019), Sozialbudget

---

92 Die Schwankungen der Sozialleistungsquote im Zeitverlauf sind allerdings
nicht nur Ergebnis veränderter Ausgaben, sondern auch der Entwicklung des
BIP. Wenn die Ausgaben unverändert bleiben, aber das BIP sinkt, steigt die
Quote.

Nach der Deutschen Einheit stiegen die Sozialausgaben wieder, da
eine gesamtdeutsche Sozialunion geschaffen wurde. Die Sozialleistungsquote kletterte bis 1996 auf fast 29 Prozent. Gleichzeitig nutzten die Unternehmen aber die wirtschaftlichen Umbrüche im Osten,
um den Klassenkompromiss der Nachkriegszeit endgültig aufzukün-
digen. Anfang des 21.Jahrhunderts vollendete paradoxerweise eine
Mitte-Links-Regierung die neoliberale Konterrevolution. Der Ab- und
Umbau des Wohlfahrtsstaats stieß zunächst auf Widerstand. IG Metall,
ver.di, IGBCE & Co organisierten Massenproteste gegen die Politik der
Agenda 2010. Diese konnten den größten Sozialabbau der Nachkriegsgeschichte aber nicht mehr stoppen. Zwischen 2003 und 2007 sank die
Sozialleistungsquote von 30 auf 27 Prozent.

Politik der Ungleichheit

Die Schröder-Regierung vollzog mit der Agenda 2010 einen radikalen
Kurswechsel in der Arbeitsmarkt- und Sozialpolitik sowie in der Steuer-
und Finanzpolitik. Das Regelwerk des Arbeitsmarktes ist ein Kernbe-
reich des Sozialstaats. Die Deregulierung des Arbeitsmarktes und der
Umbau der sozialen Sicherungssysteme flutete das Land mit billigen
und unsicheren Jobs.

Zwischen 1997 und 2006 stieg die atypische Beschäftigung um
41 Prozent (Walwai 2017). Die Teilzeitbeschäftigung kletterte um 21 Prozent, die Zeitarbeit um 107 Prozent, die geringfügige Beschäftigung um
110 Prozent, die Befristungen um 29 Prozent und die Soloselbstständig-
keit um 32 Prozent. Unbefristete Vollzeitjobs schrumpften hingegen um
9 Prozent. In der Berliner Republik entstand einer der größten Niedriglohnsektoren Europas.

Die umstrittenste Sozialreform der letzten zwei Jahrzehnte waren die
Hartz-Gesetze, insbesondere Hartz-IV. Die Schutzfunktion der Arbeitslosenversicherung war einmal eine große Errungenschaft des Sozialstaats.
Ein hohes Arbeitslosengeld, eine lange Bezugsdauer und ein hoher Qualifikationsschutz linderten den Erwerbsarbeitszwang. Dadurch wurde
der strukturell schwächeren Verhandlungsposition der Beschäftigten
auf dem Arbeitsmarkt sozialpolitisch entgegengewirkt.

Die Hartz-Gesetze brachen mit dieser fortschrittlichen Tradition.
Rot-Grün vollzog einen Systemwechsel bei der Arbeitslosenversicherung. Die Schröder-Regierung schaffte die Arbeitslosenhilfe ab und er-

setzte sie durch eine Grundsicherung für Arbeitsuchende.[93] Darüber hinaus wurden die Zumutbarkeitskriterien verschärft. Anschließend mussten Erwerbslose auch Jobs annehmen, die nicht ihrer Qualifikation entsprachen, oder unter Tarif bezahlt wurden. Wer bei diesem staatlich geförderten Lohndumping nicht mitspielt, riskiert massive Leistungskürzungen. So wurde Hartz IV zu einer wichtigen institutionellen Stütze des heimischen Niedriglohnsektors. Die Hartz-Gesetze verschärften die Konkurrenz auf dem Arbeitsmarkt. Wer seinen Job verliert, dem droht spätestens nach einem Jahr der Sturz in den Armutskeller. Für Fachkräfte mit jahrzehntelanger Berufserfahrung ist dies eine besondere soziale Härte. Jeder vierte sozialversicherte Beschäftigte rutscht nach Jobverlust direkt ins Hartz-IV-System. Neun von zehn Langzeitarbeitslosen befinden sich in der Grundsicherung. Die Angst vor dem Absturz macht ganze Belegschaften lohnpolitisch erpressbar.

Das erklärte Ziel der Reform, Arbeitslose schneller in Arbeit zu bringen, wurde nicht erreicht. Die Zahl der Hilfsbedürftigen – knapp unter 6 Millionen – ist seit 2011 nur geringfügig geschrumpft. Fast jeder Zweite bezieht mehr als vier Jahre Hartz IV. Nach den Hartz-Reformen stieg auch das Armutsrisiko für Erwerbslose, denn die Regelsätze ermöglichten keine ausreichende soziale und kulturelle Teilhabe.

Die Förderung prekärer Beschäftigung, der Ausbau des Niedriglohnsektors und Hartz IV schwächten die Verhandlungsposition der Beschäftigten und ihrer Gewerkschaften. Als unmittelbare Folge stieg Ungleichheit bei den Löhnen und Gehältern.

Der Sozialstaat korrigiert die Ergebnisse der Primärverteilung. So reduziert das Steuer- und Transfersystem die Ungleichheit der Markteinkommen noch immer um rund 40 Prozent. Dank Sozialtransfers kann die Armutsrisikoquote von rund 25 auf 16 Prozent gedrückt werden. Der Abbau von Sozialleistungen und eine steuerpolitische Reichtumspflege schwächen die staatliche Umverteilung. Deswegen nimmt die Ungleichheit der verfügbaren Einkommen zu und die Armut wächst (siehe Kapitel »Jahrhundert der Ungleichheit«).

---

93 Die frühere Arbeitslosenhilfe belief sich zuletzt auf 53 Prozent (Leistungsempfänger ohne Kinder) bzw. 57 Prozent (Leistungsempfänger mit Kindern) des letzten Nettoeinkommens.

Politik der Entstaatlichung

Nach der Jahrtausendwende stürzte die Schröder-Regierung den Steuerstaat in eine Krise. Rot-Grün senkte die Gewinn- und Einkommenssteuern. Der rote Finanzminister Hans Eichel reduzierte den Spitzensteuersatz auf Einkommen von 53 auf 42 Prozent und den Körperschaftssteuersatz für Unternehmen von 25 auf 15 Prozent. Schröders Steuerreform war die größte Steuersenkung in der Geschichte der Bundesrepublik. Anschließend erhöhte die Große Koalition die Mehrwertsteuer und besteuerte Kapitaleinkünfte nur noch mit 25 Prozent Abgeltungssteuer.

Die rot-grünen Steuergeschenke drückten die reale Steuerlast der 450 reichsten Deutschen von 43 auf 31 Prozent. Für 46 Superreiche sank der Steuersatz von 48 auf 29 Prozent. Dies entsprach einer jährlichen Steuerersparnis von 1,6 Milliarden Euro (Bach/Corneo/Steiner 2011). Während zwischen 1998 und 2015 die reichsten 30 Prozent steuerlich entlastet wurden, wurden die unteren 70 Prozent stärker belastet. Das reichste ein Prozent zahlte 5 Prozent weniger Steuern. Die Steuerlast des ärmsten Zehntels stieg hingegen um über 5 Prozent (Bach/Beznoska/Steiner 2016). Die Steuerausfälle gegenüber dem Steuerrecht von 1998 belaufen sich heute noch auf jährlich 45 Milliarden Euro. Gleichzeitig übertrug der Bund den Kommunen immer mehr öffentliche Aufgaben, ohne sich ausreichend um deren Finanzierung zu kümmern. Die steigenden kommunalen Ausgaben waren nicht durch die sinkenden Einnahmen gedeckt und die Finanzlage der Städte und Gemeinden verschlechterte sich zunehmend. Die kommunalen Kassenkredite – der Dispo der Städte und Gemeinden – verdoppelten sich. Die chronische Unterfinanzierung ging zulasten kommunaler Investitionen.

Die politisch gemachte Krise des Steuerstaates führte zu höheren Schulden. Die wachsende Staatsverschuldung war der willkommene Anlass, um das »Monster Staat« auszuhungern. Folglich wurde der Sozialstaat auf Zwangsdiät gesetzt. Zwischen 1999 und 2012 stand nur Japan noch stärker auf der Ausgabenbremse als Deutschland. Nationale und europäische Schuldenregeln sorgten dafür, dass die nationale Fiskalpolitik nicht mehr gesamtwirtschaftlich verantwortungsvoll handeln konnte. Berlin hatte vom Investitions- in den Sparmodus umgeschaltet. Das neoliberale Spardiktat schränkte die Souveränität der Bürger über die öffentlichen Finanzen ein. Eine antizyklische Fiskalpolitik, die im Abschwung die Staatsausgaben erhöht, wurde von der ökonomischen Zunft als keynesianische Schuldenmacherei diskreditiert.[94] Zu Beginn dieses Jahrtausends wurde selbst der Staatshaushalt der größten europäischen Volkswirtschaft geführt wie ein schwäbischer Privathaushalt.

In der Finanzmarktkrise 2007 musste die Große Koalition finanzpolitisch umsteuern. Der sozialdemokratische Finanzminister Peer Steinbrück und der rote Arbeitsminister Olaf Scholz bekämpften mit Hilfe von Konjunkturprogrammen, Kurzarbeit und Abwrackprämie erfolgreich die Krise. Der durch Bankenrettung und Konjunkturpakete aufgetürmte Schuldenberg zwang Steinbrück, die Steuerschraube wieder nach oben zu drehen.[95] Gleichzeitig gewann die Wirtschaftselite jedoch den Kampf um die öffentliche Meinung. Sie deutete die Bankenkrise in eine Staatsschuldenkrise um. Anschließend bekamen Schuldenbremsen Verfassungsrang und die »Schwarze Null« wurde zum goldenen Kalb der deutschen Finanzpolitik. In der Coronakrise wiederholt sich nun Geschichte. Erneut muss eine Große Koalition ihre finanzpolitischen Prinzipien über Bord werfen, um die wirtschaftlichen und sozialen Folgen des künstlichen Komas mit Kurzarbeit und kreditfinanzierten Staatshilfen zu bekämpfen.

Die Politik der Entstaatlichung privatisierte auch öffentliches Eigentum. Die Schröder-Regierung verkaufte zunächst einen großen Teil ihrer Telekom- und Postaktien und wollte die Bahn an die Börse bringen. Zwischen 2000 und 2005 veräußerte der Bund staatliche Beteiligungen in Höhe von 40 Milliarden Euro. Zudem verscherbelten viele Kommunen

---

94 Seit Jahrzehnten gleicht die deutsche Wirtschaftswissenschaft der Glaubenskongregation der katholischen Kirche. An deutschen Universitäten lehren fast ausschließlich neoklassisch, ordo- und neoliberal ausgerichtete Ökonomen. Sie dominieren auch die Politikberatung. Ausnahmen bestätigen die Regel. Maßgeblich verantwortlich für diese Monokultur ist die Berufungspolitik der Hochschulen und Wissenschaftsministerien. Im angelsächsischen Raum hingegen gibt es einen produktiven Wettstreit zwischen den Vertretern unterschiedlicher ökonomischer Theorieschulen. Der Mangel an Pluralismus und Debatte schadet der deutschen Wirtschaftswissenschaft. So ist es kein Zufall, dass sich unter den international renommierten Ökonomen fast kein einziger deutscher Wirtschaftswissenschaftler befindet. In den letzten 30 Jahren ging nur ein Wirtschaftsnobelpreis nach Deutschland (Reinhard Selten).

95 Nach der Krise erhöhte die Große Koalition die Reichensteuer. Auch in Frankreich, Belgien, Großbritannien, Spanien, Italien und Österreich wurden Spitzeneinkommen, Kapitalerträge und unbewegliche Vermögen wieder stärker besteuert. Darüber hinaus wurden Steuerbetrug und Steuerumgehung stärker bekämpft. In der EU wurde ein automatischer Informationsaustausch über Finanzkonten vereinbart.

ihre Wohnungsbestände, Verkehrsbetriebe, Krankenhäuser, Energie-
und Wasserversorger sowie Stadtwerke. Von 2000 bis 2006 erlösten
Städte und Gemeinden durch den Verkauf ihres Tafelsilbers im Schritt
rund 6,5 Milliarden Euro pro Jahr. Darüber hinaus wurden im Rahmen
von Public-private-Partnership-Projekten Straßen und Schulen teilpri-
vatisiert. Die Politik der Entstaatlichung machte aus dem ehemaligen
Leistungsstaat einen Gewährleistungs- und Regulierungsstaat (Bieling
2008).

Öffentlicher Investitionsstau

Die Kürzungspolitik sparte die öffentliche Infrastruktur kaputt. Über
zwei Jahrzehnte floss zu wenig Geld in die physische und soziale Infrastruktur des Landes. Die deutsche Volkswirtschaft fährt auf Verschleiß.
In den Städten und Gemeinden sind die Abschreibungen höher als die
Investitionen und der öffentliche Kapitalstock verfällt. Allein der kommunale Investitionsstau beläuft sich nach einer Umfrage der Kreditan-
stalt für Wiederaufbau (KFW) inzwischen auf 138 Milliarden Euro.
    Die Folgen sind unübersehbar. Die Lebensqualität breiter Bevöl-
kerungskreise verschlechtert sich und die wirtschaftliche Leistungsfähigkeit der Unternehmen leidet. In Kitas, Schulen und Universitäten
müssen künftig bis zu 45 Milliarden Euro jährlich investiert werden.
Der Investitionsstau bei öffentlichen Krankenhäusern ist inzwischen
auf 50 Milliarden Euro angewachsen. Vor vergleichbaren Herausforderungen steht der Wohnungsbau. Jedes Jahr müssten 400.000 neue
Wohnungen – davon 100.000 Sozialwohnungen – gebaut werden, um
eine ausreichende Versorgung mit bezahlbarem Wohnraum sicherzustellen. Das kostet mindestens 7,5 Milliarden Euro. Die Verkehrsinfrastruktur ist marode. Ein Fünftel der Autobahnstrecken und zwei Fünftel
der Bundesfernstraßen müssen saniert werden. Und jede dritte Eisen-
bahnbrücke hat bereits über 100 Jahre auf dem Buckel. Jedes Jahr müssten zusätzlich 10 Milliarden Euro für den Verkehr mobilisiert werden.
Großen Investitionsbedarf gibt es aber auch bei Breitband und Energieversorgung. In den nächsten zehn Jahren müssten in beiden Bereichen
jeweils 40 Milliarden Euro investiert werden. Die Liste ließe sich fortsetzen.
    Die unzureichenden Investitionen in Bildung, Gesundheit, Verkehr,
Klimaschutz und Digitalisierung verschlechtern die Zukunftsperspek-
tiven nachfolgender Generationen. Private Unternehmen investieren
aber nur dann in Infrastruktur, wenn exklusive Eigentumsrechte, steu-

erliche Förderung und niedrige Verkaufspreise hinreichend private Renditen garantieren. Das ist nicht akzeptabel, weshalb nur die öffentliche Hand die notwendige Infrastruktur bereitstellen kann.

In den letzten Jahrzehnten wurde auch der Ausbau der öffentlichen und sozialen Dienstleistungen sträflich vernachlässigt. Allein in den Krankenhäusern fehlen aktuell 80.000 Krankenpflegekräfte. Für eine bedarfsgerechte Altenpflege braucht es über 100.000 Pflegekräfte. Da ist das aktuelle Pflegesofortprogramm mit 13.000 neuen Stellen nur ein Tropfen auf den heißen Stein. In der frühkindlichen Erziehung und Betreuung fehlen bis 2025 etwa 190.000 Fachkräfte. In den Grundschulen können im gleichen Zeitraum voraussichtlich 35.000 Stellen nicht besetzt werden. Im öffentlichen Nahverkehr müssten in den kommenden sechs Jahren etwa 30.000 neue Beschäftigte eingestellt werden. Diese eklatanten Personal- und Versorgungslücken werden nicht durch profitorientierte private Unternehmen und Märkte geschlossen. Zumindest nicht in einer Weise, die allen Einkommensschichten den Zugang zu diesen gesellschaftlich notwendigen Dienstleistungen ermöglichen. Und gemeinnützige Einrichtungen der freien Wohlfahrtspflege brauchen eine bessere öffentliche Finanzausstattung, um ihr Personal aufstocken und besser bezahlen zu können. Insbesondere im Gesundheits- und Bildungsbereich gibt es zum Ausbau der öffentlichen Dienstleistungen keine Alternative.

Ungerechtes Bildungssystem

In Deutschland hängt der Bildungserfolg sehr stark vom Elternhaus ab. Von der Krippe bis zur Hochschule werden Kinder aus einkommensschwachen Familien systematisch benachteiligt. Dadurch verschärfen die Institutionen des Bildungssystems die Ungleichheit. Der Sozialstaat versagt, wenn es um die Schaffung gleicher Bildungschancen geht.

Berlin gibt für frühkindliche Bildung weniger Geld aus als die Industrieländer (OECD) im Durchschnitt. Nur jedes dritte Kind unter drei Jahren wird professionell betreut und Kinder aus sozial benachteiligten Familien erhalten noch seltener einen Krippenplatz. Besonders hart trifft es Kinder mit Migrationshintergrund. Ohne Kinderkrippenplatz fehlt ihnen eine gute sprachliche Förderung. Die mangelhafte Frühförderung benachteiligter Kinder lässt ihre kognitiven Fähigkeiten, sozialen Kompetenzen und Motivationen verkümmern.

In der Schule werden die ungleichen Entwicklungschancen fortge-schrieben.[96] Da viele Grundschulen nur halbtags unterrichten, ist die Förderung der jungen Schüler wieder vom Elternhaus abhängig. Privilegierte Eltern helfen den Kindern am Nachmittag bei den Hausaufgaben oder kaufen sich fremde Hilfe.[97] Die Corona-Pandemie verstärkt diese ungleichen Bildungschancen, da das Homeschooling ohne Unterstützung durch die Eltern und ohne digitale Grundausstattung der Haushalte nicht funktioniert.

Nach der Grundschule beginnt die soziale Auslese. In kaum einem Land werden Kinder so früh auf unterschiedliche Schulformen verteilt wie hier. Schüler aus einkommensschwachen Familien werden seltener für eine höhere Schule weiterempfohlen und landen auf den Haupt- und Realschulen. Die Kinder des einkommensstärksten Viertels der Bevölkerung haben bei gleicher Leistungsfähigkeit eine sechsmal höhere Wahrscheinlichkeit das Gymnasium zu besuchen als Kinder aus dem einkommensschwächsten Viertel. Drei von fünf Kindern, deren Mütter mindestens Abitur haben, gehen aufs Gymnasium. Aber nur jedes zehnte Kind, dessen Mutter maximal einen Hauptschulabschluss besitzt, besucht das Gymnasium. Nach dem frühen Schulwechsel ist der weitere Bildungsweg vorprogrammiert. Ein Übergang, von der Hauptschule auf die Realschule oder aufs Gymnasium, kommt in der Praxis kaum vor. Soziale Mobilität auf den weiterführenden Schulen gibt es nur nach unten. 7 Prozent der Jugendlichen erreichen überhaupt keinen Schulabschluss. Der Großteil kommt aus bildungsfernen, sozial benachteiligten Familien.

Nach der Schule studieren die Kinder aus der Mittel- und Oberschicht. Sieben von zehn Universitätsabsolventen kommen aus Akademikerhaushalten. Nur knapp 15 Prozent der deutschen Erwachsenen, deren Eltern kein Abitur haben, konnten erfolgreich eine Universität besuchen.

Unser Bildungssystem reproduziert die Armut von Kindern und Jugendlichen (Butterwegge 2020). Im Umkehrschluss bedeutet das aber nicht, dass mehr Bildungschancen beruflichen und sozialen Aufstieg garantieren. Die unzähligen Taxifahrer und Paketboten mit akademischem Abschluss legen davon Zeugnis ab. Hier werden häufig Ursache und Wirkung verwechselt. Ein gerechtes Bildungssystem, dass alle Kin-

---

96 Überwunden wurde jedoch die geschlechtsspezifische Bildungsungleichheit. Mädchen haben heute höhere Bildungsabschlüsse als Jungen.
97 Jeder siebte Schüler zwischen 6 und 16 Jahren erhält private Nachhilfe.

der zum Abitur und Studium führt, schafft nicht automatisch mehr Verteilungsgerechtigkeit. Kinder und Jugendliche aus sozial benachteiligten Elternhäusern konkurrieren dann auf höherem Bildungsniveau um die weiterhin knappen guten Ausbildungs- und Arbeitsplätze. Mit bekanntem Ausgang. Das spricht nicht gegen notwendige Bildungsreformen, aber gegen die weit verbreitete Illusion, mit Bildungspolitik für mehr soziale Gerechtigkeit sorgen zu können.

Zweiklassenmedizin

Das deutsche Gesundheitswesen ist auf den ersten Blick in einem guten Zustand. Die Berliner Republik hat mehr Krankenhäuser, Ärzte, Betten und medizinische Geräte als viele ihrer europäischen Nachbarn. Das viertteuerste Gesundheitssystem der Welt leidet nicht unter Geldmangel, sondern unter einer ungerechten Verteilung der Mittel. Das Diktat der Ökonomie hat die Versorgung mit medizinischen und pflegerischen Leitungen verschlechtert (siehe Kapitel »Geißel der Menschheit«). Bis Anfang der 1990er Jahre durften Krankenhäuser keine Gewinne erwirtschaften. Die Gesundheitsstrukturreform ersetzte das Selbstkostendeckungsprinzip durch ein System der Fallpauschalen (DRG). Diese erlös- und profitorientierte Krankenhaussteuerung veranlasste Ärzte und Klinikleitungen dazu, Operationen zu verschieben, unnötige medizinische Eingriffe vorzunehmen, Patienten früher zu entlassen oder erst überhaupt nicht aufzunehmen. Das Ergebnis ist eine Fehlsteuerung sowie eine Unter- und Überversorgung mit medizinischen und pflegerischen Leistungen. Doch damit nicht genug. Die unzureichende Finanzierung der Krankenhäuser durch die Bundesländer verursachte gleichzeitig einen Investitionsstau. Seit 1991 sind die realen Ausgaben der Länder für OP-Säle, Bettenhäuser, Kernspintomografen, etc. um fast 40 Prozent gesunken.

Die Gesundheitsrisiken der Bevölkerung sind ungleich verteilt. Arme sterben früher und Reiche leben länger. Die Lebenserwartung armutsgefährdeter Männer ist 10 Jahre niedriger als die von wohlhabenden Männern. Privat- und Kassenpatienten werden ungleich behandelt. Ärzte verdienen mit Privatpatienten mehr Geld, weswegen gesetzlich Versicherte häufig schlechter versorgt werden und länger warten müssen.[98] Über ein Fünftel ihres Einkommens erwirtschaften Ärzte mit

---

98 Diese Vergütungsunterschiede führen auch dazu, dass sich Ärzte in ökonomisch und infrastrukturell benachteiligten Regionen nicht niederlassen wollen, da sie dort weniger Privatpatienten haben.

10 Prozent ihrer Patienten, den privat Versicherten. Privatpatienten haben im Gegensatz zu gesetzlich Versicherten direkten Zugang zur ambulanten fachärztlichen Versorgung im Krankenhaus und zu medizinischen Innovationen.

Das duale System der Krankenversicherung führt zu einer ungerechten Verteilung der Finanzierungslasten. Privatversicherte beteiligen sich nicht am Solidarausgleich der gesetzlich Krankenversicherten. Die Beitragsbemessungsgrenze der GKV sorgt dafür, dass Besserverdiener eine relativ geringe Beitragsbelastung haben.[99] Geringverdiener werden hingegen durch Zuzahlungen für Medikamente, zahnärztliche Behandlungen und Reha-Maßnahmen überproportional belastet. Damit finanzieren überwiegend die unteren und mittleren Einkommensgruppen die Gesundheitsversorgung.

Rückkehr der Altersarmut

Die soziale Absicherung des Alters war eine große Errungenschaft des westdeutschen Sozialstaats. Im 21. Jahrhundert ist dieser soziale Fortschritt unter die Räder gekommen. Die gesetzliche Rente schützt heute weder vor Armut, noch sichert sie den Lebensstandard. Über eine Million ältere und erwerbsgeminderte Menschen müssen zum Sozialamt gehen. Ihre Zahl hat sich in den letzten 15 Jahren verdoppelt. Hinzu kommt die versteckte Altersarmut. Drei von fünf Anspruchsberechtigen beantragen keine Grundsicherung im Alter.

Künftig droht die Altersarmut weiter zu steigen. Nach einer DIW-Studie droht in 20 Jahren jedem fünften Neurentner ein Leben in Armut. Und dies selbst bei guter wirtschaftlicher Entwicklung und unter Berücksichtigung aller Alterseinkünfte. Am stärksten betroffen sind Alleinerziehende und Geringverdiener (Geyer et al. 2019).

Die Rückkehr der Altersarmut ist politisch gemacht. Die gesetzliche Rente ist immer ein Spiegel des Arbeitsmarktes, denn Niedriglöhne und prekäre Beschäftigung führen zu Armutsrenten. Die Rentenpolitik tat ein Übriges. Anfang dieses Jahrtausends änderte die Schröder-Regierung unter Hinweis auf die vermeintlichen Sachzwänge einer alternden Gesellschaft und hoher Lohnnebenkosten ihren rentenpolitischen Kurs. Schröder, Fischer, Riester & Co opferten die Lebensstandardsiche-

---

99 Die Beitragsbemessungsgrenze ist die Höhe des Bruttoeinkommens, bis zu der die GKV-Beiträge berechnet werden. Der Teil des Bruttoeinkommens, welcher darüber liegt, wird nicht verbeitragt.

rung und Armutsfestigkeit für stabile Beiträge. Eine veränderte Rentenformel entkoppelte die Rente von den Löhnen. Dadurch wurde das zukünftige Rentenniveau gesenkt. Die entstehende Versorgungslücke sollte durch eine private kapitalgedeckte Altersvorsorge (Riester-Rente) geschlossen werden. Später wurde das Renteneintrittsalter auf 67 Jahre erhöht. Diese so genannten Reformen drücken das Sicherungsniveau der gesetzlichen Rente bis 2030 auf magere 43 Prozent. So wurde die Akzeptanz der gesetzlichen Rente schwer beschädigt. Die spätere Stabilisierung des Rentenniveaus auf 48 Prozent und die Einführung einer Grundrente können die negativen Folgen der Rentenkürzungen abschwächen, setzen sie aber nicht außer Kraft. Die Rentenkürzungen waren allerdings nie alternativlos. Der Sozialstaat kann die Alterung der Gesellschaft auch ohne Leistungsabbau bewältigten. Maßgeblich für die Rentenfinanzierung ist das Verhältnis von Beitragszahlern zu Rentenempfängern. Wie stark ein längeres Leben und weniger Kinder die Versicherten belasten, hängt von der wirtschaftlichen Leistungsfähigkeit unserer Volkswirtschaft ab. Wenn die Produktivität hinreichend steigt, sind die finanziellen Lasten des demografischen Wandels tragbar.

Die Ohnmacht der organisierten Arbeit
Die Krise der Gewerkschaften

Nach dem Zweiten Weltkrieg organisierten die deutschen Gewerkschaften sich als Einheits- und Industriegewerkschaften. Nach den negativen Erfahrungen in der Weimarer Republik sollte es keine politischen Richtungsgewerkschaften mehr geben.[100] Ein Betrieb, eine Gewerkschaft lautete das neue Prinzip.

Die ersten Jahrzehnte waren für die organisierte Arbeit eine Erfolgsgeschichte. Mitglieder und Finanzkraft wuchsen. Zwischen 1950 und 1980 stieg die Zahl der DGB-Gewerkschaftsmitglieder um 45 Prozent.[101] Eine starke gewerkschaftliche Organisationsmacht zwang die Arbeit-

---

100 In der Weimarer Republik bekämpften sich die unterschiedlichen politischen Richtungsgewerkschaften in den Betrieben und schwächten dadurch die gewerkschaftliche Durchsetzungsmacht.

101 Aufgrund des Beschäftigungsbooms der Nachkriegszeit schrumpfte jedoch der gewerkschaftliche Organisationsgrad von 39 auf 33 Prozent. Organisationsgrad: Mitglieder/Erwerbstätige.

geberverbände soziale Basiskompromisse zu schließen.[102] Viele Unternehmer waren durch ihre Unterstützung des Nationalsozialismus
gesellschaftlich diskreditiert. Die Stahl- und Chemieindustrie wurde
von den Alliierten neu geordnet. Der Realsozialismus zwang den westdeutschen Staat zu weitgehenden sozialpolitischen Zugeständnissen.
Die Tarifbindung nahm zu und die Betriebsräte bekamen Einfluss. Der
als »Wirtschaftswunder« titulierte Nachkriegsboom bescherte den Unternehmen hohe Profite und den Beschäftigten reale Lohnzuwächse.

Mitte der 1970er-Jahre stärkte die sozialliberale Koalition durch den
Ausbau der Mitbestimmung die institutionelle Macht der Gewerkschaften. Gleichzeitig begannen jedoch die Arbeitgeber den Klassenkompromiss der Nachkriegszeit in Frage zu stellen. In den 1980er-Jahren
schwächten die hohe Massenarbeitslosigkeit und der industrielle Strukturwandel die gewerkschaftliche Handlungsfähigkeit. Zwar konnten
die IG Metall und die IG Druck und Papier 1984 den Einstieg in die
35-Stunden-Woche erkämpfen, dafür wurde jedoch die Arbeitszeit stärker flexibilisiert. In anderen Branchen blieb die Arbeitszeitverkürzung
auf halbem Wege stecken oder wurde gar nicht durchgesetzt.

Nach der Deutschen Einheit stiegen die Mitgliederzahlen der Gewerkschaften im Osten ebenso rasch, wie sie nach De-Industrialisierung und Strukturbruch kollabierten. Das Ende des Vereinigungsbooms
führte auch im Westen zu Mitgliederverlusten – besonders im Dienst-
leistungsbereich. Privatisierungen und Deregulierung des öffentlichen
Sektors – bei Bahn, Post, Versorgungsbetrieben und im Gesundheitswesen – schliffen die ehemaligen gewerkschaftlichen Hochburgen.
Gleichzeitig erzwangen die Arbeitgeberverbände mit einer aggressi-
ven Tarifpolitik die Rücknahme gewerkschaftlicher Errungenschaften.
Sie höhlten die Tarifverträge durch Öffnungsklauseln aus und stellten teilweise das gesamte Tarifsystem infrage. Dieser Roll-Back wurde
durch starke Einschnitte im Sozialsystem abgerundet, die in der Politik
der Agenda 2010 und den Hartz-Reformen ihren Höhepunkt fanden.

---

102 Gewerkschaftliche Macht speist sich, dem so genannten Machtressourcen-
ansatz folgend, aus Organisationsmacht (Organisationsgrad, Organisa-
tionseffizienz, Mobilisierungsfähigkeit), struktureller Macht (Stellung der
Beschäftigtengruppe im Arbeits- und Produktionsprozess, allgemeine Arbeitsmarktlage), institutioneller Macht (kollektives Arbeitsrecht, Mitbestimmung, Flächentarifverträge) und gesellschaftlicher Macht (politische Allianzen, Diskursmacht) (Schmalz/Dörre 2014).

Die schwindende Macht der Zahl

Die Mitgliedszahlen sprechen eine klare Sprache: Die Organisationsmacht der Gewerkschaften schrumpft. Nach der Deutschen Einheit
halbierte sich die Mitgliedschaft der DGB-Gewerkschaften von ursprünglich 12 auf 6 Millionen. Bei IG Metall, ver.di & Co sind nur noch
15 Prozent der Beschäftigten organisiert.

Die gewerkschaftliche Mitgliederentwicklung hängt einerseits von
der Arbeitsmarktentwicklung und anderseits von der gewerkschaftlichen Fähigkeit ab, Verluste aus Strukturwandlungsprozessen durch
neue Mitglieder in wachsenden Bereichen auszugleichen (Hassel 1999).
Das haben die deutschen Gewerkschaften in den letzten drei Jahrzehnten nicht geschafft. Sie konnten der Verlagerung der Beschäftigung
von der Industrie in den Dienstleistungssektor nicht organisierend folgen (Dribbusch 2003). In den wachsenden Dienstleistungsbranchen –
Pflege, Bildung, Gesundheitswesen, Wissensarbeit, Logistik – gab es
zwar Organisationserfolge, die Mitgliederzuwächse blieben aber deutlich hinter dem starken Beschäftigungswachstum dieser Branchen zurück.[103]

Gerade in den neu entstehenden klein- und mittelständischen Betrieben des privaten Dienstleistungssektors ist es strukturell sehr schwer
eine nachhaltige gewerkschaftliche Verankerung aufzubauen. Ein Großteil der dortigen Arbeitsverhältnisse sind prekäre Jobs. Leiharbeiter,
Minijobber, Teilzeitbeschäftigte und befristete Beschäftigte sind nur
schwer gewerkschaftlich organisierbar. Die zunehmende räumliche wie
zeitliche Fragmentierung dieser Beschäftigten erschwert den Aufbau
persönlicher Kontakte zwischen Gewerkschaft und Beschäftigten, die
eine zentrale Voraussetzung für einen Beitritt zur Gewerkschaft dar-
stellen. Die Folge ist ein faktischer Rückzug der Gewerkschaften aus der
Fläche (Dribbusch/Birke 2019). In vielen Betrieben und Verwaltungen
kommen Gewerkschaften heute nicht mehr vor und wo es keine Gewerkschaft ist, gibt es auch keine Mitglieder.

Die Mitgliedschaft der Gewerkschaften bildet nicht mehr die moderne Arbeitswelt ab. Die Organisationsmehrheit ist am Arbeitsmarkt
eine Minderheit. Die deutschen Gewerkschaften stützen sich noch immer auf eine männliche Industriearbeiterschaft sowie auf die Beschäf-

---

103 Erschwerend hinzu kommt, dass auch in den traditionellen Bereichen die
   Mitgliederentwicklung hinter den Beschäftigungszuwächsen zurückblieb.
   Folglich sank auch dort der Organisationsgrad.

tigten des öffentlichen Dienstes und der ehemaligen Staatsbetriebe. Ihre Macht liegt in schrumpfenden Großbetrieben und Verwaltungen.

Seit Jahrzehnten fehlen der Gewerkschaftsfamilie Frauen, Angestellte, Hochqualifizierte, junge Arbeitnehmer, prekär Beschäftigte und Migranten. Die Industriegewerkschaften IGBCE und IG Metall waren immer klassische Arbeiterorganisationen. Ihr Arbeiteranteil liegt noch immer bei über 75 Prozent.[104] Nur jedes dritte Gewerkschaftsmitglied ist eine Frau. Obwohl immer mehr Frauen berufstätig wurden, blieben die Gewerkschaften eine Männerdomäne.[105] Lediglich ver.di und die GEW haben aufgrund ihres hohen Anteils an Staatsbeschäftigten eine Frauenquote von 52 beziehungsweise 72 Prozent.[106] Zudem sind die Gewerkschaften überaltert. Jedes fünfte Gewerkschaftsmitglied ist bereits in Rente (Dribbusch/Birke 2019). Nur 9 Prozent der Mitglieder sind unter 28 Jahren und mehr Studierende heißt immer noch, weniger junge Gewerkschaftsmitglieder.[107] Das ist besonders schmerzlich, denn wer nicht in der Ausbildung, im Studium oder bei Berufsstart in die Gewerkschaft eintritt, der ist später schwieriger organisierbar. Auch Arbeitnehmer mit Migrationshintergrund sind in den deutschen Gewerkschaften unterrepräsentiert. Die Arbeitnehmerorganisationen reagierten auf diese großen Vertretungslücken mit zielgruppenspezifischen Aktivitäten, allerdings ohne durchschlagenden Erfolg. Folglich führen mehr berufstätige Frauen, stärker akademisierte Belegschaften sowie mehr prekäre und migrantische Beschäftigte dazu, dass immer größere Teile einer sich wandelnden Arbeitnehmerschaft nicht mehr durch Gewerkschaften vertreten werden.

Betriebsgruppen und Vertrauensleute sowie Betriebs- und Personalräte sind die gewerkschaftliche Organisationsbasis im Betrieb und der

---

104 Bei ver.di überwiegen hingegen die Angestellten.

105 Dies erklärt sich in erster Linie aus den besonderen Merkmalen der Frauenerwerbstätigkeit. Frauen arbeiten hierzulande überproportional in betriebsrats- und gewerkschaftsfreien Kleinbetrieben, privaten, tariffreien Dienstleistungsfirmen und in prekären Arbeitsverhältnissen (Schröder/Hassel 2018).

106 Die Dienstleistungsgewerkschaft ver.di ist sogar die größte Frauenorganisation der Republik.

107 Der Anteil dieser Altersgruppe an allen sozialversicherungspflichtig Beschäftigten lag mit 16,6 Prozent fast doppelt so hoch. Ein zentrales strukturelles Problem bei der Rekrutierung von jungen Beschäftigten ist der deutliche Rückgang der Ausbildungsquote.

Verwaltung.[108] Dort, wo es keine Betriebsräte gibt, existiert in der Regel auch keine nennenswerte gewerkschaftliche Verankerung. Drei von vier Betriebsräten sind gewerkschaftlich organisiert, ihre Zahl geht aber zurück. Nur noch jeder zehnte Betrieb hat einen Betriebsrat, welche etwa 40 Prozent aller Beschäftigten vertreten. Anfang des Jahrtausends war es noch die Hälfte. Auf dem Bau, im Gastgewerbe, im Handel und bei wissenschaftlichen Dienstleistungen sind Betriebsräte nur noch selten anzutreffen. In einigen klein- und mittelständischen Betrieben wird die Gründung von Betriebsräten sogar aktiv bekämpft. Gleichzeitig bekommen aber Betriebsräte aufgrund der Verbetrieblichung der Tarifpolitik immer mehr Aufgaben.

Auch die Unternehmensmitbestimmung schrumpft. Heute gibt es nur noch 635 paritätisch mitbestimmte Unternehmen. Tendenz sinkend! Atypische und prekäre Beschäftigungsformen schränken die Reichweite der Mitbestimmungsgremien ein.[109] Großunternehmen nutzen beispielsweise Ausgliederungen, Stiftungsmodelle und das europäische Unternehmensrecht, um sich der Unternehmensmitbestimmung zu entziehen. So werden rund 2,1 Millionen Beschäftigte um ihre demokratischen Mitbestimmungsrechte gebracht.

Bröckelnder Tarifschutz

Das gewerkschaftliche Kerngeschäft der Tarifpolitik ist in schweres Fahrwasser geraten. Seit drei Jahrzehnten erodiert das Tarifsystem. Vor der Deutschen Einheit wurden mehr als acht von zehn westdeutschen Beschäftigten durch einen Tarifvertrag geschützt. Die Gewerkschaften handelten die Entgelte auf Branchenebene aus und nur wenige Betriebe hatten keinen Tarifvertrag. Unbefristete Vollzeit war die Regel und die Wertschöpfungsketten der Unternehmen waren vertikal integriert. Von den wenigen Niedriglöhnen waren zumeist Frauen und Migranten betroffen. Nach der Deutschen Einheit verschoben sich die Kräfteverhältnisse auf dem Arbeitsmarkt. Die großen DDR-Industriekombinate brachen zusammen und die Arbeitslosigkeit explodierte. Deswegen konnten die Gewerkschaften das westdeutsche Tarifsystem nicht auf den Osten der Republik übertragen (Bosch/Kalina 2017). Dort

---

108 Das Betriebsverfassungsgesetz ermöglicht die Gründung von Betriebsräten in allen privaten Betrieben mit mindestens fünf Beschäftigten.
109 Für Beschäftigte in Werksverträgen und Praktika gelten keine Mitbestimmungsrechte.

entstanden große tariffreie Zonen, die wiederum von den Arbeitgebern genutzt wurden, um die westdeutschen Betriebe unter Druck zu setzen. Gleichzeitig motivierten die gewerkschaftlichen Mitgliederverluste die Arbeitgeber, sich nicht mehr zu organisieren. Die Arbeitgeberverbände förderten die Deregulierung und organisierten Tarifbruch. Sie begannen damit Mitgliedschaften »ohne Tarifbindung« anzubieten.

Abbildung 6
Tarifbindung in West und Ost in % der Beschäftigten 1998–2018

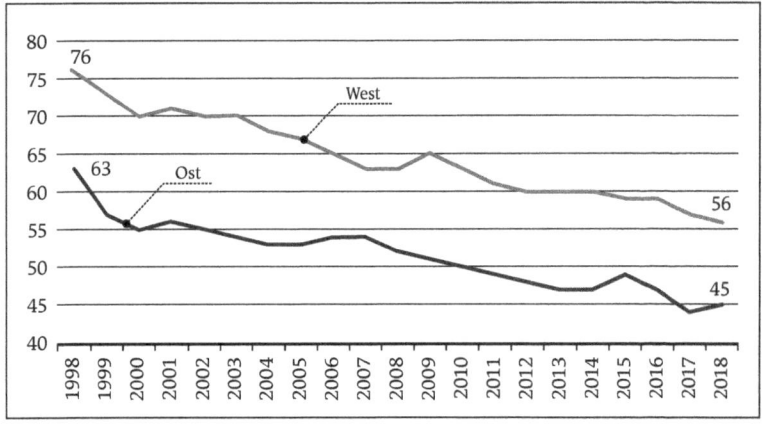

Quelle: *IAB-Betriebspanel*

In den 1990er-Jahren gliederten die Unternehmen verstärkt einzelne Tätigkeitsbereiche aus oder vergaben sie an Werkvertragsnehmer, die nicht an heimische Tarife gebunden waren.[110] Dieses Outsourcing und Offshoring gingen häufig einher mit Tarifflucht. Darüber hinaus liberalisierte die Europäische Kommission Ende der 1980er-Jahre öffentliche Dienstleistungen, woraufhin die Tarifbindung bei Bahn, Post, Telekommunikation und öffentlichen Nahverkehr sank. Des Weiteren wurde die Ausgestaltung von Tarifverträgen immer stärker in die Betriebe verlagert.[111] Öffnungsklauseln ermöglichten den Unternehmen, von tariflich vereinbarten Regelungen abzuweichen. Bei der Arbeitszeit

---

110 Dies betraf besonders den Bau, die Landwirtschaft, die Logistik, die Fleischindustrie und die Pflege.

111 Die Schröder-Regierung drohte den Gewerkschaften 2003 mit der Abschaffung des Günstigkeitsprinzips, wenn sie keine Öffnungsklauseln ermöglichen würden.

entstand ein Flickenteppich über Branchen, Regionen, Betriebe und Beschäftigtengruppen. So erodierte das Tarifsystem auch von innen.

Da das deutsche Tarifsystem nur sehr schwach politisch gestützt wird – schwache Allgemeinverbindlichkeit, keine Verbandspflicht für Arbeitgeber –, schlugen der ökonomische Strukturwandel und die neue aggressive Arbeitgeberstrategie unmittelbar auf die Tarifbindung durch. Heute wird nur noch jeder zweite Beschäftigte durch einen Tarifvertrag geschützt. In der Privatwirtschaft ist es noch weniger.

Erschwerend hinzu kommt die tarifpolitische Konkurrenz durch Berufs- und Spartengewerkschaften, welche die tarifpolitische Monopolstellung der DGB-Gewerkschaften herausfordern. Der Marburger Bund, die Vereinigung Cockpit oder die Gewerkschaft deutscher Lokführer (GDL) verfügen aufgrund der Schlüsselposition ihrer Mitglieder im Arbeitsprozess über eine überdurchschnittliche Marktmacht, die sie zum Vorteil ihrer Mitglieder nutzen.

Die schwächere Verhandlungsposition der DGB-Gewerkschaften und die schrumpfende Reichweite von Tarifverträgen dämpften die allgemeine Lohnentwicklung. Zwischen 2000 und 2007 sanken die Reallöhne. In diesem Zeitraum hatte Deutschland die schlechteste Lohnentwicklung in ganz Europa. Erst nach der Finanzmarktkrise wurde dieser Negativtrend durchbrochen und eine tarif- und lohnpolitische Trendwende eingeleitet.[112] Die Reallöhne stiegen wieder und selbst der Fall der Lohnquote konnte vorläufig gestoppt werden. Dabei verbesserte die gute Arbeitsmarktlage – sinkende Arbeitslosigkeit, partieller Fachkräftemangel – die strukturelle Macht der Gewerkschaften.

Schwaches politisches Mandat

Die rückläufige Organisationsmacht beeinträchtigte den politischen und gesellschaftlichen Einfluss der Gewerkschaften. Unter der Kohl-Regierung konnten IG Metall, ÖTV, HBV & Co die Angriffe auf gewerkschaftliche Errungenschaften, wie beispielweise auf die Lohnfortzahlung im Krankheitsfall, noch abwehren. Das änderte sich unter der rot-grünen Bundesregierung. Nachdem das »Bündnis für Arbeit« scheiterte, verbannte die Schröder-Regierung die Gewerkschaften an den Katzentisch. Anschließend folgte mit der Politik der Agenda 2010 ein Frontalangriff auf gewerkschaftliche und sozialstaatliche Errungenschaften.

---

112 Hierbei handelt es sich um die gesamtwirtschaftliche Lohnentwicklung. Die Tariflohnentwicklung der Industriegewerkschaften war besser als der allgemeine Lohntrend.

Der gewerkschaftliche Protest gegen die rot-grüne Arbeitsmarkt- und Sozialpolitik wurde angeführt durch den ver.di-Vorsitzenden Frank Bsirske und den IG Metall Chef Jürgen Peters. Letzterer bezeichnete das Sozialabbauprogramm als »Scheißdreck«. Der DGB-Vorsitzende Michael Sommer sprach von einer asozialen Politik. Ende Mai 2003 organisierten die Gewerkschaften unter dem Motto »Reformen ja, Sozialabbau, nein danke!« bundesweite Massenproteste. Die IG Metall mobilisierte mit einer Unterschriftensammlung die Beschäftigten in den Betrieben. Jeden Montag demonstrierten in zahlreichen deutschen Städten tausende Menschen gegen die so genannten Arbeitsmarktreformen. Als jedoch der neoliberale Politikentwurf seinen Weg ins Gesetzesblatt gefunden hatte, ebbten die Proteste ab. Die Gewerkschaften erlitten eine schwere politische Niederlage. Der Rückbau des Sozialstaates und die Privatisierung von Teilen der Daseinsvorsorge beschränkten fortan die institutionelle Macht der Gewerkschaften.

Das zwischenzeitliche Aus der privilegierten Partnerschaft mit der SPD war für die Gewerkschaften besonders bitter. Industrie- und Multibranchengewerkschaften haben aufgrund ihrer vielfältigen Mitgliedschaft universalistische Interessen (Streeck 2005). Letztere können sie aber nicht allein mit gewerkschaftlichen Mitteln durchsetzen, denn dafür reicht ihre Macht nicht aus. Die Gewerkschaften brauchen politische Bündnispartner, um sozialen Fortschritt zum Durchbruch zu verhelfen. Der politische Einflussverlust, der durch die Entfremdung der SPD-Führung von den Gewerkschaften eingetreten war, konnte durch die Linkspartei nicht ausgeglichen werden.

In der großen Finanzmarktkrise waren die Gewerkschaften jedoch wieder gefragt. Die Große Koalition band die Arbeitnehmerorganisationen – insbesondere die Industriegewerkschaften – in die Gestaltung ihrer Antikrisenpolitik eng ein. Ein neuer Krisen-Korporatismus war geboren (Urban 2013). Gewerkschaftliche Vorschläge, wie das verlängerte Kurzarbeitergeld, die Abwrackprämie oder die Konjunkturpakete, wurden Regierungspolitik. Ihr Engagement in der Krise brachte den Gewerkschaften hohe gesellschaftliche Anerkennung und ihr öffentliches Bild änderte sich nachhaltig zum Positiven. Mit der Einführung des gesetzlichen Mindestlohns erzielten die Gewerkschaften 2015 ihren größten politischen Erfolg im noch jungen 21. Jahrhundert. Weitere Korrekturen der Agenda-Politik (Rente mit 63, verlängerte Bezugsdauer Arbeitslosengeld, Einschränkungen beim Missbrauch von Leiharbeit, etc.) folgten. In der Coronakrise wird die Antikrisenpolitik erneut sehr eng mit den DGB-Gewerkschaften abgestimmt.

Fusionen, Organisationsreformen und neue Strategien

Die Gewerkschaften nahmen ihre schwindende Organisationsmacht nicht schicksalshaft hin. Zunächst suchten sie ihr Heil in einer großen Fusionswelle. Zwischen 1990 und 2001 halbierte sich die Zahl der DGB-Gewerkschaften von 16 auf acht. In Zeiten wirtschaftlicher Umbrüche sollten die Zusammenschlüsse dazu beitragen, Mitglieder, Geld und Macht besser zu konzentrieren.[113] Weniger Organisationskonkurrenz und die Zusammenlegung der gewerkschaftlichen Apparate sollten Effizienzgewinne ermöglichen und Ressourcen freisetzen, um mehr Mitglieder gewinnen zu können. Die wichtigste Fusion war die ver.di-Gründung, durch welche auch die nicht zum DGB gehörende Deutsche Angestellten Gewerkschaft (DAG) integriert werden konnte. Der Umbau der Gewerkschaftslandschaft konnte die Organisationskonflikte aber nicht befrieden. So konkurrierten IG Metall und ver.di in der IT- und Logistikbranche sowie ver.di und die GEW in den Erziehungsdiensten weiterhin um Macht und Einfluss.

Die meisten Gewerkschaftsehen waren keine Liebesheiraten. Für einige kleine Arbeitnehmerorganisationen ging es schlicht ums Überleben. Andere Zusammenschlüsse sollten die politische Kultur, die Werte und die Ziele der Organisation verändern. Eine solch strategisch angelegte transformatorische Fusion war die Gründung der Vereinten Dienstleistungsgewerkschaft (ver.di) im März 2001.[114] Erklärtes Ziel dieser größten Verschmelzung der deutschen Gewerkschaftsbewegung nach dem Zweiten Weltkrieg war die Schaffung eines »neuen Typs« gewerkschaftlicher Interessenvertretung (Kahmann 2010). Neue und wenig organisierte Branchen und Beschäftigtengruppen sollten erschlossen werden.

Durch die Megafusion entstand eine neue, überkomplexe heterogene Großorganisation (Matrix) mit 13 Fachbereichen und drei räumlich-politischen Ebenen, welche die stark ausdifferenzierte Arbeitswelt besser abbilden sollte. Die Matrixstruktur sollte aber auch ein konfliktfreies

---

113 Die Fusionswelle der 1990er-Jahre war auch gegen die Dachorganisation DGB gerichtet, die von den Einzelgewerkschaften als ineffizient wahrgenommen wurde.

114 Die Gründungsorganisationen von ver.di waren die ÖTV mit 1,5 Millionen Mitgliedern, die Deutsche Postgewerkschaft (DPG), die Gewerkschaft Handel, Banken und Versicherungen (HBV) und die deutsche Angestelltengewerkschaft (DAG) mit jeweils rund 450.000 Mitgliedern sowie die IG Medien mit 170.000 Mitgliedern.

Nebeneinander der unterschiedlichen Organisationskulturen der Gründungsgewerkschaften ermöglichen. Gemessen an der Mitgliederentwicklung, den Finanzen und dem politischen Einfluss konnten die selbst gesteckten Ziele der Fusion aber nur teilweise erreicht werden. Unterm Strich führte die Konzentration gewerkschaftlicher Ressourcen nicht zum Turnaround.

Deswegen reformierten die Gewerkschaften ihre neuen Großorganisationen. Sie wollten einen kosteneffizienteren Apparat und eine stärker professionalisierte Gewerkschaftsarbeit. Als erstes wurde das Dienstleistungsangebot – Rechtsschutz, Bildungsarbeit, Lohnsteuerberatung, etc. – verbessert. Die Gewerkschaft ver.di konzentrierte sich ab 2007 – Projekt Chance 2011 – systematisch auf die Mitgliederentwicklung. Diese wurde zum Dreh- und Angelpunkt der gewerkschaftlichen Aktivitäten (Kocsis 2013). Im Mittelpunkt stand nun der Organisationsgrad. Gleichzeitig wurden die Mitglieder stärker an den Entscheidungsprozessen der Organisation beteiligt. Unter dem Namen »Perspektive 2015 – ver.di wächst« wurde die 1000 Berufe Gewerkschaft ab 2011 weiterentwickelt. Kollektive Gewerkschaftsarbeit (Betriebs- und Tarifpolitik) und individuelle Gewerkschaftsarbeit (Rechtsberatung und individuelle Mitgliederbetreuung) wurden getrennt, um mehr Spielraum für die betriebliche und tarifpolitische Arbeit sowie Kampagnen zu schaffen. Das Organisationslernen wurde gefördert, indem erfolgreiche Gliederungen mit positiver Mitgliederentwicklung stärker in den Blick genommen wurden. Mit einer Professionalisierung der Rückholarbeit, Aktionswochen, Onlinemarketing und Straßenwerbung sollte die Mitgliederentwicklung verbessert werden. Im Jahr 2017 startete ver.di eine große Fachbereichsfusion. Die Zahl der Fachbereiche wird perspektivisch von 13 auf 4 verkleinert. Diese vorläufig letzte große Organisationsreform war eine Reaktion auf die Umwälzung der unterschiedlichen Branchen der ver.di-Organisationsbereiche. Schrumpfende kleine Fachbereiche sollen durch Zusammenlegung wieder handlungsfähig werden. Tarifkonkurrenzen und Abstimmungsbedarfe sollen minimiert und die Flächenpräsenz der Organisation verbessert werden.

Ab Mitte der 2000er-Jahre experimentierten IG Metall und ver.di mit neuen Strategien der gewerkschaftlichen Organisierung. Dabei wurde verstärkt auf Praktiken der angelsächsischen Gewerkschaften zurückgegriffen. Das sogenannte Organizing setzt auf Mitgliedermobilisierung, verändert die Arbeit der Basisorganisationen, schafft neue partizipative Strukturen und organisiert am Konflikt. Die direkte Mitgliederbeteiligung erfolgt unter anderem über Mitglieder- und Beschäftigtenbefragungen sowie eine stärkere Einbindung der Aktiven in die Vorbereitung und Durchführung von Tarifrunden und Arbeitskämpfen. In den Betrieben und Verwaltungen sollen aktive Gewerkschaftsstrukturen – Aktivenkreise, Vertrauensleute, Betriebs- und Personalräte – aufgebaut, reaktiviert und mobilisiert werden. Organizing ist keine Sozialtechnik, sondern emanzipatorisches, kollektives Handeln. Die Beschäftigten sollen ihre Rechte selbst in Anspruch nehmen und im Betrieb zu selbstbewussten Subjekten werden. Insofern handelt es sich bei Organizing um eine alte und bewährte Organisationsmethode der Arbeiterbewegung (Bruder/Dahm/Steinkopf/Tenbieg 2013).

Den Startschuss setzte ver.di 2004 mit einer Organizing-Kampagne beim Lebensmitteldiscounter Lidl. Anschließend wurden Organisierungsstrategien unter anderem im Bewachungsgewerbe, im Einzelhandel, im öffentlichen Nahverkehr, bei den Bodenverkehrsdiensten, in der Logistik, sowie in Krankenhäusern angewandt. Sie führten zu unterschiedlichen Ergebnissen. Die Organisationsprojekte wurden vielfach bundesweit finanziert, ihre Umsetzung blieb den Landesbezirken und Fachbereichen überlassen. Im größten Landesbezirk NRW wurde eine Erschließungswerkstatt eingerichtet, die mit den Landesbezirksfachbereichen größere Projekte plante und durchführte.

Die IG Metall konzentrierte sich zunächst auf die Windenergie und Leiharbeit. In einigen Fällen – Bewachungsgewerbe, Gebäudereinigung und Leiharbeit – konnten die zuständigen Gewerkschaften die entsprechenden Betriebe und Branchen organisieren und tariffähig machen. In anderen Fällen – Windenergie, Amazon – verharren die Gewerkschaften seit Jahren in einem ressourcenfressenden Stellungskrieg.

Darüber hinaus erprobte ver.di eine »bedingungsgebundene Tarifarbeit«, die große Schnittmengen mit den Organizing-Ansätzen hat. In schwach organisierten Betrieben und Unternehmen ohne Tarifvertrag knüpfte die 1000 Berufe-Gewerkschaft ihr tarifpolitisches Engagement an die Bedingung, dass sich im Vorfeld ein ausreichender Teil der Belegschaft organisier- und mobilisierbar zeigt. Organisiert wird auch hier am Konflikt. Hilfe zur Selbsthilfe ersetzt die traditionelle gewerkschaftliche Stellvertreterpolitik. Die bedingungsgebundene Tarifpolitik kam besonders in privaten Krankenhäusern erfolgreich zum Einsatz. Der Gesundheitsbereich hat die beste Mitgliederentwicklung der Multibranchengewerkschaft vorzuweisen.

Die neuen Strategien konnten zwar den Rückgang gewerkschaftlicher Organisationsmacht nicht stoppen, sie waren aber auch nicht wirkungslos. Die Mitgliederverluste haben sich ab 2008 deutlich verlangsamt. Während die DGB-Gewerkschaften zwischen 2001 und 2008 noch über ein Fünftel ihrer Mitglieder verloren, waren es zwischen 2008 und 2017 nur noch 4,3 Prozent (Dribbusch/Birke 2019). Die Gewerkschaft der Polizei (GdP) und die Lehrergewerkschaft (GEW) verzeichnen sogar Zuwächse. Die IG Metall konnte ihre Mitgliederzahlen nach 2010 ebenfalls leicht verbessern. Ver.di konnte hingegen den Negativtrend nicht durchbrechen. Bei den Erwerbstätigen verzeichnete jedoch auch die große Dienstleistungsgewerkschaft ein Mitglieder-Plus.

Die Partei der Arbeit schafft sich ab
Der Niedergang der Sozialdemokratie

Die Sozialdemokratie liegt auf der Intensivstation. So schlecht wie heute, ging es ihr noch nie. In den letzten 20 Jahren pulverisierte sich ihre Wählerschaft. Die SPD verlor seit 1998 mehr als 10 Millionen Wähler. Das rote Spitzenpersonal und die programmatischen Vorräte wurden weitgehend aufgezehrt. Böse Zungen behaupten, dass der SPD nun das Schicksal ihrer griechischen, holländischen oder französischen Schwesterparteien bevorsteht.

Der Rücktritt von Andrea Nahles im Juni 2019 war der elfte Führungswechsel im Willy-Brandt-Haus nach Gerhard Schröder. Einen solchen Umgang mit Spitzenpersonal toppt nur noch der HSV. Gebracht haben die vielen Personalrochaden nichts. Auch die ehemalige Juso-Vorsitzende, der zumindest zugutegehalten werden kann, dass sie die Partei inhaltlich erneuern wollte, scheiterte. Entscheidend waren dabei nicht individuelle politische Fehlentscheidungen, wie im Fall Maaßen, gewöhnungsbedürftige Gesangseinlagen, oder ein autoritärer Führungsstil, sondern handfeste strukturelle Probleme. Die Herausforderung, in der Regierung sozialdemokratisches Profil zu zeigen, war ohne wirtschafts- und sozialpolitisches Konzept, ohne gesellschaftliche Verankerung und ohne Mobilisierungsfähigkeit nicht zu bewältigen.

Die SPD hat in den letzten zwei Jahrzehnten ihre Seele verkauft. Sie ist heute nicht mehr die natürliche Anwältin der abhängig Beschäftigten und sozial Benachteiligten, geschweige denn der Gesamtbetriebsrat der Republik. Nicht einmal jeder Dritte traut der alten Partei der Arbeit in Gerechtigkeitsfragen noch etwas zu. Unternehmensberater sprechen in einem solchen Fall vom Verlust der Kernkompetenz oder des Markenkerns. Die überwiegende Mehrheit der Facharbeiter, einfachen Angestellten und Geringqualifizierten wählt nicht mehr rot. Die

CDU ist heute bei Arbeitern beliebter als die alte rote Arbeiterpartei und die braune AfD fährt auf der Überholspur.

Erschwerend hinzukommt, dass die SPD mit ihrer Umwelt- und Außenpolitik auch progressive bürgerliche Milieus verprellte. Die Zustimmung der Erben Wilhelm Liebknechts zu internationalen Kriegs- und Militäreinsätzen sowie ihr abwartendes Handeln in der Klimakrise führten dazu, dass Teile der linksliberalen Oberschicht und modernen Arbeitnehmermilieus zu den Grünen (Umweltpolitik) und zur Linkspartei (Außenpolitik) abwanderten.

Erblast Agenda 2010

Die schwere Krise der Sozialdemokratie wurzelt maßgeblich in der Arbeitsmarkt- und Sozialpolitik der Schröder-Regierung. Die Agenda 2010 war die deutsche Variante des dritten Weges der europäischen Sozialdemokratie.[115] Dieses ökonomisch-soziale Kernprojekt der rot-grünen Regierung brach mit der fortschrittlichen, emanzipatorischen, sprich reformistischen Tradition der SPD.[116]

Die politische Entwertung und Entgrenzung menschlicher Arbeit hinterließ tiefe Spuren im kollektiven Gedächtnis sozialdemokratischer Arbeitnehmermilieus. Die politische Förderung schlecht entlohnter und unsicherer Arbeit, Hartz IV und die Rentenkürzungen verletzten das Gerechtigkeitsempfinden vieler ehemaliger Stammwähler.

Oder mit den Worten des SZ-Journalisten Heribert Prantl: »Für viele alte SPD-Wähler und viele SPD-Sympathisanten war die Agenda 2010 eine Austrittserklärung der SPD aus ihrer eigenen Geschichte als Partei der kleinen Leute« (Heribert Prantl, SZ). Für den großen sozialdemokratischen Sozialpolitiker Ottmar Schreiner war die Agenda-Politik gleichbedeutend mit einer Entsozialdemokratisierung der SPD und damit eine politische Selbstentsorgung einer außer sich geratenen Partei (Schreiner 2008).

Die soziale Spaltung, welche die Agenda-Politik verursachte, wiegt schwer. Sie rechtfertigt sich auch nicht durch die vermeintlich positiven ökonomischen Wirkungen der sogenannten Arbeitsmarkt- und Sozialreformen. Schröders angebliches Jobwunder ist nichts anderes als

---

115 Das politische Manifest dieser Politik des dritten Weges war das so genannte Schröder-Blair-Papier.

116 Der Architekt der Agenda-Politik war der damalige Chef des Bundeskanzleramtes Frank Walter Steinmeier.

ein populäres neoliberales Märchen. Der vermeintliche Beschäftigungsboom der letzten 15 Jahre sprengte nie den Rahmen einer gewöhnlichen
Konjunkturerholung.[117] Die Jobrekorde waren primär darauf zurückzuführen, dass vorhandene Arbeit zu prekären Bedingungen umverteilt
wurde und das Ausland mehr deutsche Waren kaufte. Wenn Unternehmen Vollzeitstellen in Teilzeit- oder Minijobs umwandeln freuen sich
die Nürnberger Statistiker. Die Erwerbstätigkeit stieg von 39 (2005) auf
über 45 Millionen (2019). Das aktuelle Arbeitsvolumen – die Zahl der
bezahlten Arbeitsstunden – ist hingegen nicht rekordverdächtig. Von
Rostock bis München wird heute nur unwesentlich mehr gearbeitet als
vor 25 Jahren.

Zudem war der 2006 einsetzende Aufschwung ausschließlich dem
Ausland zu verdanken. US-Amerikaner und Chinesen kauften mehr
hochpreisige deutsche Autos und Maschinen. Mit den Hartz-Gesetzen
hatte dies wenig zu tun. Im Gegenteil: Aufgrund des hohen Lohndrucks,
der durch die sogenannten Arbeitsmarkt- und Sozialreformen verursacht wurde, kamen die heimischen Einkommen im Aufschwung nicht
vom Fleck. Die stagnierende Binnennachfrage schwächte die Konjunktur. Lediglich die stark wachsende Auslandsnachfrage konnte die deutsche Wirtschaft anschieben, während die Investitionen trotz steigender
Unternehmensgewinne zurückblieben. Zwischen Agenda-Politik und
Jobwachstum respektive sinkender Arbeitslosigkeit gab es einen zeit-
lichen, aber keinen kausalen Zusammenhang. Gleichzeitig sorgte die
Agenda-Politik für mehr soziale Ungleichheit. Die wachsende Kluft zwischen Arm und Reich war nicht allein der Globalisierung und Digitalisierung geschuldet, sondern wurde durch die nationale Arbeitsmarkt- und
Sozialpolitik sowie Steuerpolitik weiter vertieft.

Der Streit um die Agenda-Politik ist keine ideologische Spiegelfech-
terei. Die Vergangenheit einfach ruhen zu lassen funktioniert nicht,
da die Haltung zur Agenda-Politik – bewusst oder unbewusst – einen
wirtschaftstheoretischen und wirtschaftspolitischen Standpunkt aus-
drückt. Wer an das Jobwunder-Märchen glaubt, schluckt zentrale neoliberale und neoklassische Argumentations- und Deutungsmuster. Wer
befürchtet, dass ein verkrusteter Arbeitsmarkt oder hohe Steuern und
Sozialabgaben der Wirtschaft schaden, der kann sich nicht für eine um-

---

117 Die stärkeren Beschäftigungszuwächse der Aufschwünge der Nach-Agenda-
Zeit im Vergleich zu den Aufschwungsphasen der 1990er-Jahre waren ledig-
lich der längeren Dauer dieser Konjunkturzyklen, aber nicht den sogenannten
Arbeitsmarktreformen geschuldet.

fassende Re-Regulierung des Arbeitsmarktes und einen Ausbau des Sozialstaates begeistern.

Die Agenda-Politik provozierte die Abspaltung eines überwiegend gewerkschaftlich orientierten Teils der Partei. Im Jahr 2004 wurde die Wahlalternative Arbeit und Soziale Gerechtigkeit gegründet (WASG).[118] Prominentestes Mitglied der neuen linken Gruppierung wurde der ehemalige SPD-Parteivorsitzende Oskar Lafontaine. Nachdem die SPD im Mai 2005 die NRW-Landtagswahlen verlor und ein »dreckiges Dutzend« der SPD-Bundestagsfraktion und der Regierung das Leben schwer machte, stellte Kanzler Schröder im Parlament die Vertrauensfrage mit dem Ziel einer vorgezogenen Neuwahl.[119] Letztere beschleunigte die Zusammenarbeit zwischen WASG und PDS und verdammte sie zum Erfolg. Über ein Modell offener Listen schaffte das neue Linksbündnis schließlich den Sprung in den Bundestag.

Am Ende stand 2007 die Gründung der Partei »Die Linke«, eine Ironie der Geschichte. Denn Schröder hatte ungewollt das bewirkt, was unzählige westdeutsche Linkssozialisten und Kommunisten jahrzehntelang erfolglos versucht hatten: Links der Sozialdemokratie konnte sich eine neue politische Kraft dauerhaft etablieren. Die WASG, die später in der Linkspartei aufging, war nach den Grünen die zweite relevante Abspaltung von der Sozialdemokratie in den letzten 40 Jahren. Dies schwächte den gewerkschaftlich orientierten SPD-Parteiflügel so stark, dass er sich nicht mehr von diesem Schlag erholte. Der politische Irrweg der Agenda 2010 wurde anschließend nie wieder klar und eindeutig korrigiert. Kein SPD-Chef der Nach-Schröder-Ära war bereit, die Agenda-Politik wirklich abzuräumen, sich für die gemachten Fehler öffentlich zu entschuldigen und einen grundlegenden Kurswechsel einzuleiten. Als der SPD-ΩKanzlerkandidat und Parteivorsitzende Martin Schulz im Bundestagswahlkampf 2017 für einige Wochen den Eindruck vermittelte, er würde mit Schröders Politik brechen, zeigten die explodierenden Umfragewerte, welches Potenzial eine sozialdemo-

---

118 Die Gründung der WASG wurde maßgeblich von Gewerkschaftsfunktionären aus ver.di und der IG Metall vorangetrieben. Dazu gehörten u. a. Klaus Ernst, Werner Dreibus, Thomas Händel, Michael Schlecht und Ralf Krämer. Viele waren zum damaligen Zeitpunkt noch SPD-Mitglieder.

119 Zwölf Bundestagsabgeordnete um Ottmar Schreiner, Klaus Barthel, Fritz Schösser und Sigrid Skarpelis-Sperk opponierten gegen die Agenda Politik. Da Rot-Grün im Bundestag nur eine knappe Mehrheit hatte, konnte die Gruppe Einfluss ausüben. Die Parteizentrale bezeichnete die 12 Agenda-Kritiker despektierlich als »dreckiges Duzend«.

kratische Partei hierzulande noch hat, wenn sie sozialdemokratische
Politik macht. Doch Schulz hörte auf seine Berater und wurde nicht konkret. Vermutlich hätte er einen politischen Kurswechsel aber auch nicht
glaubwürdig vertreten können.[120] Damit wurde die historische Chance,
das Ruder herumzureißen, fahrlässig verspielt.

Weder die erfolgreiche sozialdemokratische Anti-Krisenpolitik
2008, noch die inhaltliche Neuaufstellung 2013, noch die soziale Handschrift der letzten großen Koalitionen – Mindestlohn, Rente mit 63,
Bekämpfung des Missbrauches von Leiharbeit und Werkverträgen,
etc. – konnten das durch die Agenda-Politik verlorene Vertrauen zurückgewinnen.[121] Kein Wunder! Zerstörtes Vertrauen aufzubauen braucht
Zeit, Geduld, Stetigkeit und unbedingte Verlässlichkeit.

Darüber hinaus wurden die Enkel und Urenkel Willy Brandts immer
wieder von ihrer eigenen Vergangenheit eingeholt. Da die Genossen seit
1998 bis auf eine kurze Auszeit (2009 bis 2013) regierten, haben sie viele
soziale Missstände, die sie heute anprangern, selbst zu verantworten.
Auch in ihrer kurzen Oppositionszeit konnten sie nicht vom neoliberalen Irrweg abweichen. Kennzeichnend dafür war die Euro-Rettungs-
politik. Bundestagsfraktion und Parteispitze trugen das schwarz-gelbe
Spardiktat gegenüber den europäischen Krisenländern zustimmend
mit.

Ein weiteres anschauliches Beispiel für das sozialdemokratische
Glaubwürdigkeitsproblem lieferte Sigmar Gabriel. Der damalige Umweltminister kritisierte bereits 2008 in seinem Buch »Links neu denken« die steigende Ungleichheit im Land und charakterisierte die
deutsche Gesellschaft als neofeudale Klassengesellschaft. Zu diesem
Zeitpunkt hatte die SPD das Land aber bereits acht Jahre lang regiert
(1998 bis 2005). Wenige Seiten später forderte Gabriel die eigenen Genossen sogar noch auf, doch endlich auf Schröders Agenda-Politik stolz
zu sein. Eine Politik, die maßgeblich zur Verschärfung der sozialen Spal-

---

120 Dass Martin Schulz ein bekennender Anhänger der Agenda-Politik war, ging
    in dem ganzen Schulz-Hype unter. Schulz saß seit 1999 im SPD-Parteivor-
    stand und hatte alle maßgebenden Entscheidungen zur rot-grünen Arbeits-
    markt- und Sozialpolitik mitgetragen. Dies spielte aber in der öffentlichen
    Berichterstattung keine Rolle.
121 Nach der dritten verlorenen Bundestagswahl in Serie, kam es 2013 zu einer in-
    haltlichen Neuaufstellung der Partei. Seitdem leistete sich die SPD politische
    Parallelwelten. Der Agenda-Diskurs stand von nun an in eklatantem Wider-
    spruch zu einem neu aufgelegten Gerechtigkeitsdiskurs. Die Parteiführung
    versuchte diesen Konflikt einfach weg zu moderieren. Ohne Erfolg.

tung beigetragen hatte. Fast zehn Jahre später plakatierte die SPD im Bundestagswahlkampf 2017 »Jetzt ist Zeit für mehr Gerechtigkeit«. Auch hier fragten sich viele Geringverdiener, Hartz IV-Empfänger und arme Rentnerinnen, warum die SPD nach 15 Jahren sozialdemokratischer Regierungsbeteiligung ausgerechnet jetzt die soziale Frage stellt. Die Hoffnung des Willy-Brandt-Hauses auf die kollektive Amnesie ehemaliger sozialdemokratischer Stammwähler erfüllte sich nicht. Die SPD erzielte mit 20,5 Prozent das schlechteste Ergebnis der bundesrepublikanischen Geschichte.

Tschüss Volkspartei

Die SPD entstand in den 1860er-Jahren als Partei der Arbeit. Ihre ideologischen und politischen Führer kamen wie Friedrich Engels, Karl Marx und Ferdinand Lassalle aus dem Bürgertum, oder waren wie August Bebel und Friedrich Ebert Handwerker. Ihre Mitgliedschaft und Wählerschaft stammte aus den unteren und mittleren Arbeitermilieus. Im Kaiserreich und der Weimarer Republik war die SPD die stärkste politische Kraft der Arbeiterbewegung, die mit zahlreichen Vereinen, Verbänden, Klubs und eigenen Medien die Lebenswelt der arbeitenden Bevölkerung prägte und durch sie geprägt wurde.[122] Arbeitersportvereine, Arbeitergesangsvereine, die Naturfreunde, Konsumgenossenschaften und Wohnungsbaugenossenschaften erleichterten den abhängig Beschäftigten den Alltag. Die Nazis zerstörten die wirtschaftlichen, politischen und kulturellen Strukturen der Arbeiterbewegung und somit auch die solidarischen Ressourcen der Arbeitermilieus.

Nach dem Zweiten Weltkrieg konnten diese Strukturen nur teilweise wiederaufgebaut werden. Dennoch war die SPD in den industriellen Zentren der Bonner Republik sehr gut verwurzelt. Auch nach dem Godesberger Abschied von der Arbeiterpartei waren Bochum, Duisburg, Dortmund, Hamburg, Mannheim, Hannover und Nürnberg rote Städte.[123] Dort hätten die Genossen bei Wahlen einen roten Besenstiel aufstellen können. Er wäre, aufgrund der fast schon blinden Loya-

---

122 Vor und nach der Revolution 1918 konnten sich USPD und KPD als weitere politische Interessenvertretungen der Arbeiter etablieren. Die Mitgliedschaft der USPD und KPD rekrutierte sich überwiegend aus ungelernten Arbeitern und Arbeitslosen.

123 Das Godesberger Programm von 1959 steht für die Transformation der SPD von der Arbeiterpartei zur linken Volkspartei. Der demokratische Sozialismus wurde nun nicht mehr allein aus der marxistischen Weltanschauung abgelei-

lität sozialdemokratischer Stammwähler, trotzdem gewählt worden. Die Stärke der Volkspartei SPD bestand zudem darin, zwischen unterschiedlichen Milieus zu vermitteln. In ihren Hochzeiten schmiedete die Sozialdemokratie ein stabiles Bündnis zwischen linksliberalem, aufgeklärtem Bürgertum und traditionellen Arbeitnehmermilieus.

In den 1970er-Jahren schrumpften die alten Industrien. Die alte Klassengesellschaft wurde vielfältiger und unübersichtlicher (siehe Kapitel »Klassengesellschaft im Umbruch«). Die mittleren Arbeitnehmermilieus profitierten von den sozialdemokratischen Bildungsreformen und fuhren mit dem Fahrstuhl eine Etage nach oben. Fortan wurde die SPD immer mehr von Angestellten, Beamten und Selbständigen gewählt und immer weniger von Arbeitern.

Dieser Trend verschärfte sich nach der Jahrtausendwende. Im Jahr 2016 war nur noch jeder sechste potenzielle SPD-Wähler ein Arbeiter. Um die Jahrtausendwende war es noch fast jeder Zweite (Brenke/Kritikos 2017). Dieser starke Wählerschwund lässt sich nur zum Teil mit dem wirtschaftlichen Strukturwandel erklären. Er ist überwiegend politisch verschuldet.

Auch die Sozialstruktur der SPD-Mitglieder veränderte sich. Die knapp 440.000 Genossen kommen heute kaum mehr aus den unteren und mittleren Arbeitnehmermilieus. Die Sozialdemokratie verwandelte sich in eine Partei der höheren Angestellten und Beamten. Zwei von fünf Genossen sind heute Angestellte des öffentlichen Dienstes oder Beamte. Lediglich 16 Prozent sind Arbeiter. Die Zahl der Selbständigen und Freiberufler ist mit 12 Prozent nur geringfügig kleiner. Frauen und junge Menschen sind weiterhin unterproportional vertreten.

Die Mitgliedschaft der Partei der Arbeit repräsentiert nicht die moderne Arbeitswelt. Die SPD konnte die neuen Beschäftigtengruppen – Frauen, Hochqualifizierte, prekäre und junge Arbeitnehmer – nicht für sich gewinnen. Hier teilt sie ihr Schicksal mit den Gewerkschaften. Darüber hinaus verlor die Sozialdemokratie aber auch noch ihre alte soziale Basis der Facharbeiter, einfachen Angestellten und Geringqualifizierten.

Die roten Ehrenamtlichen und Funktionäre rekrutierten sich aus den Aufsteigergruppen. Ihre Kerngruppe bestand aus Lehrern, Dezernenten und Referatsleitern. Kaum jemand aus der Parteielite entstammte noch der schrumpfenden Arbeiterschaft. Heute führt der klassische Lebens- und Arbeitsweg des sozialdemokratischen Mandatsträgers von

---

tet, sondern aus Humanismus, christlicher Ethik und klassischer Philosophie hergeleitet.

der Schulbank über den Hörsaal ins Abgeordnetenbüro und anschließend in den Bundestag oder ins Ministerium. Die Verbindung zur Lebenswelt der unteren und mittleren Arbeitnehmermilieus ist gekappt. Die Parteiführung kennt die Arbeitswelt nur noch aus Betriebsbesichtigungen und Betriebsrätekonferenzen. Das ist der zentrale Unterschied zu den Funktionären der alten SPD, die als gelernte Drucker, Metall- und Werftarbeiter, den Arbeitsalltag ihrer Stammwähler noch kannten (Walter 2018).

Die Autoren einer Analyse zur SPD-Wahlniederlage 2017 schrieben dazu:»Die Aufsteigerinnen und Profiteurinnen der sozialdemokratischen Reformpolitik von einst – und allen voran ihre Repräsentanten – sind kulturell längst Teil der gesellschaftlichen und politischen Oberschicht geworden. Die Lebensentwürfe ihrer Elite und Repräsentantinnen, ihre Sprache und Probleme, ihre Deutungsmuster und Erklärungen haben sich weit entfernt von denen, die sie vorgeben zu vertreten« (Faus et al. 2017).

Die traditionell engen Bindungen zwischen der Partei der Arbeit und der organisierten Arbeit haben sich gelockert. Die von Herbert Wehner 1973 als Klammer zwischen Partei, Betrieben und Gewerkschaften gegründete Arbeitsgemeinschaft für Arbeitnehmerfragen (AfA) wurde schon 1998 innerparteilich kaltgestellt. In den Folgejahren verlor sie an Einfluss in der Partei, in den Betrieben und Gewerkschaften.

Drei von fünf Genossen sind heute kein Gewerkschaftsmitglied.[124] Ein historischer Tiefpunkt. Gewerkschaftsmitglieder wählen auch nicht mehr automatisch SPD. Bei den letzten Bundestagswahlen votierten nur noch knapp 30 Prozent der Gewerkschafter für die SPD. Im Jahr 1998 waren es noch 56 Prozent. Früher saßen im SPD-Gewerkschaftsrat immer die Vorsitzenden des DGB und seiner Einzelgewerkschaften.[125] Das war nach der Jahrtausendwende nicht mehr möglich. Der langjährige Vorsitzende der zweitgrößten Gewerkschaft ver.di, Frank Bsirske, war ein Grüner, die Vorsitzenden der GEW, der NGG und der IG BAU waren parteilos.

Diese fortschreitende Entfremdung zwischen Parteiapparat, Mitgliedschaft, Arbeitnehmermilieu und organisierter Arbeitnehmer-

---

124 Damit ist der gewerkschaftliche Organisationsgrad der Genossen zwar deutlich höher als der der Gesamtbevölkerung, der Anspruch einer Partei der Arbeit müsste aber ein anderer sein.

125 Das Gremium des SPD-Gewerkschaftsrats wurde 1968 eingerichtet und sollte eine enge Abstimmung sozialdemokratischer und gewerkschaftlicher Politik sicherstellen. Der Rat trifft sich mehrmals jährlich. Mitglied sind alle Gewerkschaftsvorsitzenden mit SPD-Parteibuch.

schaft ging solange gut, solange die SPD noch eine klar erkennbare arbeitnehmerorientierte Politik verfolgte. Zwar fremdelten der Bergmann und Schlosser bereits damals schon mit den Rotwein trinkenden Lafontaines und Engholms dieser Republik, aber ihre zentralen politischen Botschaften wurden gern gehört. Mit der Agenda-Politik war es auch damit vorbei. Nun überwog das Trennende. In ihrer heutigen Verfassung kann die Sozialdemokratie diese Milieus nicht mehr repräsentieren. Dafür fehlt ihr die soziale und kulturelle Erfahrung sowie die politische Haltung.

Die gesellschaftliche Verankerung der Genossen ist dramatisch erodiert und in vielen Regionen überhaupt nicht mehr vorhanden. 90 Prozent der schrumpfenden Ortsvereine unterhalten keine regelmäßigen Beziehungen zu Gewerkschaften, Umwelt- und Sozialverbänden sowie Mietervereinen. Die wenigen sozialen und ökologischen Protestbewegungen der letzten zwei Jahrzehnte – Anti-TTIP, Mieterproteste, Vorratsdatenspeicherung, Fridays for Future, etc. – gingen allesamt an der SPD vorbei. Die Sozialdemokratie ist heute keine Anlaufstelle mehr für soziale Bewegungen, progressive Impulse und Zukunftshoffnungen der jungen Generation.

Entpolitisierung und Anomie

Die Partei Kautskys, Hilferdings und Brandts führt seit drei Jahrzehnten keine ernstzunehmenden gesellschaftspolitischen Debatten mehr.[126] Eine sozialdemokratische Erzählung existiert nicht mehr. Diese inhaltliche Leere erleichterte den Siegeszug neoliberalen Denkens. Folglich wundert es nicht, dass die SPD in den Debatten über Finanzmarktkrise, Ungleichheit, Klimawandel oder Frieden nicht mehr punkten konnte. Der letzte Sozialdemokrat, dessen Thesen öffentlich breit diskutiert wurden, war Thilo Sarrazin mit seinem rassistischen Pamphlet »Deutschland schafft sich ab«. Ein Armutszeugnis!

Die Entpolitisierung der SPD schreitet voran. In den 1990er-Jahren stellte die Partei, die aus Arbeiterbildungsvereinen entstanden ist, ihre allgemeine politische Bildungsarbeit weitgehend ein. Der Kollaps der realsozialistischen Staaten führte auch in der Sozialdemokratie zu einem Utopieverlust. Der demokratische Sozialismus wurde nicht gegen die

---

126 Karl Kautsky:sozialdemokratischer Theoretiker der Kaiserzeit und Weimarer Republik. Rudolf Hilferding: zweimal Finanzminister der Weimarer Republik und Autor des sozialdemokratischen Klassikers »Das Finanzkapital«.

untergegangene Karikatur des Sozialismus verteidigt und weiterentwickelt. Warum sollten die Genossen sich noch mit sozialistischer Theorie oder Kapitalismuskritik auseinandersetzen, wenn das Fernziel des demokratischen Sozialismus nicht mehr verfolgt wurde? Neumitglieder und angehende Funktionäre wurden mit politischer Ökonomie, Gesellschaftsanalyse, sozialdemokratischen Grundwerten und der eigenen Parteigeschichte nicht mehr belästigt. Das Denken in Machtkategorien und gesamtwirtschaftlichen Zusammenhängen ist unterentwickelt. Keynes, Marx, Bernstein und Hilferding sind weniger bekannt als Erhard und Lambsdorff.

Die Parteischule konzentrierte sich auf die praktischen Dinge. Eine eigene Kommunalakademie vermittelte künftigen Stadträten und Bürgermeistern Gesprächsführung, Argumentationstechniken und Zeitmanagement, während sich eine Führungsakademie um den richtigen Händedruck der roten High Potentials kümmerte. Diese Aus- und Weiterbildung ist natürlich sinnvoll. Aber was hilft das beste kommunalpolitische Handwerkszeug, wenn der rote Stadtrat mit der AfD stimmt oder die städtische Wohnungsgesellschaft verramscht, weil der politische Kompass fehlt?

Erschwerend hinzukommt, dass sich Parteiführung, Mittelbau und Parteibasis auseinandergelebt haben (Faus et al. 2017). Die Parteispitze hat in den letzten zwei Jahrzehnten immer wieder gegen die geschriebenen und ungeschriebenen Regeln innerparteilicher Demokratie verstoßen. Politische Kurswechsel, wie die Agenda 2010, die Kriegseinsätze im Ausland oder die so genannten Rentenreformen, waren nicht Ergebnis kontroverser interner Debatten. Vielmehr traf die Parteispitze einsame Entscheidungen, die ohne große Ankündigung durchgestellt wurden. Die Funktionäre hatten anschließend große Probleme, den neuen politischen Kurs in den Bezirken und Ortsvereinen zu vermitteln. Auf Veranstaltungen und an Infotischen bezogen die Genossen regelmäßig Prügel für eine Politik, die sie nicht zu verantworten hatten. Dadurch wuchsen Misstrauen, Unzufriedenheit, Ärger und Wut. Die Loyalität der Funktionäre gegenüber ihrer Parteiführung wurde brüchig. Der unsolidarische Umgang der Führungsspitze untereinander, verfestigte das Bild einer Parteiführung, die abgehoben und unfähig ist. Eine Partei, deren Funktionäre und Basis ihrer Spitze zutiefst misstrauen, ist aber nicht handlungsfähig.

(A)sozial und national
Der Aufstieg der neuen Rechten

Fremdenfeinde, Rassisten, Antisemiten und Feinde der Demokratie hat es in der Bonner und Berliner Republik schon immer gegeben. Seit Jahrzehnten gibt es eine rechtsradikale Subkultur mit eigener Musik, Kleidung, Büchern, Zeitungen, Zeitschriften und Internetforen.

Bereits lange bevor Pegida und AfD die politische Bühne betraten, war gruppenbezogene Menschenfeindlichkeit weit verbreitet. Ursächlich war die verschärfte soziale, kulturelle und politische Spaltung unserer Gesellschaft. Ein entfesselter Kapitalismus, soziale Desintegrationsprozesse und eine Entleerung der Demokratie ließen das Autoritäre wachsen (Heitmeyer 2018).

In den letzten Jahrzehnten wurden immer mehr Bereiche der Daseinsvorsorge ökonomisiert. Große Teile des Bildungs- und Gesundheitswesens und des Wohnungsmarktes wurden der Markt- und Profitlogik untergeordnet. Die Menschen wurden verstärkt nach ihrer Effizienz, ihren Nutzen und ihrer Verwertbarkeit bewertet. Der profitgetriebene Wandel der Arbeitswelt führte zu Unsicherheit, Abstiegsängsten und einem gefühlten und tatsächlichen Kontrollverlust. Die permanente Restrukturierung der Betriebe verunsicherte die Beschäftigten und setzte sie unter Druck (Sauer et al. 2018). Die Betriebe wurden aufgespalten und verlagert. Unternehmensbereiche und Standorte standen im Wettbewerb. Ständig wurden Kosten gesenkt und Leistungsanforderungen erhöht. Diese Standortlogik kann dazu führen, dass einzelne Beschäftigtengruppen Andere abwerten. Exklusive Solidarität ersetzt dann inklusive Solidarität.

Der ökologische Umbau der Industrie und die Digitalisierung der Arbeitswelt verschärften den Veränderungsdruck. Viele Arbeitnehmer füllten sich überfordert und abgehängt. Gewerkschaften und Betriebsräte konnten die Arbeits- und Belastungssituation der Beschäftigten kaum mehr verbessern. Folglich konnte die Unsicherheit im Betrieb häufig nicht mehr durch solidarisches Handeln überwunden werden. Ein Gefühl der Ohnmacht machte sich breit.

Gleichzeitig wurde die eigene Leistung nicht mehr anerkannt und schlecht entlohnt. Leiharbeiter bekommen weniger Geld für die gleiche Arbeit. Geringverdiener stecken im Niedriglohnsektor fest. Frauen können nicht mehr aus Teil- in Vollzeit zurückkehren. Ostdeutsche Beschäftigte bekommen weniger Lohn als ihre westdeutschen Kollegen. Darüber hinaus verstärkte das Hartz-IV-System und die Rückkehr der

Altersarmut die soziale Unsicherheit. Hinzu kommen steigende Mieten und eine marode örtliche Infrastruktur. Ganze ländliche und kleinstädtische Regionen – insbesondere in Ostdeutschland – sind heute sozial und kulturell abgehängt. Gleiches gilt für größere Städte im Ruhrgebiet.

Die ökonomischen und politischen Krisen der letzten zwei Jahrzehnte (Finanzmarktkrise, Terroranschläge, Bürgerkriege in Nordafrika und im Nahen Osten, Flüchtlingsbewegungen) haben viele Menschen zusätzlich verunsichert.

Während der Rheinische Kapitalismus sein Wohlstands-, Sicherheits- und Aufstiegsversprechen auflöst, füllen die Rechtspopulisten und Rechtsextremisten mit ihrem Sicherheits- und Ordnungsversprechen die Lücke. Die Neue Rechte besetzt die soziale Frage mit ethnopluralistisch-nationalistischen Deutungsmustern (Becker/Dörre/Reif-Spirek 2018). Der eigene bedrohte Status soll durch die Abwertung anderer Bevölkerungsgruppen gesichert werden. An die Stelle von Ausbeutung und Interessengegensatz setzte die Neue Rechte Sündenbock- und Verschwörungstheorien sowie die Idee der Volksgemeinschaft. Und das, obwohl eine Spaltung der Belegschaften nach Herkunft ihre Verhandlungsposition im Unternehmen empfindlich schwächt. Wenn die Gesellschaft zerfällt, erscheinen Nation und Volk als letzte Garantien.

Geistige Brandstifter wie Thilo Sarrazin oder Peter Sloterdijk machten fremden-, islamfeindliche und sozialdarwinistische Diskurse hoffähig. Führende Unionspolitiker vergifteten mit ihren verbalen Angriffen auf Flüchtlinge und Asylbewerber das gesellschaftliche Klima. Jeder fünfte Deutsche neigt heute ganz deutlich zu rechtspopulistischen Einstellungen. Bei zwei von fünf Deutschen lässt sich eine Tendenz dazu feststellen. Rund 20 Prozent der Bevölkerung sind antisemitisch, fremden- und muslimfeindlich. Über die Hälfte wertet asylsuchende Menschen ab. Diese Einstellungen haben sich verfestigt und sind inzwischen in der Mitte der Gesellschaft angekommen (Zick/Küpper/Berghan 2019), sodass Rechtsextreme und Rechtspopulisten ihren Protest heute breit auf die Straße tragen können. Im Oktober 2014 gründeten Lutz Bachmann und Andere die Gruppe »Patriotische Europäer gegen die Islamisierung des Abendlandes«, kurz Pegida. Fortan organisierten sie in der Dresdner Innenstadt selbsternannte Montagsdemonstrationen und hetzten dort gegen Muslime, Migranten und Flüchtlinge. Die so genannte Flüchtlingskrise wirkte für die rechtsradikale Protestbewegung als Katalysator. Die Teilnehmerzahlen an diesen Kundgebungen stiegen im Herbst 2015 auf 15.000 bis 20.000 Personen. In diesem fremdenfeindlichen Klima entstand eine Welle rechter Gewalt. Die Zahl der Angriffe und

Anschläge auf Flüchtlingsheime, jüdische Menschen und Kommunal-
politiker stieg.

Gleichzeitig fühlen sich immer weniger Menschen durch die traditionellen Parteien der Berliner Republik vertreten. Ihre Sorgen und Nöte
werden nicht hinreichend aufgegriffen. Drei von fünf Deutschen misstrauen der Demokratie. Über ein Drittel sieht sich von der Politik nicht
mehr vertreten und fühlt sich ohnmächtig. Diese Krise der politischen
Repräsentation können die Rechtsextremisten und Rechtspopulisten
für sich nutzen.

Seit Gründung der Bundesrepublik schafften es rechtsextreme Parteien immer wieder in die Parlamente. In den 1960er- und 1970er-
Jahren war es die NPD, in den 1980er- und 1990er-Jahren konnten die
sogenannten Republikaner, die DVU und die NPD in Kommunal- und
Landesparlamente einziehen. In den 2000er-Jahren war die sogenannte
Schill-Partei kurzzeitig in Hamburg erfolgreich. Für den Bundestag hatte
es aber jahrzehntelang nicht gereicht. Insofern stellt der Erfolg der AfD
bei den Bundestagswahlen 2017 eine historische Zäsur dar.

Die AfD und ihre Radikalisierung

Im Februar 2013 gründete der wirtschaftsliberale VWL-Professor Bernd
Lucke gemeinsam mit dem Publizisten und ehemaligen hessischen
CDU-Staatssekretär Alexander Gauland die sogenannte »Alternative
für Deutschland« (AfD). Ursprünglich handelte es sich um ein Partei-
projekt von nationalliberal und konservativ eingestellten Selbstständigen, Freiberuflern, höheren Angestellten und Beamten. Darunter viele
konservative Christdemokraten, die Merkels Modernisierungskurs –
Abschaffung der Wehrpflicht, Förderung der Frauenerwerbstätigkeit,
Ausbau der Frühkindeserziehung, Ausstieg aus der Atomenergie, Gleich-
stellung homosexueller Lebensgemeinschaften – verschreckt hatte.

Die neue eurokritische Partei wetterte zunächst gegen die EU-
Rettungspakete für Griechenland. Lucke, Gauland und Hans-Olaf
Henkel polemisierten, dass deutsches Steuergeld in Athen verbrannt
werde. Die Lucke-AfD war in wirtschafts-, arbeitsmarkt- und sozialpolitischen Fragen wirtschaftsliberal ausgerichtet. Mehr Markt, weniger Staat
war ihr Leitmotiv. Von der FDP unterschied sie ihre nationale Ausrichtung, die sich in ihrer Globalisierungs- und EU-Kritik niederschlug. Dieser Nationalliberalismus hat hierzulande eine große Tradition.

Sehr schnell wurde die AfD jedoch zum Sammelbecken für die organisierte rechtsradikale Szene. Diese setzte die Flüchtlingsfrage, den

Islam und die Bekämpfung der Kriminalität auf die politische Agenda der AfD. Das völkisch-nationalistische Lager formierte sich in der rechtsextremen »Patriotischen Plattform« und im so genannten »Flügel«.[127] Deren Protagonisten Björn Höcke, André Poggenburg und Hans-Thomas Tillschneider wurden zu Wortführern der ostdeutschen AfD-Landesverbände (Butterwegge 2018). Die Vordenker der Neuen Rechten in der AfD sind Götz Kubitschek mit seinem Institut für Staatspolitik (IfS) und Jürgen Elsässer, der Herausgeber des rechten Magazins Compact. Ebenfalls eng mit dem völkisch-nationalistischen AfD-Flügel verbunden sind die so genannte Identitären, junge völkische Rechtsextreme, die einen Apartheidstaat anstreben. Mithilfe von Pegida wurde aus der AfD eine rechtsradikale Bewegungspartei. Schließlich drängten die völkisch-nationalistischen Kräfte den wirtschaftsliberalen Gründungsvater Bernd Lucke und die Parteivorsitzende Frauke Petry aus der Partei. Heute ist die AfD eine rechtsextreme Partei, die sich aggressiv fremdenfeindlich ausrichtet, das Grundrecht auf Religionsfreiheit infrage stellt und eine ethnisch reine Republik anstrebt. (Funke/Mudra 2018). Die Rechtsradikalen greifen die parlamentarische Demokratie gezielt an. In Thüringen provozierte die AfD eine schwere politische Krise, indem sie einen FDP-Kandidaten kurzzeitig zum Ministerpräsidenten wählte. Der entschiedene Protest der Zivilgesellschaft machte jedoch der radikalen Rechten einen Strich durch die Rechnung.

Darüber hinaus versucht der rechtsextreme Flügel die nationale mit der sozialen Frage zu verbinden. Darunter verstehen Höcke, Kubitschek & Co eine Umverteilung des Volksvermögens zugunsten der deutschen Staatsbürger. Die AfD konnte jedoch keine widerspruchsfreie arbeitnehmerorientierte Politik ausformulieren. Die Forderungen der ostdeutschen AfD-Landesverbände nach einer armutsfesten Staatsbürgerrente und einem Ausbau des Sozialstaates kollidieren mit den finanz- und steuerpolitischen Positionen der AfD auf Bundesebene. So fordert die AfD eine Obergrenze für Steuern und Abgaben, einen Stufentarif in der Einkommenssteuer und die Abschaffung der Erbschaftssteuer. Dies sind Steuergeschenke für Reiche, welche die staatliche Einnahmebasis schwächen und somit den künftigen sozialpolitischen Spielraum einengen würden. Zukünftig wird die Neue Rechte verstärkt die sozialen Schieflagen der Umwelt- und Klimapolitik thematisieren.

---

127 Die Patriotische Plattform war ein Kampfverband zur Durchsetzung rechtsradikaler Positionen in der AfD (Funke/Mudra 2018). Der »Flügel« ist ein völkisch-nationalistisches Netzwerk.

Im Winter 2020 entschied das Bundesamt für Verfassungsschutz, die rechtsextremistische AfD-Strömung der »Flügel« künftig zu überwachen, da sie gegen die freiheitlich-demokratische Grundordnung vorgehe. Diese Entscheidung verschreckte die konservativ-bürgerlichen Kreise in den Reihen der AfD. Sie konterkarierte deren Strategie einer Normalisierung des Rechtspopulismus. So scheitert die angestrebte Verwandlung der AfD in eine Partei der bürgerlichen Mitte. Der AfD-Bundesvorstand kündigte anschließend aus partei- und wahltaktischen Motiven die Selbstauflösung des »Flügel« an. Seine rechtsradikalen Protagonisten bleiben aber in der AfD in Amt und Würden. Der AfD-Ehrenvorsitzende Gauland verortete den Flügel-Frontmann Björn Höcke noch kürzlich in der Mitte der Partei. Auch nach der vermeintlichen Auflösung seiner bekanntesten rechtsradikalen Strömung, die rund 40 Prozent der Mitgliedschaft repräsentiert, bleibt die AfD eine rechtsradikale Partei.

Wer wählt die AfD?

Im Mai 2014 konnte die AfD bei Europawahlen erstmals in ein Parlament einziehen. Es folgten Erfolge bei ostdeutschen und später auch westdeutschen Landtagswahlen. Im September 2017 schaffte die AfD den Sprung in den deutschen Bundestag. Damals erhielt sie fast 6 Millionen Stimmen. Jeder fünfte AfD-Wähler war ein ehemaliger Nichtwähler.

Die AfD wurde von Angehörigen aller sozialen Schichten, Klassen und Milieus gewählt. Arbeitslose, Hartz-IV-Empfänger, Tischler, Elektrotechniker, Malermeister, Ingenieure und Professoren machten ihr Kreuz bei Höcke, Meuthen und Gauland. Diese soziale Zusammensetzung der rechtsradikalen Wählerschaft ist historisch nicht ungewöhnlich. Auch die NSDAP war eine Volkspartei mit Mittelstandsbauch (Falter 2017).

Wähler aus prekären Verhältnissen stimmten besonders oft für die AfD. Der Wahlanteil der AfD lag dort, je nach Untersuchung, zwischen 30 und 40 Prozent. Bei der Bundestagswahl 2017 war die AfD in Wahlkreisen besonders erfolgreich, wo überdurchschnittlich viele einkommensschwache Menschen wohnten (Franz/Fratzscher/Kritikos 2018). In diesen Wahlkreisen hatte sich schon 2013 ein Großteil der Bevölkerung aus dem demokratischen Prozess zurückgezogen oder rechtsextrem gewählt (Richter/Bösch 2017). Zudem war die AfD die stärkste Partei bei den Arbeitslosen. Bei den Bundestagswahlen 2017 wählte jeder fünfte Erwerbslose die Rechtsextremisten.

Die überwiegende Mehrheit der AfD-Wähler war aber weder arbeitslos, noch arm oder bildungsfern. Sie wählten AfD aus sozialer Verunsicherung und Angst, nicht aber aufgrund ihrer wirtschaftlichen und sozialen Lage (Hilmer et al. 2017). Diese Angehörigen der mittleren Arbeitnehmermilieus machten häufig soziale Abstiegserfahrungen und haben Angst vor der Zukunft. Sie fühlen sich vor künftigen Schicksalsschlägen nicht ausreichend geschützt und haben das Gefühl, ihre Zukunft nicht mehr kontrollieren und gestalten zu können. Folglich ist die AfD in vielen Wahlkreisen erfolgreich, die vom Strukturwandel betroffen sind. Dies sind Regionen mit einem starken verarbeitenden Gewerbe und Handwerk.

Die AfD wurde überproportional von Arbeitnehmern gewählt. Bei den Bundestagswahlen 2017 wählte jeder fünfte Arbeiter die AfD. Im Osten der Republik hat die AfD die Linke als Arbeiterpartei abgelöst. Im Westen liegt die AfD in der Wählergunst der Arbeiter hinter den Unionsparteien an zweiter Stelle. Selbst Gewerkschafter wählten überdurchschnittlich stark AfD.[128] Rund 15 Prozent der Gewerkschaftsmitglieder gaben den Rechtsextremisten ihre Stimme. Hierbei handelt es sich überwiegend um abhängig Beschäftigte aus Industrie- und Handwerksbetrieben. Diese Erkenntnis ist nicht neu. Bereits vor 15 Jahren kam eine Studie zu dem Ergebnis, dass gewerkschaftlich organisierte Facharbeiter und qualifizierte Angestellte besonders anfällig für rechtsextremistische Einstellungen sind (Zeuner et al. 2007). Entscheidend war auch damals nicht der eigene soziale Status, sondern eine starke Unzufriedenheit mit den wirtschaftlichen, sozialen und politischen Verhältnissen und die Angst zukünftig sozial abzusteigen.

Die Rechtspopulisten und Rechtsextremisten erhalten aber auch starken Zuspruch aus der höheren Mittel- und Oberschicht. Hier greift der Erklärungsansatz der sozialen Spaltung und Unsicherheit nicht. Stattdessen geht es um kulturelle Fragen. Die Errungenschaften gesellschaftlicher Modernisierung, wie die Gleichberechtigung von Frauen und Homosexuellen oder die Integration von Menschen unterschiedlicher Herkunft, werden genauso abgelehnt wie Merkels Flüchtlingspolitik.

Einige Unternehmer und Vermögende wählten nicht nur die AfD, sondern organisierten auch die Anschubfinanzierung des rechtspopulistischen Start-Ups. Die AfD erhielt nennenswerte Parteispenden von

---

128 Das liegt auch am hohen Arbeiter- und Männeranteil unter den Gewerkschaftsmitgliedern.

klein- und mittelständischen Unternehmern. Zu den prominentesten
Finanziers gehörten der Reeder Folkard Edler und der Milliardär August
von Finck. Die AfD kassierte 2016 Parteispenden in Höhe von rund
6 Millionen Euro. Die meisten Geldgeber wollen ihre Namen aber nicht
in der Zeitung lesen (Amann 2018). Deswegen fließen die Spenden häufig über Stiftungen. Zu diesem Zweck wurde der »Verein zur Erhaltung
der Rechtsstaatlichkeit und bürgerlichen Freiheiten« gegründet. Dieser
Verein finanzierte zahlreiche AfD-Landtagswahlkämpfe. Diese Praxis
verdeckter Parteienfinanzierung macht die rechtspopulistische Kritik
an der vermeidlich intransparenten Finanzierung der etablierten Parteien nicht glaubwürdiger. Aufgrund ihrer jüngsten Wahlerfolge wird
die AfD zukünftig geradezu im Geld schwimmen. Der parlamentarische
Arm des Rechtsextremismus erhält in der laufenden Legislaturperi-
ode aus der staatlichen Parteienfinanzierung geschätzte 400 Millionen Euro.

Grün ist Trumpf!
Erfolgreiche Umweltbewegung

Der Himmel über dem Ruhrgebiet muss wieder blau werden, forderte Willy Brandt im Bundestagswahlkampf 1961. Hochöfen, Stahlkonverter und Kokereien verpesteten die Luft und die ungefilterten Industriegase verursachten Leukämie, Rachitis und Lungenkrebs. Die Bäume starben, Böden und Gewässer versauerten. In den 1970er-Jahren verbesserte die sozialliberale Brandt-Regierung durch Gesetzesvorschriften und technische Maßnahmen die Luftqualität über der Ruhr. Dies war die größte umweltpolitische Initiative der Bonner Republik und das damals eingeführte Vorsorge- und Verursacherprinzip gilt noch heute. Dieser Umweltpolitik von oben folgte schon bald eine Umweltpolitik von unten. Die neue Umweltbewegung entstand vor rund 50 Jahren.[129] Ihre Wurzeln liegen in der Studentenbewegung 1968 und in den neuen sozialen Bewegungen. Seitdem wuchs die Zahl ihrer Aktivisten, Unterstützer und Anhänger. Die Umweltverbände haben deutlich mehr Mitglieder als die politischen Parteien. In den 1970er-Jahren wurden der Bund für Umwelt und Naturschutz Deutschland (BUND), Greenpeace und der Bundesverband Bürgerinitiativen Umweltschutz (BBU) gegründet. Der Naturschutzbund Deutschland (NABU) und die Naturfreunde können hingegen auf eine 120jährige Geschichte zurückblicken. In der ehemaligen DDR existierten in den 1980er-Jahren über 60 Umweltgruppen. Im Jahr 1990 wurde in Ostdeutschland das Netzwerk ökologischer Bewegungen, die Grüne Liga, gegründet. Zur Umweltbewegung im weiteren Sinne gehört aber auch die Partei Bündnis90/Die Grünen.

Die moderne Umweltbewegung setzte die ökologische Frage erfolgreich auf die politische Tagesordnung. Umweltfragen spielen heute in der öffentlichen Debatte eine zentrale Rolle, denn Umweltschutz und

---

129 Die Umweltbewegung ist ein Netz nichtstaatlicher Gruppen und Organisationen, welche versuchen die fortschreitende Zerstörung der natürlichen Lebensgrundlagen aufzuhalten. Zu diesem Zweck versucht die Umweltbewegung auf Gesellschaft und Politik Einfluss zu nehmen (Rucht 1996).

Umweltbewegung sind gesellschaftlich hoch anerkannt. Die Einstellungen und Verhaltensweisen breiter Bevölkerungsschichten haben sich verändert. In den letzten Jahrzehnten entstand ein ökologisches Bewusstsein. Die nationale und internationale Politik hat darauf reagiert und den Umweltschutz institutionalisiert. Umweltpolitik ist inzwischen in Form von Umweltministerien, Fachbehörden, Umweltbeiräten, Umwelterziehung sowie zahlreichen Umweltgesetzen und Umweltverordnungen fest verankert (Rucht 1996). Der Raubbau an der Natur konnte gelindert, wenn auch nicht gestoppt werden (siehe Kapitel »Die ökologische Krise«).

Atom- und Kohleausstieg

In den 1970er-Jahren gründeten sich aus Protest gegen den Bau und Betrieb von Atomkraftwerken zahllose Bürgerinitiativen. In Whyl, Brokdorf, Grohnde, Kalkar und Gorleben demonstrierten zehntausende Menschen gegen die Nutzung der Kernenergie. Der Bürgerprotest, der zwischenzeitlich bürgerkriegsähnliche Formen annahm, zeigte Wirkung. Das Atomkraftwerk Whyl wurde nie gebaut. Die geplanten Wiederaufbereitungsanlagen Gorleben und Wackersdorf konnten durch jahrelange Massenproteste verhindert werden. Im Wendland verwandelte sich die Anti-AKW-Bewegung in eine bundesweit beachtete Umweltbewegung. Zusätzlichen Auftrieb erhielten die Atomkraftgegner durch die Friedensbewegung, die gegen die atomare Aufrüstung mobilisierte. Die Reaktorkatastrophe von Tschernobyl – im April 1986 – führte dazu, dass die Kerntechnik nun von einer breiten Bevölkerungsmehrheit abgelehnt wurde.

Der Ausstieg aus der Kernenergie erfolgte aber erst 25 Jahre später. Der Regierungswechsel 1998 von Schwarz-Gelb zu Rot-Grün machte den Weg frei. Die Schröder-Regierung schloss 2002 mit den Energieversorgern den sogenannten Atomkonsens. Dieser legte die Strommengen so fest, dass das letzte AKW 18 Jahre später vom Netz gehen sollte. Eine konservativ-liberale Koalition beschloss aber anschließend den Ausstieg vom Ausstieg. Angela Merkel verlängerte 2010 die Laufzeiten der AKWs. Nach der Nuklearkatastrophe von Fukushima vollzog die Merkel Regierung aber erneut eine Kehrtwende. Im Frühjahr 2011 nahm sie die Laufzeitverlängerung wieder zurück. Somit wird im Jahr 2022 das letzte Atomkraftwerk abgeschaltet. Das Ende der deutschen Atomenergie ist Ergebnis eines fast 50-jährigen Kampfes der Umweltbewegung. Dies war ein wichtiger Schritt auf dem Weg zur Energiewende.

Nach dem Atomausstieg konzentrierte sich die Umweltbewegung wieder verstärkt auf den Kampf gegen die Kohle. In den 2000er-Jahren wuchs der Widerstand gegen den Bau neuer Kohlekraftwerke und den Betrieb des Braunkohletagebau. In Ensdorf, Datteln, Moorburg, Garzweiler und in der Lausitz konnte die Anti-Kohlekraft-Bewegung erfolgreich mobilisieren. Im Hambacher Forst kam es 2018 zu heftigen Auseinandersetzungen zwischen Umweltaktivisten und der Polizei. Das Waldstück sollte abgeholzt werden, um künftig mehr Kohle aus dem Rheinischen Braunkohlerevier zu fördern. Nach einer Klage des BUND untersagte aber das OVG Münster die Rodung des Waldes. Anschließend verkündete der Energieversorger RWE ein vorübergehendes Rodungsmoratorium. Im Januar 2019 empfahl eine von der Bundesregierung eingesetzte Kohlekommission – zusammengesetzt aus Umweltverbänden, Gewerkschaften, Industrie, Wissenschaft und Politik – den Kohleausstieg bis 2038.

Die Umweltbewegung möchte den Atom- und Kohlestrom durch Wind- und Sonnenenergie ersetzen. Dafür müssen die regenerativen Energien kräftig ausgebaut werden. Die rot-grüne Bundesregierung förderte mit dem Erneuerbare Energien Gesetz (EEG) erfolgreich die Solar- und Windenergie. Dabei wurden Energiegenossenschaften zu einem wichtigen Akteur einer dezentralen Energiewende von Unten. Über 180.000 Menschen engagieren sich heute in rund 900 genossenschaftlichen Erneuerbare-Energien-Projekten. Ihre Zahl hat sich seit der Jahrtausendwende mehr als verzehnfacht.[130]

Waldsterben, Chemie, Ozonloch und Gentechnik

Anfang der 1980er-Jahre bekam die Umweltbewegung einen erneuten Schub durch eine breite öffentliche Debatte über das Waldsterben. Die Regierung handelte und zwang die Kraftwerksbetreiber zum Einbau von Entschwefelungsanlagen. Zudem mussten die Autobauer ihre Fahrzeuge mit Katalysatoren ausstatten.

Schon früh skandalisierte die Umweltbewegung die Gesundheitsrisiken der Chemieindustrie. Diese Kritik fiel in einer Zeit wachsenden Gesundheitsbewusstseins auf fruchtbaren Boden. Im italienischen

---

130 Seit 2017 geht die Zahl der Genossenschaftsgründungen deutlich zurück. Ursächlich ist der Wechsel der Förderung auf Ausschreibungsmodelle und die damit verschlechterten Handlungsbedingungen für Bürgerenergieunternehmen.

Seveso ereignete sich 1976 eine Chemiekatastrophe, wobei eine unbekannte Menge hochgiftigen Dioxins freigesetzt wurde. Anfang der 1980er-Jahre wurden auf deutschen Müllhalden Dioxinfässer gefunden. So entstand eine Protestbewegung gegen Giftmüllverbrennung. Umweltaktivisten besetzten den Schornstein des Chemieherstellers Boehringer und machten bundesweit auf die Gefahren des Umweltgiftes aufmerksam. Anschließend verschärfte die Bonner Regierung die Auflagen. Ein weiteres Umweltgift, das großes öffentliches Aufsehen erregte, war Asbest. Viele Beschäftigte kamen mit diesem krebserregenden Stoff am Arbeitsplatz in Berührung. Deswegen organisierten Gewerkschaften und Umweltbewegung in den 1980er-Jahren eine Anti-Asbest-Kampagne, doch erst Anfang der 1990er-Jahre wurde die Herstellung und Anwendung von Asbest gesetzlich verboten.

Der erste große internationale Erfolg der Umweltbewegung war das weltweite Verbot des Treibgases FCKW in Spraydosen, Kühlschränken und Klimaanlagen. Vorausgegangen war die Entdeckung eines Ozonloches über der Antarktis. Nach großem öffentlichen Druck beschlossen die Industrieländer auf einer Konferenz in Montreal, die für die Ozonschicht schädlichen Aerosole durch alternative Substanzen zu ersetzen.

Ein weiterer Schwerpunkt der Umweltbewegung war und ist die kritische Auseinandersetzung mit der Gentechnik. Umweltverbände und Umweltaktivisten haben die Bevölkerung immer wieder auf die Risiken der Gentechnik aufmerksam gemacht. In der EU konnten der Anbau und die Freisetzung gentechnisch veränderter Pflanzen weitgehend verhindert werden.

Ökologische Landwirtschaft

In den letzten Jahren mobilisierte die Umweltbewegung erfolgreich gegen die Massentierhaltung und Lebensmittelproduktion der Agrarfabriken. Unzählige Lebensmittelskandale – BSE, Gammel-Fleisch, Gammel-Eier, Anabolika im Putenfleisch, Listerien im Reibekäse, Salmonellen im Camembert und Schweinefleisch, etc. – haben die Verbraucher aufgeschreckt.

Die Umweltaktivisten streiten schon lange für den ökologischen Landbau als Alternative zur industriellen Landwirtschaft. In der Ökolandwirtschaft verbanden sich die Traditionen des biologisch-dynamischen Landbaus mit den Landkommunen der 1970er-Jahre (Uekötter 2015). Der ökologische Landbau setzt auf eine artgerechte Tierhaltung, verwendet keine Pflanzenschutzmittel und erhält die Bodenfruchtbarkeit. Zudem versuchen Ökobetriebe einen möglichst geschlossenen betrieblichen Nährstoffkreislauf zu erreichen. Darüber hinaus reduzieren ökologische Landbaumethoden die Klimaemissionen und schützen Boden und Gewässer. Seit der Jahrtausendwende hat sich die Zahl der Ökobetriebe verdreifacht. Republikweit gibt es inzwischen fast 30.000 Ökobauern. Dies entspricht 11 Prozent aller landwirtschaftlichen Betriebe und rund 8 Prozent der landwirtschaftlichen Nutzfläche. Nach den Plänen der Bundesregierung sollen bis 2030 rund ein Fünftel der landwirtschaftlichen Nutzfläche durch Ökobetriebe bewirtschaftet werden.

Der deutsche Absatzmarkt für Biolebensmittel wuchs mit großer Geschwindigkeit. Kooperativen und Naturkostläden waren die ersten Vertriebskanäle, später kamen die Biosupermärkte hinzu. Heute umfasst der Umsatz mit Bioprodukten fast 11 Milliarden Euro. Eine Verdoppelung innerhalb der letzten zehn Jahre.

Die Grünen

Anfang der 1980er-Jahre wurden die Grünen als parlamentarischer Arm der Umwelt- und Friedensbewegung gegründet. In der Gründungsphase war noch unklar, ob aus den Grünen ein linkes Emanzipations- oder ein konservatives Milieuprojekt werden wird (Vollmer/Volmer 2018).

Die Ökopartei rekrutierte sich aus den neuen sozialen Bewegungen, der außerparlamentarischen Linken, den K-Gruppen und enttäuschten linken Sozialdemokraten, aber auch aus wertkonservativen Umweltschützern. Dabei bildete der Primat der Ökologie den kleinsten gemeinsamen Nenner. »Weder rechts noch links, sondern vorn«, lautete das damalige Parteimotto. In harten innerparteilichen Auseinandersetzungen setzten sich schließlich die linken Kräfte durch. Von nun an stritten die Grünen für einen ökologisch-solidarischen Gesellschaftsvertrag und ein Bündnis aus ökologisch orientierten Mittelschichten und benachteiligten Unterschichten (Volmer 2018). Ökologisch, sozial, basisdemokratisch und gewaltfrei waren die neuen Grundwerte.

Das neue sozial-ökologische Bündnis war sehr schnell bei Kommunal- und Landtagswahlen erfolgreich. Bereits 1983 zog die neue Partei in den Bundestag ein. Die Grünen profitierten damals von einer starken Friedensbewegung, dem Flick-Parteispendenskandal, einer rechten SPD und einem wachsenden Umweltbewusstsein (Markovits/Gorski 1997). In Hamburg und Hessen begannen die Grünen erstmals mit der SPD zusammenzuarbeiten. In einer Koalition unter dem Sozialdemokraten

Holger Börner übernahmen sie sogar Regierungsämter. Joschka Fischer wurde der erste grüne Umweltminister. Damit war der grüne Weg durch die Institutionen erfolgreich abgeschlossen. Die Ökopartei war nun ein fester Bestandteil des politischen Establishments.

Es ging jedoch nicht nur bergauf. Mitte der 1980er-Jahre stürzten die Grünen in eine Krise. Die innerparteilichen Flügelkämpfe zwischen systemoppositionellen Fundis und reformpolitischen Realos eskalierten. Die Folge waren schmerzhafte Niederlagen bei wichtigen Landtagswahlen und kurz nach der Deutschen Einheit flogen die westdeutschen Grünen sogar aus dem Bundestag. »Alle reden von Deutschland, wir reden vom Wetter«, lautete ein grüner Wahlkampfslogan.[131] Der überwiegenden Mehrheit der Deutschen waren aber die Folgen der Deutschen Einheit für ihren Geldbeutel und Arbeitsplatz wichtiger. Spätestens nach dem Neumünster Parteitag 1991 beendete der Austritt führender Fundis, wie Rainer Trampert, Thomas Ebermann und Jutta Ditfurth, den heftigen innerparteilichen Dauerstreit.

Die westdeutschen Grünen fusionierten 1993 mit dem ostdeutschen Bündnis90. In der zweiten Hälfte der 1990er-Jahre kam das Comeback der Ökopartei. Nach den Bundestagswahlen 1998 koalierte Bündnis90/Die Grünen mit der SPD und regierte sieben Jahre lang das Land.

In dieser Zeit verwandelte sich die sozial-ökologische in eine ökologische Bürgerrechtspartei (Volmer 2018). Die großen grünen Projekte der Schröder-Regierung waren der Atomausstieg, die Ökosteuer und die doppelte Staatsbürgerschaft. Die soziale Frage spielte nur eine untergeordnete Rolle. Das solidarische Bündnis von Mitte und Unten wurde aufgegeben zugunsten einer Politik für das grüne Bildungsbürgertum. Unmittelbar nach Regierungsantritt kritisierte der grüne Vize-Kanzler Joschka Fischer, die durch Oskar Lafontaine angestoßene Rücknahme sozialer Kürzungen der Kohl-Regierung (Lockerung Kündigungsschutz, demographischer Faktor) als wirtschaftsfeindlich (Fischer 2007). Später unterstützten Fischer, Trittin & Co Schröders unsoziale Agenda-Politik. Darüber hinaus sahen die Grünen tatenlos zu, wie der Ausbau der Solar- und Windindustrie einher ging mit tarifloser und mitbestimmungsfreier Beschäftigung. Das sollte sich später bitter rächen. Ohne Betriebsräte und Gewerkschaften gab es kein starkes gesellschaftliches Bündnis gegen Niedergang der ostdeutschen Solarindustrie. Im Gegensatz zur Kohleindustrie starb die heimische Solarindustrie einen leisen Tod.

---

131 Ein verfremdeter Remake des berühmten Sponti-Spruches.

Die Ökopartei war um die Jahrtausendwende eine Partei der bürgerlichen Oberschicht. Fast die Hälfte der grünen Parteimitglieder arbeitete im öffentlichen Dienst. Lediglich 7 Prozent kamen aus den Arbeitermilieus (Klein/Falter 2003). Folglich war es nicht verwunderlich, dass der innerparteiliche Protest gegen die arbeitnehmerfeindliche Arbeitsmarkt- und Sozialpolitik sehr schwach ausfiel. Die Agenda-Politik kostete der Ökopartei kaum Stimmen, da ihre gut situierten Wähler von den Hartz-Gesetzen kaum betroffen waren. Bündnis90/Die Grünen wurde zu 80 Prozent von Angestellten, Beamten und Selbstständigen gewählt. Potenzielle grüne Wähler hatten damals schon das zweithöchste durchschnittliche Haushaltseinkommen, direkt nach der FDP. Zur Wahrheit gehört aber auch, dass der linke Flügel der Grünen in der innerparteilichen Auseinandersetzung um die Agenda-Politik von den Gewerkschaften kaum unterstützt wurde. Letztere konzentrierten ihre Bemühungen um Kurskorrektur auf ihren privilegierten Partner, die Sozialdemokratie.

Doch damit nicht genug. Die antikapitalistische Kritik an der Ausbeutung von Mensch und Natur ersetzte Bündnis90/Die Grünen durch ein Plädoyer für Umwelttechnik und Konsumentensouveränität. Nun sollte der Markt grün angestrichen werden. Die staatlich geförderte Energiewende ging hingegen auf den Sozialdemokraten Hermann Scheer zurück. Gleichzeitig wurde im Kosovokrieg der Pazifismus für sogenannte humanitäre militärische Interventionen, sprich ausländische Militäreinsätze geopfert. Letztere waren fortan Teil einer menschenrechtsgestützten Außenpolitik.

Trotz alledem erlebt die ökologische Bürgerrechtspartei seit der Bundestagwahl 2017 einen Höhenflug. Fukushima, die Folgen des Klimawandels, Dieselgate und zahlreiche Lebensmittelskandale verhalfen ihr zu spektakulären Erfolgen bei Landtagswahlen. Zudem konnte sich die grüne Bürgerrechtspartei im gesellschaftlichen Konflikt mit der AfD als glaubwürdige antirassistische Gegenkraft positionieren.

Des Weiteren richteten die neuen Parteivorsitzenden Annalena Baerbock und Robert Habeck ihre Partei in arbeitsmarkt- und sozialpolitischen Fragen strategisch neu aus. Beim Mindestlohn, der Tarifbindung und in der Mitbestimmung übernahm die Ökopartei gewerkschaftliche Positionen. Ferner schuf die grüne Bundestagsfraktion einen Gewerkschafts- und Sozialbeirat, um den Dialog mit den Arbeitnehmerorganisationen zu verstetigen. Ökologie, Sozialstaatlichkeit und Arbeitnehmerrechte werden nun zusammengedacht. Bündnis90/Die Grünen legen sich aber machtpolitisch nicht mehr auf ein rot-grünes

Projekt fest. Sie halten sich alle Koalitionsoptionen offen. In den Bundesländern regieren sie mit SPD, CDU, FDP und Linken. Diese bündnispolitische Offenheit maximiert kurzfristig ihre Stimmenzahl, geht allerdings mittelfristig zu Lasten der Glaubwürdigkeit ihrer umwelt-, sozial- und arbeitsmarktpolitischen Forderungen.

Erneuerung jetzt!
Der Weg aus der Krise

Neue Arbeitskämpfe und Proteste

Die betrieblichen Auseinandersetzungen und Arbeitskämpfe haben zugenommen. In den letzten Jahren stiegen das Engagement und die Bereitschaft von Arbeitnehmern sich zu organisieren. Noch nicht überall, aber regional spür- und sichtbar.

Ein zentrales Motiv sind Ungerechtigkeitserfahrungen der abhängig Beschäftigten mit Lohn, Arbeitszeiten und autoritärer Personalführung. Viele Beschäftigte nahmen Niedriglöhne, schlechte Arbeitsbedingungen und die fehlende Anerkennung ihrer Arbeit nicht mehr tatenlos hin. Die Spaltung der Belegschaften in Stammbeschäftigte, Leiharbeiter und Werkvertragsbeschäftigte nährte die Unzufriedenheit im Betrieb.

Gleichzeitig stieg die strukturelle Macht der Beschäftigten, da die Arbeitslosigkeit schrumpfte, der demographische Wandel die Belegschaften verschlankte und in einzelnen Branchen die Fachkräfte knapp wurden. Einige Arbeitnehmergruppen wurden mutiger und waren bereit für ihre Ansprüche zu kämpfen. Eine zersplitterte Tariflandschaft und ein mit harten Bandagen agierendes Management boten zusätzliches Konfliktpotenzial. Folglich mehrten sich die Auseinandersetzungen.

In Deutschland wurde wieder mehr gestreikt. Seit 2006 nahmen die Arbeitskämpfe zu und erreichten 2015 einen vorläufigen Höhepunkt. Die Zahl der Streikbeteiligten schwankte von 2006 bis 2018 zwischen 120.000 und 1,6 Millionen. Der Jahresdurchschnitt lag bei 750.000 Streikenden. Die jährlichen Ausfallstage beliefen sich im gleichen Zeitraum auf zwischen 173.000 und 2 Millionen, im Schnitt auf 700.000 pro Jahr. Die Mehrheit der Streiks findet um Haus- und Firmentarifverträge statt. Während die Arbeitsniederlegungen in der Regel zeitlich eng befristet sind, können sich einzelne Arbeitskämpfe auch über Monate oder in extremen Fällen, wie bei Amazon, sogar über Jahre hinziehen.

Einige Journalisten riefen bereits die Streikrepublik Deutschland aus. Dies erscheint jedoch im internationalen Vergleich übertrieben. Bemerkenswert ist, dass selbst unter Medienvertretern höchst umstrittene Streiks, wie beispielsweise die der Lokführer 2007 sowie 2014/2015, auf relativ großes Verständnis in der Bevölkerung stießen. Gleiches gilt für die vielen Arbeitskämpfe im Bereich der Daseinsvorsorge, wie beispielsweise in den Kitas oder in der Pflege einzelner Krankenhäuser. Auch die gegen Niedriglöhne gerichteten Streiks bei Fluggastkontrollen in NRW und Hamburg 2014 oder in Frankfurt 2015, trafen, trotz der Einschränkungen für die Fluggäste, auf keine aggressive Ablehnung. Die ausbeuterische gering entlohnte Beschäftigung ist unpopulär. Dies zeigte sich bereits in der breiten öffentlichen Unterstützung der Mindestlohnkampagne von NGG und ver.di.

Abbildung 7
Streikende und Ausfalltage 2006 bis 2018 (in 1.000)

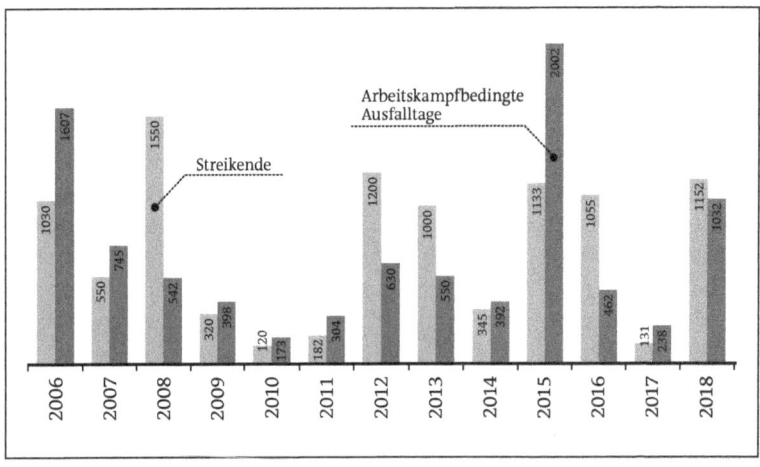

Quelle: Wirtschafts- und Sozialwissenschaftliches Institut (WSI) in der Hans-Böckler-Stiftung.

Die Arbeitskämpfe umfassen seit Mitte der 2000er-Jahre auch Beschäftigtengruppen, die früher nur selten oder gar nicht in Arbeitskämpfe einbezogen waren. Mehr als jeder zweite Arbeitskampf findet in den Dienstleistungsbranchen statt. Dort fallen inzwischen rund zwei Drittel aller Ausfalltage an. Die Streikenden sind häufig prekär beschäftigt, weiblich und haben oft einen Migrationshintergrund. Die Arbeitskämpfe werden öffentlicher, politischer und teilweise auch demokratischer geführt als in den 1980er- und 1990er-Jahren. In Ausnahmefällen gibt es auch Streikdelegiertenversammlungen, die sich aus Abgesandten der streikenden Betriebe zusammensetzen. Streiks finden zunehmend im öffentlichen Raum statt. Öffentliche Kundgebungen, Demonstrationen, Flashmobs und Internet-Kampagnen machen die Arbeitskämpfe sichtbar. Und die Gewerkschaften suchen verstärkt die Zusammenarbeit mit vom Streik betroffenen Bevölkerungsgruppen (Eltern, Konsumenten, Patienten, etc.), um die Arbeitskämpfe gesellschaftlich besser zu verankern. Umgekehrt ist das Management der betroffenen Unternehmen teilweise bereit, den Arbeitskampf zu eskalieren.

Die neue Konfliktorientierung bringt den Gewerkschaften Mitgliederzuwächse. In den letzten zwei Jahrzehnten führten Tarifrunden mit Streikauseinandersetzungen fast immer zu größeren Eintrittswellen. Diese durch Streiks gewonnenen Neumitglieder bleiben den Gewerkschaften treu. Sie treten aufgrund der gemachten Solidaritätserfahrungen mit geringerer Wahrscheinlichkeit wieder aus.

Viele Arbeitskämpfe sind defensive Auseinandersetzungen, die durch Drohungen der Arbeitgeber aus Tarifverträgen auszusteigen, oder bestimmte tarifliche Errungenschaften zurückzudrehen – zumeist bei Arbeitszeit und Zuschlagsregelungen –, ausgelöst werden. Gewerkschaften führen aber auch offensive Auseinandersetzungen um kräftige Lohnzuwächse in Niedriglohnsektoren, die Aufwertung und Humanisierung von Arbeit, oder eine Neuverteilung der Arbeitszeit. Beispiele für solche Arbeitskämpfe waren die Streiks bei der Flughafensicherheit 2014/2015, die Arbeitskämpfe im Sozial- und Erziehungsdienst 2009 und 2015, bei der Berliner Charité 2015, die Durchsetzung von Tarifverträgen bei Ryanair 2018 oder der 2019 immer noch andauernde Kampf um die Tarifbindung bei Amazon. Hinzu kamen die Streiks der IG Metall für mehr Zeitsouveränität und für eine Entlastung bei Schichtarbeit und Pflege in der Tarifrunde 2018.

Exemplarische Kämpfe

Aufstand der Unsichtbaren – der Arbeitskampf der Gebäudereiniger

Ein wichtiger Arbeitskampf im Niedriglohnsektor war der bundesweite Streik der Reinigungskräfte im Jahr 2009. Die Gebäudereiniger hatten republikweit etwa 32.000 Betriebe mit rund 860.000 Beschäftigten. Dort arbeiteten mehrheitlich zugewanderte Frauen, die sehr schlecht bezahlt wurden. Jede zweite Arbeitnehmerin war geringfügig beschäftigt. Aufgrund des Wegfalls des Branchenmindestlohns drohte der Branche ein ruinöses Lohndumping. Die IG Bau organisierte den Arbeitskampf unter dem Motto »Aufstand der Unsichtbaren«.

Die Gewerkschaft forderte 9 Prozent mehr Lohn und eine betriebliche Altersvorsorge. Plötzlich machten sich die Putzfrauen aus dem Staub. Die Streikführung wählte eine flexible Streiktaktik, um die Streikfolgen unberechenbar zu machen. Jeden Tag wurde neu entschieden, welche Objekte als nächstes bestreikt werden sollten. In der ersten Woche bestreikten rund 5.500 Reinigungskräfte teils mehrfach über 370 Objekte. Nach zehn Streiktagen konnte der Konflikt beigelegt werden. In einer Urabstimmung sprachen sich 94 Prozent der Gewerkschaftsmitglieder für das Verhandlungsergebnis aus. Die IG BAU konnte in dieser Tarifrunde mehr als 5.000 neue Mitglieder gewinnen.

Die »Kita-Streiks«

Große öffentliche Aufmerksamkeit bekamen die Streiks der Erzieherinnen. Die frühkindliche Erziehung wurde in den letzten Jahren stark ausgebaut. Die Zahl der betreuten Kinder stieg zwischen 2008 und 2017 um 480.000 auf 3,5 Millionen. Die Betreuungsquote von Kindern unter drei Jahren hat sich mehr als verdoppelt. Die Zahl der Erzieherinnen wurde seit 2008 um 57 Prozent auf 600.000 erhöht, wobei allerdings drei von fünf Pädagoginnen in Teilzeit arbeiten. 94 Prozent des pädagogischen Personals sind Frauen. Zwei von fünf Erzieherinnen arbeiten in öffentlichen Einrichtungen. Ihre Arbeit wurde immer anspruchsvoller und anstrengender. Die geringe Personalausstattung führte zu einer hohen Arbeitsbelastung. Die Entgelte blieben aber weit hinter der Entlohnung industrieller Berufe zurück. Ihre gesellschaftlich wertvolle Tätigkeit wurde nicht wertgeschätzt und anerkannt. Warum sollten Menschen, die Autos bauen, mehr Geld bekommen als Menschen, denen unsere Kinder anvertraut werden? Die Erzieherinnen waren nicht mehr bereit zu akzeptieren, dass Frauenlöhne wie ein Zuverdienst behandelt werden. Sie entwickelten ein berufliches Selbstbewusstsein, ein Facharbeiterinnenbewusstsein. Dadurch wurde der Tarifkonflikt moralisch aufgeladen.

Ursächlich für die hohen Lohnunterschiede ist der hohe Frauenanteil in den Erziehungsberufen und die chronische Unterfinanzierung der öffentlichen Hand. Ver.di und die GEW organisierten 2009 und 2015 eine Sondertarifrunde für die Beschäftigten der Sozial- und Erziehungsdienste (Kitas, Kinder-, Jugend- und Behindertenhilfe) mit dem Ziel die sozialen Berufe aufzuwerten. Die Gewerkschaften forderten kräftige Lohnzuwächse und eine neue tarifliche Eingruppierung. Der Streik 2009 dauerte sechs Wochen und mobilisierte 45.000 Beschäftigte. Sechs Jahre später legten über 150.000 Beschäftigte in einem vierwöchigen Arbeitskampf erneut die Arbeit nieder. Beide Arbeitskämpfe waren geprägt von täglichen Streikversammlungen, Demonstrationen und Elterninformationsveranstaltungen. Durch Streikdelegiertenversammlungen wurden die Beschäftigten direkt in die Streikführung einbezogen. Die Streikdelegiertenversammlung sprach auch eine Empfehlung über Annahme oder Ablehnung des Tarifabschlusses aus.

Ökonomisch ist ein Arbeitskampf in den Kitas nicht zu gewinnen. Schließlich sparen Städte und Gemeinden mit jedem Streiktag Lohnkosten. Deswegen lassen sich klassische Streikstrategien nicht unmittelbar auf die Arbeitskämpfe im Bereich der sozialen Dienstleistungen übertragen. Diese Arbeitskämpfe können nur politisch gewonnen werden. Dies ist ver.di und der GEW gelungen. Die enge Zusammenarbeit mit überbetrieblichen Unterstützergruppen und eine gute streikbegleitende Öffentlichkeitsarbeit halfen, den Kampf um die öffentliche Meinung zu gewinnen. Die Mehrheit der Bevölkerung befürwortete den Streik der Erzieherinnen. Die geringe Bezahlung des pädagogischen Personals wurde zum öffentlichen Skandal.

In beiden Tarifrunden konnten die Gewerkschaften kräftige Lohnzuwächse durchsetzen. Die ver.di-Mitglieder stimmten jedoch 2015 gegen eine Schlichtungsempfehlung. Das Ergebnis der Nachverhandlungen wurde dann in einer Urabstimmung von 57 Prozent knapp angenommen. Dieser Streik brachte ver.di über 30.000 neue Mitglieder.

Mehr von uns ist besser für alle! – der Charité-Streik

Eine neue Qualität des Arbeitskampfes zeigt sich auch in den Krankenhäusern. Zwischen Berlin und München gibt es einen Pflegenotstand. In den Hospitälern fehlen rund 80.000 Pflegekräfte. Dieser Personalmangel führt zu einer hohen Arbeitsbelastung der Krankenschwestern und -pfleger. Die Überlastung der Beschäftigten wurde durch eine Politik verursacht, die Gesundheit zu einer Ware machte. Die Krankenhausfinanzierung über Fallpauschalen führte zu ständigen Rationalisierungsdruck und massiven Personalabbau. Seit Abschaffung der gesetzlichen Pflegepersonalregelung (PPR) wurden 40.000 Pflegekräfte abgebaut.

Eine Pflegekraft hat heute im Schnitt 59 Patienten zu versorgen. 120.000 Überstunden hatte das Pflegepersonal am größten Berliner Krankenhaus, der Charité, angesammelt. Im Sommer 2015 streikten

Pflegebeschäftigte der Charité für mehr Personal, um diesen untragbaren Zustand zu ändern. Das Motto des Arbeitskampfes lautete: »Mehr von uns ist besser für alle« oder in den in Worten einer Krankenpflegerin: »Wir streiken, damit wir wieder unsere Arbeit machen können.«

Auch in diesem Fall wurde der Streik sehr demokratisch geführt. Auf regelmäßigen Streikversammlungen wurde über den Verlauf und das Ergebnis des Arbeitskampfes debattiert und entschieden. Zudem wählten die Stationen und Bereiche sogenannte Tarifberater, die zwischen Streikleitung und Stationsbeschäftigten vermittelten. Diese waren in die strategischen Debatten eingebunden. In zwei Streikwochen konnten 40 Prozent der Betten nicht belegt werden. Bis zu 200 Operationen am Tag mussten ausfallen. Der Streik kostete das größte Universitätsklinikum Europas einige Millionen Euro. Gleichzeitig wurde der Streik in die Öffentlichkeit getragen. Die Streikenden organisierten Kundgebungen und Demonstrationen, an denen sich die Berliner Politprominenz rege beteiligte. Des Weiteren formierte sich ein zivilgesellschaftliches Bündnis für mehr Personal im Krankenhaus. Der Arbeitskampf war erfolgreich. In der Intensivpflege, der Kinderklinik und den Funktionsbereichen (OP, Kreißsaal, Anästhesie, Rettungsstellen, etc.) konnten personelle Mindeststandards festgelegt werden. Das Tarifrecht wurde auf den Gesundheitsschutz und personelle Mindeststandards erweitert. Das Tarifergebnis erhielt eine Zustimmung von 90 Prozent. Der Arbeitskampf brachte ver.di rund 450 neue Mitglieder.

Nach dem erfolgreichen Streik der Charité konnte der politische Druck auf Einführung einer gesetzlichen Personalbemessung erhöht werden. Gleichzeitig entwickelte sich eine bundesweite Tarifbewegung. Im Saarland, Baden-Württemberg und NRW streikten die Krankenhausbeschäftigten für eine tarifliche Personalbemessung. An der Uniklinik Düsseldorf wurde 52 Tage und am Klinikum Essen 40 Tage die Arbeit niedergelegt. Mit Erfolg! An beiden Kliniken werden nun über 300 Stellen geschaffen. Ferner gibt es eine Sollbesetzung für alle Pflegebereiche. Nach teilweise wochenlangen Arbeitsniederlegungen konnten in 14 Kliniken unterschiedlicher Träger Entlastungstarifverträge durchgesetzt werden.

Deutsche Post DHL 2015 – ein schwieriger Abwehrkampf

Im Frühjahr 2015 kam es bei der Post zum härtesten Tarifkonflikt in der Geschichte der Deutschen Post AG. Das Post-Management suchte die offene Konfrontation mit ver.di, um tarifliche Standards absenken zu können. Der gelbe Riese hatte 49 neue Regionalgesellschaften, sogenannte DHL Delivery GmbHs gegründet. In den neuen Billigge-sellschaften bekamen Paketzusteller bis zu 20 Prozent weniger Lohn für gleiche Arbeit. Sie wurden nicht mehr nach dem Haustarifvertrag der Post AG, sondern nach den Tarifverträgen des Speditions- und Lo-gistikgewerbes bezahlt. Die meisten Betroffenen waren zuvor bei der Deutschen Post AG befristet beschäftigt. Mit der Gründung der DHL Delivery GmbHs brach der Postvorstand einen mit ver.di ausgehan-delten Vertrag zum Schutz vor Fremdvergabe. Das Lohndumping des gelben Riesen hatte allein den Zweck, die Taschen der Aktionäre zu fül-len. Der Postvorstand hatte seinen Anteilseignern bis 2020 ein jährli-ches Gewinnplus von 8 Prozent zugesagt. Der Konzerngewinn sollte auf 5 Milliarden Euro steigen.

Gegen diese aktionärsorientierte Unternehmenspolitik streikten rund 32.000 Postbeschäftigte. Der Arbeitskampf dauerte über drei Mo-nate, der unbefristete Streik vier Wochen. Während des Arbeitskamp-fes wurden osteuropäische Leiharbeiter und Beamte als Streikbrecher eingesetzt. Nach der siebten Verhandlungsrunde wurde ein Ergebnis erzielt. Ver.di erreichte für alle Beschäftigten einen Schutz vor betriebs-bedingten Kündigungen und Änderungskündigungen. Das ursprüngli-che Streikziel, die Rücknahme der DHL Delivery GmbHs, konnte jedoch nicht erreicht werden.

Vier Jahre später konnte ver.di eine Überleitung der ausgegliederten Gesellschaften in den Haustarif der Post durchsetzen. Dies verdankte die Gewerkschaft der Organisierung der Beschäftigten und der Grün-dung von Betriebsräten in allen Delivery GmbHs. Darüber hinaus hatte sich die Lage auf dem Arbeitsmarkt verändert. Ein akuter Mangel an Pa-ketzustellern zwang den gelben Riesen zu Zugeständnissen.

Amazon: ver.dis längster Arbeitskampf

Beim weltweit größten Online-Händler Amazon streiken die Beschäf-tigten seit 2013 für höhere Löhne, bessere Arbeitsbedingungen und ei-nen Tarifvertrag des Einzel- und Versandhandels. Im Jahr 2013 hatte ver.di nach Warnstreiks in Bad Hersfeld und Leipzig erstmals zu regulären Streiks aufgerufen. Amazon zahlt Löhne, die sich an der Logistikbran-che orientieren. Mehr als zwei Drittel der Arbeitsverhältnisse sind be-fristet. Hinzu kommt eine strikte Leistungskontrolle mittels digitaler technischer Hilfsmittel wie Handscannern. Der Internet-Gigant errich-tet seine Standorte in strukturschwachen Regionen und hat deswegen keine Probleme Arbeitskräfte zu finden, welche die niedrigen Löhne und schlechten Arbeitsbedingungen akzeptieren.

Ver.di hatte zunächst Vertrauensleute- und Betriebsrätestrukturen aufgebaut. 2019 war fast jeder dritte Amazon-Mitarbeiter organisiert, wobei der Organisationsgrad an den einzelnen Standorten erheblich schwankt. Die wirtschaftlichen Streikschäden in geschäftlichen Hauptzeiten, wie Weihnachten oder Ostern, begrenzt das Management durch den Einsatz von Saisonkräften. Des Weiteren hatte Amazon in den Nachbarländern Frankreich, Polen und Tschechien Standorte aufgebaut, die den deutschen Markt jederzeit beliefern können. Seitdem wird der Konzern mit einer Nadelstichtaktik immer wieder bestreikt.

Die gewerkschaftliche Aufbauarbeit zeigte Wirkung. Amazon erhöhte die Löhne, führte Zusatzzahlungen und ein Weihnachtsgeld ein. Der Konzern weigert sich aber weiterhin einen Tarifvertrag zu unterzeichnen. Umgekehrt schafft es Amazon nicht, die aktiven gewerkschaftlichen Kerne zu entmutigen.

»Die Hölle friert zu«: Tarifvertrag bei Ryanair

Im Herbst 2017 streikten die Flugbegleiter von Ryanair für einen Tarifvertrag. Im Rahmen eines Erschließungsprojekts hatte ver.di über 1000 junge Menschen aus den Krisenländern Süd- und Osteuropas organisiert. Sie kamen aus Italien, Spanien, Griechenland, Litauen, Polen und Portugal und arbeiteten in Deutschland mit irischen Arbeitsverträgen. Die Billigairline konnte ihre Flugbegleiter mit diesen Arbeitsverträgen kurzfristig europaweit versetzen. Wenn der Flugplan ausgelaufen war, bestand das Arbeitsverhältnis weiter, Lohn- und Sozialversicherungsbeiträge wurden aber nicht gezahlt. Auch einen Anspruch auf Arbeitslosengeld gab es nicht. 70 Prozent des Kabinenpersonals waren bei Leiharbeits-Tochterfirmen von Ryanair angestellt und bekamen weniger Lohn als die Stammbelegschaft. Die Bruttomonatslöhne lagen zwischen 800 und 1.500 Euro. Bezahlt wurden nur die Flugstunden, die Arbeitszeit, die am Boden anfiel, wurde nicht vergütet. Einen Anspruch auf Lohnfortzahlung im Krankheitsfall gab es nicht. Wenn jemand krank wurde, wurde der Lohn abgezogen.

Als die Beschäftigten sich gegen diese unwürdigen Arbeitsbedingungen wehrten, waren sie scharfen Repressalien ausgesetzt. Sie wurden mit Entlassungen bedroht, zu Personalgesprächen nach Dublin einbestellt und mussten überproportionale Lohnabzüge hinnehmen. Ryanair Chef Michael O'Leary erklärte öffentlich, er würde niemals einen Tarifvertrag unterzeichnen. Der irische Milliardär hatte aber seine Rechnung ohne die Beschäftigten gemacht. Gemeinsam mit ihrer Gewerkschaft setzten sie in einem wochenlangen Arbeitskampf einen Tarifvertrag durch. An den deutschen Standorten gibt es nun deutsche Arbeitsverträge. Der Tarifvertrag garantiert Mindestflugstunden, Löhne auf Industrieniveau und ein Recht auf eine betriebliche Kabinenvertretung.

Der Streik bei Ryanair war auch deswegen erfolgreich, weil ver.di eine breite Öffentlichkeit herstellen konnte. Der sozialdemokratische Arbeitsminister Hubertus Heil solidarisierte sich mit den Streikenden. Er nahm den Streik zum Anlass, das Betriebsverfassungsgesetz im Sinne des Kabinenpersonals zu ändern. Ministerpräsidenten, Minister und Bundestagsabgeordnete von SPD, Linkspartei, Grünen und CDU übernahmen für die Streikenden Patenschaften, um sie vor Repressalien zu schützen.

Der starke Arm bewegt sich – IG Metall Tarifrunde 2018

Im Februar 2018 organisierte die IG Metall im Rahmen ihrer Tarifrunde in der Metall- und Elektroindustrie eine große Streikwelle. Nach 35 Jahren stritt die große Industriegewerkschaft wieder für eine andere Verteilung der Arbeitszeit und mehr Arbeitszeitsouveränität der Beschäftigten. Dieser Tarifrunde war ein langer Beteiligungs- und Diskussionsprozess vorausgegangen. Seit 2011 diskutierte die IG Metall intensiv über Arbeitszeitpolitik.

Die Metaller forderten ein tarifvertraglich verbrieftes Recht auf kurze Vollzeit. Schichtarbeitende sowie Beschäftigte, die Kinder erziehen oder Angehörige pflegen, sollten ihre Arbeitszeit wahlweise auf 28 Stunden verkürzen können. Die kürzeren Arbeitszeiten sollten durch einen teilweisen Lohnausgleich finanziell abgefedert werden.

Das Thema Arbeitszeit war voll mobilisierungsfähig.[132] An den Warnstreiks der IG Metall beteiligten sich 1,5 Millionen Beschäftigte. In dieser Tarifrunde führte die IG Metall erstmals bezahlte Tagesstreiks durch. Durch diese 24-Stunden-Streiks konnten bundesweit 280 Betriebe stillgelegt werden. Vor den Betrieben wurden Streikversammlungen abgehalten. Die Forderungen der Metaller wurden in der Öffentlichkeit sehr positiv aufgenommen, da sie das Bedürfnis von Millionen Beschäftigten nach einer besseren Vereinbarkeit von Beruf und Familie sowie Pflege

---

132 Auch in der Vergangenheit konnte die IG Metall mit qualitativen Tarifforderungen besser mobilisieren als bei reinen Entgeltrunden.

offensiv aufgriffen. Nach den Streiks wurde ein Verhandlungsergebnis erzielt, das von den Mitgliedern angenommen wurde.

Der Tarifabschluss eröffnet den Beschäftigten die Möglichkeit, ihre Arbeitszeit befristet auf bis zu 28 Stunden Wochenstunden – ohne Entgeltausgleich – zu verkürzen und anschließend wieder auf eine Vollzeitstelle zurückzukehren. Darüber hinaus wurde für Schichtarbeiter, Beschäftigte mit Kindern oder zu pflegenden Angehörigen eine Wahloption eingeführt. Die Beschäftigten können zwischen einem jährlich fälligen Zusatzentgelt oder acht zusätzlichen freien Tagen wählen. Im Gegenzug können die Arbeitgeber den Anteil der Beschäftigten, die zwischen 35 und 40 Wochenstunden arbeiten, ausweiten. Die Tarifrunde 2018 brachte der IG Metall 30.000 neue Mitglieder.

Gegenmacht aufbauen
Revitalisierung der Gewerkschaften

Einen Kapitalismus ohne Gewerkschaften wird es in demokratischen Gesellschaften nie geben. Die kollektive Interessensvertretung der Arbeit hat ihre geschichtlichen Energien nicht verbraucht. Auch in schwierigen Zeiten werden sich zukünftig Menschen zusammenschließen, um gemeinsam ihre Arbeits- und Lebensbedingungen zu verbessern. Die große gewerkschaftliche Leitidee, dass die Vielen gemeinsam mehr erreichen können als Jeder für sich allein, ist zeitlos.

Starke Einheitsgewerkschaften sind das beste Mittel gegen Ungleichheit und soziale Unsicherheit. Eine hohe Tarifbindung und ein hoher gewerkschaftlicher Organisationsgrad sorgen für steigende Löhne und schrumpfende Einkommensunterschiede. Ohne diese gewerkschaftliche Gegenmacht, wachsen die Profite, Dividenden und Managergehälter zulasten der Löhne. Gewerkschaften organisieren Solidarität. Durch die wechselseitige Unterstützung ihrer gleichgesinnten Mitglieder sind sie stärker. Schwache Beschäftigte profitieren dabei von Beschäftigtengruppen mit großer Verhandlungsmacht. Darüber hinaus stützt das tarif-, betriebs-, arbeitsmarkt- und sozialpolitische Engagement der Gewerkschaften unsere Demokratie. Sie sind ein natürlicher Hüter der Demokratie (Abendroth 1952).

Die gewerkschaftlichen Grundwerte – Freiheit, Gerechtigkeit, Gleichberechtigung und Solidarität – stehen auch heute noch hoch im Kurs. Jeder zweite Deutsche vertraut Gewerkschaften – Tendenz steigend. Für 70 Prozent der Deutschen sind starke Gewerkschaften wichtig. Das

Potenzial für eine starke Gewerkschaftsbewegung ist also durchaus vorhanden. Dennoch können IG Metall, ver.di und andere DGB-Gewerkschaften ihren guten Ruf nicht in ausreichende Mitgliederzuwächse umsetzen.

Strukturwandel organisierend folgen

Macht und Einfluss der Gewerkschaften hängen stark von der Zahl ihrer Mitglieder ab. Die deutschen Arbeitnehmerorganisationen schrumpfen seit fast drei Jahrzehnten. Durch Rente, Tod, Job- und Berufswechsel verlieren sie jedes Jahr hunderttausende Mitglieder. Die vielen Neueintritte konnten den Mitgliederrückgang zwar stark bremsen, aber nicht stoppen.[133] Aufgrund der Altersstruktur der Gewerkschaften – viele rentennahe Mitglieder – droht sich der Mitgliederschwund in den nächsten Jahren weiter fortzusetzen. Dann würde die gewerkschaftliche Organisationsmacht weiter erodieren.

Die deutsche Gewerkschaftsfamilie schaffte selbst in wirtschaftlich rosigen Zeiten keine Trendwende. Nicht einmal der zweitlängste Aufschwung der Republik (2010 bis 2019) mit einem rekordverdächtigen Beschäftigungsboom taugte als Wachstumsmittel. Die Arbeitnehmerorganisationen konnten dem Umbau der Betriebs- und Arbeitsmarktstrukturen nicht organisierend folgen. Das muss nicht so sein. Die skandinavischen Gewerkschaften konnten in den letzten Jahren sehr erfolgreich Frauen, Akademiker, Angestellte und junge Arbeitnehmer hinzugewinnen.[134] Zwischen Stockholm und Kopenhagen sind 60 bis 70 Prozent aller Beschäftigten gewerkschaftlich organisiert. Die Mitgliedschaft der skandinavischen Arbeitnehmerorganisationen gleicht viel stärker der Beschäftigtenstruktur ihrer Arbeitsmärkte. Alles also nur eine Frage der richtigen Ansprache, effizienter Organisationsreformen und moderner Mitgliederpolitik? Ja und Nein! Zur Wahrheit gehört: Die deutschen Gewerkschaften sind mit ihrer Zielgruppenarbeit nicht immer auf der Höhe der Zeit. Bis heute fehlt an vielen Hochschulen eine gewerkschaftliche Verankerung. Die Arbeitskultur und das Zeitmanagement vieler Gewerkschaftsgremien schrecken mittlerweile nicht nur Frauen ab. Ingenieure und Softwareentwickler haben häufig

---

133 IG Metall und ver.di gewinnen jedes Jahr jeweils über 100.000 neue Mitglieder.

134 In allen skandinavischen Ländern ist der Organisationsgrad von Frauen höher als der von Männern.

einen anderen Blick auf Gehalts- und Arbeitszeitfragen wie Facharbeiter und Verwaltungsangestellte.

Zur Wahrheit gehört aber auch: IG Metall, ver.di, NGG & Co einerseits sowie Unionen, IF Metall und Kommunal andererseits, machen Gewerkschaftsarbeit unter völlig unterschiedlichen ökonomischen und politischen Voraussetzungen.[135] Dänemark, Schweden und Finnland haben keine tief gespaltenen Arbeitsmärkte. Ein großer Teil der dort erwerbstätigen Frauen arbeitet im öffentlichen Dienst. Die sozialen Berufe sind überwiegend gut entlohnt, sozial abgesichert und mitbestimmt. Auf solchen hoch regulierten Arbeitsmärkten ist gewerkschaftliche Organisierung kein Hexenwerk. Und hinzukommt: In Kopenhagen, Helsinki und Stockholm sind prekär Beschäftigte und Arbeitnehmer in Kleinbetrieben leichter gewerkschaftlich organisierbar, da die Gewerkschaften die Arbeitslosenversicherung verwalten.[136]

Kurzum: Die skandinavischen Gewerkschaften profitieren organisations- und mitgliederpolitisch von einem modernen Sozialstaat. Folglich ist eine breite Organisierung nicht nur eine Frage guter gewerkschaftlicher Organisations- und Mitgliederpolitik. Hier braucht es auch politische Organisationshilfen in Form einer fortschrittlichen Arbeitsmarkt- und Sozialpolitik.

Doch was können die Gewerkschaften selbst tun, um ihre Organisationsmacht zu stärken? Sie müssten ihre personellen und finanziellen Ressourcen stärker auf die zukunftsträchtigen Branchen konzentrieren. Das ist aber leichter gesagt als getan. Gewerkschaftliche Ressourcen aus kriselnden Unternehmen und Branchen abzuziehen ist schwierig. Nicht wenige vom Strukturwandel gebeutelte Unternehmen – Thyssen Krupp, Ford, Karstadt, Kaufhof – sind gewerkschaftlich gut organisiert. Die dort organisierten Beschäftigten und Betriebsräte fordern zu Recht, dass sie durch ihre Gewerkschaft unterstützt werden – gerade in Zeiten des Um-

---

135 Kommunal ist die größte schwedische Gewerkschaft des öffentlichen Dienstes. Unionen organisiert u. a. Beschäftigte des Einzelhandels, technische Angestellte der Industrie und Verwaltungsangestellte. IF Metall organisiert Arbeitnehmer der Metallindustrie, der Baukomponentenindustrie und der Textil- und Bekleidung.

136 Das so genannte Gent-System – benannt nach einer Stadt in Belgien, wo dieses System erstmals umgesetzt wurde – knüpft den Versicherungsschutz bei Arbeitslosigkeit an die Gewerkschaftsmitgliedschaft. Dieses System existiert in Schweden, Dänemark, Finnland und Belgien. Diese Länder haben einen im internationalen Vergleich hohen gewerkschaftlichen Organisationsgrad. Ein Grund dafür ist die politische Organisationshilfe des Gent-Systems.

bruchs. Die Gewerkschaften wären keine Schutzmacht mehr, wenn sie diese Unternehmen und Branchen aufgeben würden.

Diese gewerkschaftliche Praxis wird häufig als rückwärtsgewandt und strukturkonservativ diskreditiert. Tatsache ist aber auch: Gewerkschaften sind Mitgliederorganisationen. Kein Gewerkschaftsvorstand kann Politik gegen die Interessen der Mehrheit seiner Mitglieder machen. Deswegen bewegt sich der Tanker Gewerkschaft nur sehr langsam. Die Zeit droht den Arbeitnehmerorganisationen aber davonzulaufen.

Wichtige Branchen stehen vor großen Strukturbrüchen. Der ökologische Umbau und der digitale Fortschritt wälzen nicht nur die Automobilindustrie, den Banken- und Versicherungssektor, den Einzelhandel, die öffentliche Verwaltung und die Logistik um. Dieser Strukturwandel kann in den betroffenen Branchen zu Jobverlusten führen und so den gewerkschaftlichen Organisationsgrad empfindlich drücken. Umso größer wäre die Notwendigkeit, die wachsenden Branchen erfolgreich zu erschließen.

Dafür bräuchte die deutsche Gewerkschaftslandschaft auch eine bessere Arbeitsteilung. Das Industrieprinzip, ein Betrieb eine Gewerkschaft, gerät unter Druck. Wenn Unternehmen, Branchen und Wertschöpfungsketten umgebaut werden, müssen die Einzelgewerkschaften ihre Zuständigkeiten neu ordnen. In neu entstehenden oder sich verändernden Branchen muss geklärt werden, welche Organisation zukünftig hauptverantwortlich ist. Sonst konkurrieren mehrere Gewerkschaften um dieselben Beschäftigten. Die Organisierung entlang von Wertschöpfungsketten wäre eine denkbare Option. Dies ist aber in Anbetracht historisch gewachsener Zuständigkeiten der DGB-Gewerkschaften sehr schwierig. Alternativ müssen sich die zuständigen Gewerkschaften betriebs- und tarifpolitisch eng abstimmen, was wiederum Ressourcen frisst.

Die Gewerkschaften sollten schon bald strategische Entscheidungen über ihren Mitteleinsatz treffen. Wenn sie wieder wachsen wollen, müssen sie die zukunftsträchtigen Sektoren der Erwerbsarbeit systematischer erschließen als sie es bisher getan haben. Dafür müssen sie mehr Personal und Geld zur Verfügung stellen, was in anderen Bereichen schmerzlich fehlen wird. Bei einem »Weiter so« wird es ohne politische Organisationshilfen zukünftig nur noch wenige Inseln gewerkschaftlicher Stabilität geben.

Organisierung als Regelarbeit

Und wo bleibt das Positive? Die Gewerkschaften haben sich in den letzten Jahren stärker um ihre Organisationsmacht und Mitgliederentwicklung gekümmert. Dieser Strategiewechsel brachte neue Mitglieder und
bremste den Abwärtstrend. Gleichzeitig konnten neue Unternehmen
und Branchen erschlossen werden.

Nachdem IG Metall, ver.di & Co sehr viel mit angelsächsischen Or-
ganisierungs- und Kampagnentechniken experimentiert hatten (siehe
Kapitel »Krise der Gewerkschaften«), integrierten einige Gewerkschaften diese Organisierungspraktiken in ihre Regelarbeit.

Die IG Metall startete 2015 eine Welle bezirklicher Erschließungsprojekte, die langfristig angelegt sind und mit 170 Millionen Euro finanziert
werden. Die Gewerkschaft schafft 140 zusätzliche Stellen für Erschlie-
ßungssekretäre. Die regionalen Projekte sollen die Gewerkschaft besser
verankern und neue aktivierende und beteiligungsorientierte Formen
der Gewerkschaftsarbeit etablieren. So soll die betriebliche Durchsetzungsfähigkeit gestärkt und weiße Flecken erschlossen werden. Die
sieben IGM-Bezirke haben bei der Auswahl der Erschließungsprojekte
große Handlungsspielräume. Die Projekte werden professionell gesteuert und evaluiert.

Die zweitgrößte Gewerkschaft ver.di war zunächst ein Großlabor
unterschiedlichster mitgliederorientierter Strategien. Inzwischen
wurde eine neue Generation von jungen Gewerkschaftssekretärinnen
und Gewerkschaftssekretären eingestellt und geschult, die nach den
neuen Organisationsansätzen arbeitet. Darüber hinaus hat ver.di eine
Qualifizierungsoffensive für mitgliederorientierte Gewerkschaftsarbeit
gestartet. Die neue Professionalität und hohe Motivation der Haupt-
amtlichen können aber die begrenzte finanzielle und personelle Ausstattung der Organisierungsprojekte nicht immer kompensieren. Der
Rückgriff auf externe Organizing-Agenturen verhindert den Aufbau
eigener Kapazitäten. Eine stärkere Beteiligung von Ehrenamtlichen
und Mitgliedern kann vereinzelt Abhilfe schaffen. Außerdem setzen
die Organisationsreformen Ressourcen frei und die Fachbereichsfusion schafft neue Spielräume für strategische Entscheidungen und
Organisationslernen.

Die Konfliktorientierung des Organizing-Ansatzes hat sich in der
Vergangenheit bewährt. Härtere tarifliche Auseinandersetzungen und
mehr Arbeitskämpfe brachten den Gewerkschaften viele neue Mitglieder. Konflikt ist aber weder Selbstzweck noch Allheilmittel. Die Ent-

scheidung über Kooperation oder Konflikt ist immer abhängig vom Organisationsgrad, der Mobilisierungsfähigkeit, der wirtschaftlichen Lage und der Verhandlungsbereitschaft des Arbeitgebers. Das aktionärsorientierte Management war aber immer weniger kompromissbereit. Hier hilft dann nur noch die Macht der kollektiv organisierten Arbeit.

Die 1000-Berufe-Gewerkschaft und ihre Schwesterorganisationen sollten sich, vor dem Hintergrund beschränkter Ressourcen, in ihrer Erschließungsarbeit auf die strategisch wichtigen Unternehmen der jeweiligen Branche konzentrieren. Die globalen Wertschöpfungsketten sind nicht zuletzt aufgrund von Just-In-Time-Beschaffung und -Produktion sehr verletzbar geworden. Häufig reicht ein Streik bei einem gewerkschaftlich gut organisierten kleinen Zulieferer oder Logistiker aus, um die gesamte Produktion lahmzulegen. In den binnenmarktabhängigen Wirtschaftssektoren sollten Unternehmen erschlossen werden, die in der jeweiligen Branche die Standards setzen. Durch die Besetzung strategisch wichtiger Positionen im Produktions- und Arbeitsprozess können Gewerkschaften mit minimalem Mitteleinsatz, maximalen Druck entfalten.

Die Macht der Zahl, die Organisationmacht, ist wichtig. Es wäre aber strategisch falsch alles auf Mitgliederpolitik zu setzen. Die Mitgliederentwicklung entscheidet nicht allein über Macht und Einfluss der Gewerkschaften. Tarifverträge, das kollektive Arbeits- und Gesellschaftsrecht, Mitbestimmung, die allgemeine Arbeitsmarktlage sowie politische Allianzen und Diskursmacht beeinflussen in hohem Maße die gewerkschaftliche Handlungsfähigkeit. Diese Ressourcen zum Aufbau gewerkschaftlicher Gegenmacht müssen ebenfalls genutzt werden.

Moderne und beteiligungsorientierte Tarifpolitik

Die Tarifpolitik ist das gewerkschaftliche Kerngeschäft. Hohe Lohnsteigerungen, gute Arbeitszeiten und mehr Urlaub sind die beste Werbung für gewerkschaftliche Lohnpolitik. Die Tarif- und Lohnpolitik sollte darauf abzielen, mindestens den verteilungsneutralen Spielraum – Inflation plus Produktivitätszuwachs – auszuschöpfen.[137] Nur so können die Beschäftigten am wachsenden gesellschaftlichen Reichtum beteiligt werden. Eine expansive Lohnpolitik versucht, den verteilungsneutralen Spielraum überauszuschöpfen. So könnte die massive

---

137 Dies kann neben Lohnzuwächsen auch in Form von Arbeitszeitverkürzung geschehen.

Umverteilung der letzten Jahrzehnte wieder Schritt für Schritt rückgängig gemacht werden.

Eine moderne Tarifpolitik greift veränderte Bedürfnisse, Lebenslagen und Erfahrungen der Beschäftigten auf. In den letzten Jahren machten die Gewerkschaften Qualifizierung, Altersvorsorge, den demografischen Wandel und die Vereinbarkeit von Familie und Beruf zum Gegenstand qualitativer Tarifpolitik. Hinzu kamen die Aufwertung der Sozial- und Erziehungsberufe und eine stärkere tarifpolitische Berufsgruppenorientierung.

Einige Gewerkschaften haben die Arbeitszeitfrage neu gestellt. Wie aus zahlreichen Beschäftigungsumfragen hervorgeht, wollen viele Arbeitnehmerinnen und Arbeitnehmer mehr Zeit für Pflege, Familie, Weiterbildung oder Erholung. Millionen Beschäftigte können Arbeit und Leben nur schlecht vereinbaren. Die Arbeitnehmer wollen aber verstärkt über ihre Arbeitszeit selbst bestimmen. Dabei geht es immer auch um Gleichstellungsfragen. Diese Beschäftigtenwünsche wurden zuerst von der EVG mit einem tarifvertraglichen Wahlmodell aufgegriffen. IG Metall, IG BCE und ver.di entwickelten vergleichbare Modelle. Die Gewerkschaften antworteten auf die unterschiedlichen Lebensentwürfe und Lebenslagen der Arbeitnehmer mit konkreten Vorschlägen für eine individuelle Arbeitszeitverkürzung. Die Arbeitnehmerorganisationen forderten eine Wahlmöglichkeit zwischen mehr Geld und mehr Freizeit. Diese Wahloption verhandelten sie erfolgreich in ihre Tarifverträge hinein. Seitdem wird die kurze Vollzeit von den Beschäftigten verstärkt nachgefragt.

Des Weiteren haben die Gewerkschaften ihre Mitglieder stärker an der Tarifpolitik direkt beteiligt.[138] Die Mitgliedschaft wird häufig bereits im Vorfeld von Tarifrunden gefragt, was gefordert werden soll. In einigen Gewerkschaften werden die qualitativen Elemente der Tarifpolitik von einer breiten Mitgliederbasis entwickelt und gestaltet. Bei ver.di empfehlen die betroffenen Mitglieder in einigen Fachbereichen den Tarifkommissionen die Annahme oder Ablehnung der Tarifabschlüsse. Diese stärkere Beteiligung der Mitglieder am gewerkschaftlichen Kerngeschäft sollte weiter ausgebaut werden.

Die beste Tarifpolitik garantiert aber noch keine hohe tarifliche Abdeckung. Tarifverträge sind Ausdruck institutioneller gewerkschaftli-

---

138 Tarifpolitik war immer demokratisch organisiert. Die Mitglieder der Tarifkommissionen sind gewählt. Durch die stärkere Einbindung der Mitgliedschaft werden aber heute mehr Personen an Tarifrunden beteiligt.

cher Macht, die wiederrum politisch beeinflusst wird. In Frankreich, Holland, Finnland und Belgien, alles Länder mit einer Tarifbindung über 80 Prozent, erstrecken die jeweiligen Regierungen die tariflichen Rechtsnormen durch allgemeinverbindliche Erklärungen auf die gesamte Branche. Hierzulande könnte eine stärkere Nutzung der Allgemeinverbindlicherklärung (AVE) das Tarifvertragssystem stützen.

Digitale Transformation gestalten

Die Gewerkschaften sind nicht nur Schutz-, sondern auch Gestaltungsmacht. In Zeiten des digitalen Wandels haben sie den Anspruch, die neu entstehende Arbeitswelt zu gestalten.

Die IG Metall erstellte 2019 sogenannte Transformationsatlanten, um sich einen Überblick über den betrieblichen Digitalisierungsfortschritt zu verschaffen. Dabei sollten auch die Beschäftigungsstruktur und -entwicklung, die Unternehmensentwicklung und Transformationsstrategien sowie die Personalentwicklungs-, Bildungs- und Qualifizierungsbedarfe ermittelt werden. Dafür befragte die Gewerkschaft rund 2000 Betriebsräte aus Betrieben mit mehr als insgesamt 1,7 Millionen Beschäftigten.

In NRW wurde in einem Gemeinschaftsprojekt von DGB, IG Metall, NGG und IG BCE eine Betriebslandkarte erstellt. Auch hier untersuchen die Gewerkschaften den Digitalisierungs- und Vernetzungsstand der Unternehmen. So können die Auswirkungen des technologischen Fortschritts auf unterschiedliche Unternehmensbereiche ermittelt werden.

Aus dieser Analyse können dann betriebliche und tarifliche Forderungen abgeleitet werden. Im Idealfall könnten betriebliche Zukunftsvereinbarungen zu Investitionen, Beschäftigungssicherung und Personalentwicklung geschlossen werden. Da die Hälfte der Betriebe über keine systematische Personalplanung, Qualifikationsbedarfsentwicklung und Transformationsstrategien verfügt, ist dieses proaktive Vorgehen sehr wichtig. Betriebsräte und Gewerkschaften sind häufig die einzigen Akteure, die den digitalen Fortschritt aktiv gestalten. Sie schließen Rationalisierungsschutzabkommen (Versicherungsbranche, Häfen) und regeln das mobile Arbeiten (Metall- und Elektroindustrie, Telekom, Versicherungsbranche). Beim Hafenbetreiber EUROGATE konnte ver.di einen zukunftsweisenden Tarifvertrag abschließen, der die Folgen der Automatisierungs- und Digitalisierungsprozesse mitbestimmt und sozialverträglich gestaltet. Betriebsbedingte Kündigungen wurden bis 2025 ausgeschlossen. Eine paritätisch besetzte Automatisierungskommission befasst sich mit den Beschäftigungswirkungen des digitalen Wandels. Darüber hinaus enthält der Tarifvertrag Qualifizierungs- und Arbeitszeitregelungen, die es den Beschäftigten ermöglichen, sich entsprechend ihrer Entwicklungsmöglichkeiten qualifizieren zu lassen, den Arbeitsplatz ohne kurzfristige Gehaltseinbußen zu wechseln und ihre Arbeitszeit zu verkürzen.

Doch damit nicht genug. Eine weitere digitale Baustelle mit hohem Regulierungs- und Gestaltungsbedarf ist die Plattformökonomie. Die Plattformarbeit bricht mit traditionellen Arbeits- und Beschäftigungsformen. Aus Normalarbeitsverhältnissen wird prekäre Selbstständigkeit. Die Plattformarbeit unterhöhlt soziale Errungenschaften, wie Kündigungsschutz, Mindestlöhne, Sozialversicherungspflicht oder Arbeitszeit- und Urlaubsregelungen.

Die IG Metall startete 2015 die Initiative *Fair Crowd Work*. Auf der Website der Initiative konnten Crowdworker ihre Arbeitgeber bewerten. Die Gewerkschaft konnte einige Plattformen dazu bewegen, eine Selbstverpflichtung für Mindeststandards zu unterzeichnen. Diese beinhaltete eine ortsübliche Vergütung, eine verbindliche Zusage zur Bezahlung erledigter Arbeiten und die Einhaltung des Datenschutzes. Zwei Jahre später wurde eine Ombudsstelle eingerichtet, welche die Einhaltung dieser Mindeststandards überwachen soll.

Ver.di öffnete seine Selbständigenberatung für Crowdworker. Dabei geht es um Honorar-, Branchen-, Sozialversicherungs- und Vertragsfragen sowie Rechtsberatung. Aktuell werden 30.000 selbstständige ver.di-Mitglieder betreut. Darüber hinaus wurden bei einigen neuen Lieferdiensten von zubereiteten Speisen – Deliveroo, Foodora, etc. –, mit Unterstützung der zuständigen Gewerkschaft NGG, Betriebsräte gegründet. Perspektivisch geht es dort um den Abschluss von Tarifverträgen.

Management der Vielfalt oder verbindende Klassenpolitik?

Gute Tarifabschlüsse und eine neue Streikbewegung (siehe Kapitel »Neue Arbeitskämpfe und Proteste«) zeigen, dass die Gewerkschaften nicht nur erfolgreich Abwehrkämpfe führen, sondern auch Arbeitnehmerinteressen offensiv durchsetzen können.

Eine übergreifende Mobilisierung unterschiedlicher Beschäftigtengruppen bleibt aber aufgrund der tiefen Spaltung des Arbeitsmarktes schwierig. Die Gewerkschaften stehen vor der Herausforderung, die unterschiedlichen Bedürfnisse und Probleme der Kern- und Randbelegschaften, der regulär und prekär Beschäftigten, der gering und hoch qualifizierten Arbeitnehmer, miteinander zu verknüpfen. Von betrieblichen Geschlechter- und Generationskonflikten ganz zu schweigen. Das ist keine historisch neue Aufgabe. Die arbeitende Bevölkerung war noch nie ein homogener Haufen. Die Ausdifferenzierung der Gesellschaft in unterschiedliche Arbeitnehmermilieus mit vielfältigen Lebenswelten und politischen Lagern macht die Mobilisierung aber nicht leichter.

Die Architektur der deutschen Einheitsgewerkschaft erschwert einen Interessensausgleich unterschiedlicher Beschäftigtengruppen (Forum Gewerkschaften 2019). Der gewerkschaftliche Dachverband DGB ist nicht mobilisierungs- und strategiefähig. Jede Einzelgewerkschaft macht ihre eigene Tarif- und Betriebspolitik. Ausgliederungen aus Industriebranchen in niedrig entlohnte Dienstleistungssektoren konnten häufig nicht verhindert werden, da die betroffenen Gewerkschaften nicht branchenübergreifend zusammenarbeiteten.

Seit Jahrzehnten entspricht die gewerkschaftliche Praxis einem Management der Vielfalt. Die Gewerkschaften machen passgenaue Betriebs- und Tarifpolitik für Stammbelegschaften, Leiharbeiter und Werksvertragsbeschäftigte. Ihre Betriebs-, Lohn- und Tarifpolitik ist deswegen aber keineswegs unsolidarisch. Immer wieder mobilisieren IG Metall, ver.di & Co verschiedene Arbeitnehmergruppen, um gemeinsam Mindeststandards durchzusetzen. In der Tarifrunde 2018 konnte die IG Metall mit ihren arbeitszeitpolitischen Forderungen die unterschiedlichen Interessen von Arbeitnehmern, die Kinder erziehen, Kranke pflegen oder Schicht arbeiten, verbinden. »Einheit in Vielfalt« lautet das traditionsreiche gewerkschaftliche Motto.[139]

Solidarische Lohn- und Tarifpolitik heißt aber auch, dass dort wo keine Flächentarifverträge mehr existieren, der fehlende Tarifschutz über Haus- und Unternehmenstarifverträge organisiert wird. Über solche »Häuserkämpfe« sollen die unterschiedlichen Löhne und Arbeitsbedingungen perspektivisch angeglichen werden. Gleichzeitig werden tariffreie Zonen erschlossen. Das übergeordnete gewerkschaftliche Ziel dieser solidarischen Lohn- und Tarifpolitik sind Tarifverträge für alle. Das zentrale Problem ist jedoch, dass die »Häuserkämpfe« sehr viele Ressourcen verschlingen und somit nicht beliebig ausgeweitet werden können.

---

139 Diese Vorgehensweise ist innergewerkschaftlich nicht immer unumstritten. Dies zeigt beispielhaft die Auseinandersetzung um die Leiharbeit. Während die Einen dafür streiten, Leiharbeit zu tarifieren, fordern Andere dies künftig zu unterlassen, um dadurch die gesetzliche Regelung des »Equal Pay« durchzusetzen.

Die Gewerkschaften organisieren Solidarität auch über ihre Finanz-
ströme. Sie verteilen ihre Beitragseinnahmen systematisch zugunsten
von Niedriglohnbereichen und schwach organisierten Branchen. Die
Gewerkschaft ver.di regelt dies über eine Budgetierungsrichtlinie. Bereiche mit wenigen Mitgliedern und niedrigen Beitragseinnahmen, wie
beispielsweise der Einzelhandel, sollen so in die Lage versetzt werden,
aufzuschließen. Durch Betriebsratsgründungen und Tarifverträge sollen das Lohnniveau und die Arbeitsbedingungen dieser Niedriglohnsektoren Schritt für Schritt verbessert werden.

Der Vorsitzende der Partei DIE LINKE und ehemalige ver.di-Gewerk-
schaftssekretär Bernd Riexinger empfiehlt den Gewerkschaften eine
verbindende Klassenpolitik (Riexinger 2018). IG Metall, ver.di & Co sollen gemeinsame Interessenslagen aller Beschäftigten identifizieren,
Gräben überwinden und solidarische Bündnisse schmieden. Tarifauseinandersetzungen und Arbeitskämpfe sollten im Idealfall branchenübergreifend und international koordiniert werden.

Wie könnte das konkret aussehen? Riexinger schlägt vor, die Forderung nach Tarifverträgen für alle mit dem Kampf für einen höheren Mindestlohn von mindestens 12 Euro zu verknüpfen. Ein höherer
Mindestlohn würde die gewerkschaftliche Verhandlungsmacht stärken.
Dann könnten Gewerkschaften eine Anhebung der unteren Lohngrup-
pen leichter durchsetzen. So forderte beispielsweise die NGG in den Ta-
rifverhandlungen mit McDonald's, Burger King, Starbucks, Tank und
Rast und Nordsee – Systemgastronomie mit 120.000 Beschäftigten –
erfolgreich einen Stundenlohn von mindestens 12 Euro.

Gleichzeitig müsste aber das, was die Arbeitnehmerorganisationen
aushandeln, wieder bei mehr Beschäftigten ankommen. Dafür sollten
Tarifverträge gestärkt werden. Von Unten durch mehr Gewerkschaftsmitglieder und von Oben durch eine politische Stärkung des Tarifsystems mittels einer erleichterten Allgemeinverbindlichkeit, kollektiver
Nachwirkung und flächendeckender Tariftreueregelungen, wonach öffentliche Aufträge und Zuwendungen nur noch an Unternehmen vergeben werden dürfen, die Tarifstandards einhalten.

Auch die Arbeitszeitpolitik könnte im Mittelpunkt einer verbindenden Klassenpolitik stehen. Riexinger wirbt für das politische Projekt eines neuen Normalarbeitsverhältnisses. Die neue Normalarbeitszeit soll
um die 30-Stunden-Woche kreisen und selbstbestimmte Arbeitszeiten
und Bedürfnisse von prekär Beschäftigten, Erwerbslosen und Kernbe-
legschaften auf einen Nenner bringen.

Inwieweit eine branchenübergreifende Mobilisierung unterschiedlicher Arbeitnehmergruppen entlang der Themen Mindestlohn, Tarifbindung und neue Normalarbeitszeit möglich ist, ist umstritten. Tatsache ist, dass eine solche gewerkschaftliche Praxis nicht einmal innerhalb der Multibranchengewerkschaften existiert – von einer Reform des Dachverbandes und grenzüberschreitender Zusammenarbeit ganz zu schweigen. Folglich gibt es auch hier zunächst eine Pfadabhängigkeit.

Die konsequente Fortsetzung des gewerkschaftlichen Erneuerungskurses – Organizing, Organisationsreformen, beteiligungsorientierte Tarifpolitik – kann aber ebenfalls dazu beitragen, die Spaltung und Fragmentierung des Arbeitsmarktes Schritt für Schritt zu überwinden.

Politisches Mandat erweitern

Die DGB-Gewerkschaften sollten ihr politisches Mandat erweitern, um dadurch gesellschaftlich mächtiger zu werden. Die Spaltung des Arbeitsmarktes, die drohende Altersarmut, Wohnungsnot und der Klimawandel betreffen Millionen Beschäftigte unmittelbar. Die Gewerkschaften brauchen ein betriebliches und ein außerbetriebliches Standbein (Negt 2004). Heute verbringen die Beschäftigten mehr Zeit als je zuvor außerhalb der Arbeitswelt. Bezahlbarer Wohnraum, armutsfeste Renten, kostenlose Gesundheitsversorgung und Klimaschutz sind gesellschaftliche Themen, welche die Gewerkschaften zukünftig stärker bearbeiten sollten.

Das politische Engagement der Gewerkschaften steht in keinem Widerspruch zum gewerkschaftlichen Kerngeschäft der Tarif- und Betriebspolitik. Gewerkschaftliche Handlungsfähigkeit hängt neben der Zahl der organisierten Mitglieder immer auch von der Regulierung des Arbeitsmarktes, der sozialen Sicherheit und der Größe des öffentlichen Sektors ab. Ein funktionierender Sozialstaat stärkt gewerkschaftliche Verhandlungsmacht und umgekehrt. Insofern sind Tarifautonomie und ein starker Sozialstaat keine Gegensätze.

Mindestlöhne, eine hohe Tarifbindung, viele reguläre Jobs, ein guter Kündigungsschutz und hohe Lohnersatzleistungen verbessern die Verwertungsbedingungen der Ware Arbeitskraft. Umgekehrt schwächt die Entgrenzung und Entwertung von Arbeit die gewerkschaftliche Durchsetzungsmacht. Arbeitsmarkt- und Sozialpolitik ersetzt dabei nie gewerkschaftliche Betriebs- und Tarifpolitik, sondern stützt sie.

Gewerkschaften, deren Organisationsbereiche von öffentlichen Finanzierungsquellen abhängen, haben ein ureigenes Interesse sich in

Fragen der Finanz- und Steuerpolitik einzumischen. Aber auch die Industriegewerkschaften brauchen für die anstehende sozial-ökologische
Transformation mehr öffentliche Infrastrukturinvestitionen und eine
aktive Arbeitsmarkt- und Beschäftigungspolitik. Der Staat ist ein soziales Verhältnis, dessen Kräfteverhältnisse beeinflusst werden können.
All dies spricht für ein starkes politisches Engagement und einen starken Dachverband, der die Gewerkschaftsbewegung mit einer Stimme
sprechen lässt.

Die Gewerkschaften können politisch mehr durchsetzen, wenn sie
sich mit anderen zivilgesellschaftlichen Organisationen verbünden und
Allianzen bilden. Deswegen sollten IG Metall, ver.di & Co zukünftig
noch enger mit Umweltorganisationen, Sozialverbänden, sozialen Bewegungen und Kirchen zusammenarbeiten. Das gilt besonders für die
Klimafrage und die sozial-ökologische Transformation. Diese Zusammenarbeit ist aber nicht voraussetzungslos. Sie erfordert einen Dialog
auf Augenhöhe, Respekt und gegenseitiges Vertrauen. Gemeinsame
Protestaktionen von IG Metall und Umweltverbänden sowie die Unterstützung des Klimastreiks durch die DGB-Gewerkschaften sind richtige
Schritte in diese Richtung.

Zielführend ist auch, die eigenen Forderungen durch gute Öffentlichkeitsarbeit und Kampagnen zu popularisieren. Wie das geht, haben
die gewerkschaftliche Mindestlohn- und Rentenkampagne eindrucksvoll gezeigt. Ver.di konnte die Arbeitsbedingungen von Erziehern, Alten-
pflegern und Paketzustellern zu gesellschaftlichen Fragen machen. Die
Gewerkschaften können also, trotz Mitgliederschwund, immer noch gesellschaftliche Debatten anstoßen.

Kampf gegen Rechtsextremismus

Rassismus, Fremden- und Menschenfeindlichkeit sowie autoritäre Einstellungen breiten sich in den Betrieben und Verwaltungen immer
weiter aus.[140] Überdurchschnittlich viele Arbeiter und Gewerkschaftsmitglieder wählen die rechtsradikale AfD. Die Gewerkschaften haben
darauf noch keine wirksamen Antworten gefunden. Zwar positionier-
ten sich der DGB und seine Einzelgewerkschaften vor Wahlen immer

---

140 Die DGB-Kommission Rechtsextremismus legte bereits 2000 einen umfang-
    reichen Bericht zur Auseinandersetzung mit rechtsextremen Orientierun-
    gen in den Gewerkschaften vor, der entsprechende Handlungsempfehlungen
    aussprach. Seitdem ist das Problem aber nicht kleiner geworden.

eindeutig gegen Rechtspopulisten und Rechtsextremisten, die Wahler-gebnisse zeigten jedoch, dass sie damit nicht alle Mitglieder erreichten. Wie mit AfD-Anhängern unter den Gewerkschaftsmitgliedern zukünf-tig umgegangen werden soll, ist eine zentrale innergewerkschaftliche Frage. Die traditionellen Parteien erreichen diese Arbeitnehmermilieus nicht mehr. Viele Beschäftigte trauen SPD, CDU/CSU, Bündnis90/Die Grünen und LINKE nicht mehr zu, die Spaltung der Arbeitswelt zu über-winden und für mehr soziale Sicherheit zu sorgen. Betriebs- und Perso-nalräte sowie ihre Gewerkschaften haben hingegen noch einen Zugang zu diesen Beschäftigten. Deswegen müssen sie im Kampf gegen Rechts-extremismus in der ersten Reihe stehen: Im Betrieb, in der Berufsschule, in den Medien genauso wie in der Politik.

Betriebs- und Personalräte müssen sich rechtsextremer Hetze im Be-trieb entgegenstellen. Getreu dem Motto: Wer hetzt, der fliegt! Die be-trieblichen Handlungsmöglichkeiten reichen von arbeitsrechtlichen Maßnahmen (Abmahnungen, Entlassungen, Klagen gegen Beleidigung und Volksverhetzung), über das Betriebs- und Personalvertretungsge-setz bis hin zu Betriebsvereinbarungen (Einrichtung von Beschwerde-stellen, Förderung ausländischer Beschäftigter, etc.).

Gleichzeitig sollten Betriebsräte, Vertrauensleute und Gewerkschaf-ten für eine inklusive Solidarität streiten, die betriebliche Gräben und Spaltungen überwindet. Stammbelegschaften, Leiharbeiter, Werkver-tragsnehmer und Erwerbslose dürfen nicht gegeneinander ausspielt werden. Häufig verläuft die Spaltung in Kern- und Randbelegschaften entlang der Herkunft. Deswegen muss konsequent gegen die betrieb-liche Diskriminierung von ausländischen Beschäftigten vorgegangen werden.

Dabei geht es immer um die gemeinsamen Interessen aller Lohnab-hängigen. Die soziale Frage darf nicht national und ethnisch umgedeu-tet werden. Der Gegner ist die Geschäftsführung und der Vorstand und nicht die Kollegen aus anderen Ländern. Rechtsextremisten haben für die betrieblichen und sozialen Probleme keine Lösung. Im Gegenteil: Sie spalten die Belegschaften nach Herkunft und schwächen so die Ver-handlungsmacht der Beschäftigten.

Für eine offensive Auseinandersetzung mit rechtsradikalen Orientie-rungen fehlt aber vielen Gewerkschaftssekretären und ehrenamtlichen Funktionären die notwendige Qualifizierung. Entsprechende Angebote für Ehrenamtliche muss die gewerkschaftliche Bildungsarbeit zukünftig zur Verfügung stellen. In den letzten Jahrzehnten wurde aber die gesellschaftspolitische Bildung zugunsten arbeitsrechtlicher, betriebs- und tarifpolitischer Qualifizierung zurückgefahren.

Natürlich gibt es auch weiterhin ein umfangreiches gewerkschaftliches Bildungsangebot zur Stärkung partizipatorischer und demokratischer Einstellungen. Gefördert werden Toleranz, Gleichbehandlung, Zivilcourage und interkulturelles Lernen. Eigenaktivität ist ein wichtiges und bewährtes Gegengift bei rechtsextremistischen Orientierungen.[141] Trotzdem muss die gesellschaftspolitische Bildung weiter gestärkt werden.

Klar ist aber: Auch gewerkschaftliche Bildungsarbeit ist kein Allheilmittel. Die Bildungsanstrengungen verfehlen ihre Wirkung, wenn sie auf eine betriebliche Praxis treffen, die sich rechtsextremen Tendenzen nicht entgegenstellt.

Mit uns zieht die neue Zeit
Erneuerung der Sozialdemokratie

Nach dem Rücktritt der Parteivorsitzenden Andrea Nahles im Juni 2019 entstand in der SPD ein Machtvakuum. Zunächst übernahmen die rheinland-pfälzische Ministerpräsidentin Malu Dreyer, die Regierungschefin von Mecklenburg-Vorpommern Manuela Schwesig und der damalige Vorsitzende der hessischen SPD Thorsten Schäfer-Gümbel den kommissarischen Parteivorsitz und die Leitung des Willy-Brandt-Hauses.

Danach machte sich die SPD zum wiederholten Mal auf die Suche nach einer neuen Parteiführung. Die Parteibasis war aufgrund der Umstände des Rücktritts ihrer Vorsitzenden und der katastrophalen Umfragewerte in Aufruhr.[142] Deswegen beschloss der Parteivorstand über den zukünftigen Vorsitz diesmal nicht in Hinterzimmern entscheiden zu lassen. Die Parteimitglieder sollten ihre Führungsspitze selbst auswählen. Gleichzeitig einigte sich der Parteivorstand auf die Wahl einer Doppelspitze.

---

141 Die Erfahrung durch eigenes Handeln und Mitbestimmung in Betrieb, Verwaltung und Politik etwas ändern zu können, immunisiert gegenüber rechtsautoritären Einstellungen.

142 Dem Rücktritt von Andrea Nahles gingen schwere persönliche Angriffe und Verletzungen voraus. Im Mittelpunkt der Kritik stand der Führungsstil und das öffentliche Auftreten der Parteivorsitzenden. Diese Auseinandersetzung wurde öffentlich ausgetragen.

Anschließend organisierte das Willy-Brandt-Haus eine große Casting-Show. Auf 23 Regionalkonferenzen sollten sich die Kandidatinnen und Kandidaten für den Parteivorsitz den Mitgliedern vorstellen. Anfang September 2019 waren 17 Kandidaten – acht Teams und ein Einzelkandidat – am Start.[143] Auch ich beteiligte mich gemeinsam mit der Parteilinken und Ulmer Bundestagsabgeordneten Hilde Mattheis am großen Schaulaufen. Wir waren angetreten, um gewerkschaftliche und progressive linke Inhalte in die innerparteiliche Debatte einzuspeisen und wollten unseren Teil dazu beitragen, die SPD wieder zu einer Partei der Arbeit, des Sozialstaates, des ökologischen Umbaus und des Friedens zu machen.

Zunächst mit Erfolg! Selten wurde in der SPD so oft über Tarifverträge, Mindestlohn, prekäre Beschäftigung und Mitbestimmung diskutiert. Von Konferenz zu Konferenz rückten die Kandidatinnen für den Parteivorsitz immer weiter nach links. Am Ende der Tour wollten alle Teams die SPD als linke Volkspartei aufstellen, Gewerkschaften stärken, mehr Sozialstaat, mehr Verteilungsgerechtigkeit und ein soziales Europa. Wir rieben uns die Augen und trauten unseren Ohren nicht. Denn unter den Kandidaten waren Minister, Staatssekretäre, Abgeordnete und Parteipolitiker, die in den letzten zwei Jahrzehnten eine ganz andere Politik vertreten hatten.

Eines der heiß diskutierten Themen auf den Konferenzen war die Zukunft der Großen Koalition. Aus unserer Sicht war der Versuch der SPD durch Regieren wieder zu alter Stärke zurückzufinden krachend gescheitert. Die letzten Koalitionsverträge trugen zwar eine klare sozialdemokratische Handschrift. Die politischen Maßnahmen reichten aber schlicht nicht aus, um die wachsenden sozialen Probleme – hohe Unsicherheit, steigende Altersarmut, schlechte Schulen, Pflegenotstand sowie Wohnungsnot – in den Griff zu bekommen.

Diese Politik der kleinen Schritte kam materiell und im Alltagsbewusstsein zu wenig an. Eine Politik der großen Schritte scheiterte aber

---

143 Kontroverse inhaltliche Debatten waren kaum möglich. Die Redezeiten der Kandidaten waren rigoros begrenzt. 2,5 Minuten für ein Eingangsstatement, jeweils eine Minute für die Beantwortung von Publikumsfragen und eine Minute für den Schluss. Ein wahres Eldorado für Schnellredner, Kabarettisten und Populisten. Darüber hinaus bekamen alle Kandidaten ein kleines Wahlkampfbudget. Chancengleichheit konnte dadurch nicht hergestellt werden. Denn Minister und Staatssekretäre waren schon vor Beginn der Castingshow bundesweit bekannt, hatten exklusive Zugänge zu den Leitmedien und konnten auf ihr »Backoffice« zurückgreifen.

an den Unionsparteien. Einen Ausweg aus diesem Dilemma hätte es nur gegeben, wenn die SPD gesellschaftlich mobilisierungsfähig gewesen wäre. Dann hätte sie außerparlamentarisch für weitergehende politische Reformen Druck machen können. Dazu war sie aber nicht fähig. Folglich forderten wir, wie auch das Duo Lauterbach/Scheer, aus der Großen Koalition auszusteigen.

Der Wettbewerb um den Parteivorsitz warf auch ein Licht auf den Zustand der sozialdemokratischen Parteilinken. Mit Ralf Stegner und Gesine Schwan, Karl Lauterbach und Nina Scheer, Norbert Walter-Borjans und Saskia Esken, sowie Hilde Mattheis und Dierk Hirschel hatten vier linke Teams ihren Hut in den Ring geworfen. Diese linke Vielfalt war Spiegelbild eines völlig fragmentierten Parteiflügels. Die Parteilinke hatte sich 2014 nach einem Streit über die politische Bewertung des Mindestlohns weiter gespalten. Damals verließ Andrea Nahles mit einigen Mitstreitern die linke Strömung Demokratische Linke 21 (DL21). Seitdem gab es eine Parlamentarische Linke, die DL21, die Jusos und kurzzeitig noch die so genannte Magdeburger Plattform. Sie alle nahmen für sich in Anspruch, die Parteilinke zu repräsentieren. Einige Beobachter fühlten sich an die Monty Python Komödie »Das Leben des Bryan« erinnert.[144]

Doch zurück zur Suche nach den roten Superstars. Nachdem sich das Kandidatenfeld zwischenzeitlich etwas gelichtet hatte, gab es vor der Stichwahl folgende politische Ausgangssituation: Im Rennen waren noch zwei Duos, die dem rechten Parteiflügel zuzurechnen waren, ein sozialliberales Team und vier linke Teams. Alles lief auf eine taktische Wahlentscheidung hinaus. Für einen linken Parteivorsitz hätte es einer linken Paketlösung bedurft. Deswegen war unser Motto: Aus Vier mach Eins. Wir waren der Ansicht, dass unter den linken Teams das Duo Walter-Borjans/Esken die besten Chancen hatte. Sie wurden vom starken NRW-Landesverband und den Jusos unterstützt. Doch von vier Teams wollten drei nicht aus dem Rennen gehen. Sie rechneten sich Chancen auf die Stichwahl aus, oder wollten aus anderen Motiven nicht zurückziehen. Folglich scheiterten alle Bemühungen sich auf ein Team zu einigen. Daraus zogen wir die Konsequenz und verkündeten auf der letzten Regionalkonferenz in München unseren Rückzug von der Kandidatur,

---

144 In diesem Film gibt es eine Szene, wo sich die Volksfront von Judäa und die judäische Volksfront zum Vorteil der römischen Besatzer gegenseitig bekämpfen. Es handelt sich dabei um eine Persiflage auf die zahlreichen Spaltungen und das Sektierertum der Linken.

um damit die Chancen zu erhöhen, dass zumindest ein linkes Team – vermutlich Walter-Borjans/Esken – in die Endausscheidung kommt. Dieser Plan ging auf. Der Ex-Finanzminister und die baden-württembergische Bundestagabgeordnete schafften es in die Stichwahl und trafen dort auf das favorisierte Paar Scholz/Geiwitz. Der knappe Wahlausgang der ersten Runde bestätigte unsere Einschätzung.[145] Wir hatten mit unserem Rücktritt mehr richtig als falsch gemacht.

In der Stichwahl mobilisierte das gesamte Partei-Establishment für das Team Scholz/Geiwitz. Zahllose rote Ministerpräsidenten, Staatssekretäre und Bundestagsabgeordnete sprachen sich für den Finanzminister und die Ex-Landtagsabgeordnete aus Brandenburg aus. Für die Mandatsträger ging es um viel. Bei einem Aus der Großen Koalition und anschließenden Neuwahlen drohte vielen das Ende ihrer politischen Laufbahn. Vor der finalen Abstimmung wurde Walter-Borjans/Esken vorgeworfen, die Republik durch ein überstürztes Ende der Großen Koalition ins Chaos stürzen zu wollen. Dann die große Überraschung: Walter-Borjans/Esken gewannen die Stichwahl mit 53 Prozent. Die Favoriten scheiterten im Finale. Ein Schock für viele Amts- und Mandatsträger. Die Führungsriege hatte sich bis auf die Knochen blamiert.

Auf dem SPD-Parteitag im Dezember 2019 wurden Walter-Borjans und Esken zu neuen Parteivorsitzenden gewählt. Der Juso-Vorsitzende Kevin Kühnert, dessen Jugendverband die Kandidatur Walter-Borjans und Eskens von Anfang an unterstützt hatte, wurde zu einem ihrer fünf Stellvertreter gewählt.

In einem Leitantrag positionierte sich der Parteitag zur Zukunft der GroKo. Vor der Stichwahl hatten Walter-Borjans und Esken gefordert, den Koalitionsvertrag nachzuverhandeln. Bei Investitionen, Mindestlohn und Klimaschutz sollten substanzielle Verbesserungen erzielt werden. Das Ergebnis der Verhandlungen sollte über die Zukunft des schwarz-roten Bündnisses entscheiden. Im Vorfeld des Parteitages konnten die roten GroKo-Anhänger den designierten Vorsitzenden einen Kompromiss abringen. Im Leitantrag wurden keine roten Linien für die Nachverhandlungen mit den Unionsparteien gezogen. Über die Zukunft der GroKo sollte der Parteivorstand im Lichte der Verhandlungsergebnisse entscheiden.

Darüber hinaus forderte der Parteitag mehr Investitionen in Infrastruktur und Klimaschutz. Die Delegierten distanzierten sich von

---

145 Das Team Walter-Borjans/Esken lag nur fünf Prozentpunkte vor dem drittplatzierten Team Kampmann/Roth.

»schwarzer Null« und Schuldenbremse. Außerdem beschloss der Parteitag die Wiedereinführung der Vermögenssteuer und ein umfangreiches Sozialstaatskonzept, welches Hartz IV überwinden will.

Nach dem Parteitag war die Fortsetzung der Großen Koalition zunächst einmal gesichert. Beim Klimaschutz besserte die Merkel-Regierung leicht nach. In der Investitionsfrage bleibt der Druck auf die GroKo hoch. Die Forderung der Industrieverbände, die öffentlichen Infrastrukturinvestitionen substanziell zu erhöhen, zwingt auch CDU und CSU zu handeln.

Die große Herausforderung für das neue Führungsduo im Willy-Brandt-Haus besteht nun darin, die Partei inhaltlich und personell neu aufzustellen sowie gesellschaftlich besser zu verankern. Unabhängig davon, ob der Ehevertrag mit den Unionsparteien eingehalten wird oder nicht. Das kann nur funktionieren, wenn die neuen Vorsitzenden eine Politik für gute Arbeit, soziale Sicherheit, ökologischen Umbau und Frieden glaubwürdig vertreten und gut kommunizieren. Sie müssen sich auf diese strategisch zentralen und die sozialdemokratische Wählerschaft verbindenden Themen konzentrieren.

Dieser Weg wird kein leichter sein. In den vergangenen Jahrzehnten wurde die Partei aus den roten Ministerien, der SPD-Bundestagsfraktion und den Landesverbänden NRW, Niedersachsen und Rheinland-Pfalz ferngesteuert. Die oberen Parteigremien rekrutierten sich mehrheitlich aus diesen Machtzentren. Auch jetzt ist der Handlungsspielraum der neuen Vorsitzenden nur sehr klein. Im Parteivorstand überwiegen die Kritiker des neuen Kurses und für eine personelle Neuaufstellung der Parteizentrale ist kein Geld da. Walter-Borjans, Esken und Kühnert sollten nun versuchen, die Partei von den Machtzentren Fraktion und Ministerien zu emanzipieren. Dafür müssen sie die Parteigliederungen und Arbeitsgemeinschaften aktivieren und den Austausch mit Gewerkschaften, Verbänden, Initiativen und sozialen Bewegungen organisieren. Zeit dafür haben sie nur bis zur nächsten Bundestagswahl. Ob dies gelingt, wird nicht zuletzt davon abhängen, ob maßgebliche Landesbezirke, Bezirke und Unterbezirke den Kurs der neuen Parteispitze tatkräftig unterstützen und die alten Machtzentren sich kooperativ verhalten.

Programmatische Neuaufstellung

Die SPD hat eine reale Chance sich erfolgreich zu erneuern, wenn sie zukünftig wieder als linke Volkspartei klar erkennbar wird. Dafür muss das Rad nicht neu erfunden werden. Die sozialdemokratischen Grundwerte Freiheit, Gleichheit und Solidarität sind ein verlässlicher Kompass. Das Hamburger Programm ist ein gutes Grundsatzprogramm, welches aktualisiert, aber nicht neu geschrieben werden muss. Darüber hinaus sind viele Bausteine fortschrittlicher Reformpolitik – Arbeitsversicherung, Kindergrundsicherung, Pflegevollversicherung, Bürgerversicherung, Vermögenssteuer, Sozialstaatskonzept – bereits vorhanden.

Großen inhaltlichen Nachholbedarf hat die SPD in der Finanz- und Wirtschaftspolitik. Der Sozialdemokratie fehlt ein grundlegendes Verständnis für gesamtwirtschaftliche Zusammenhänge. Die konjunktur- und wachstumspolitische Bedeutung staatlichen Handelns wird immer noch unterschätzt. Eine ausgeprägte Schuldenphobie verhindert, dass vorhandene finanzpolitische Spielräume genutzt werden. Kurzum: Die SPD braucht mehr Keynes und weniger Erhard.

In der Umweltpolitik fällt die SPD sogar noch hinter ihre Konzepte der 1980er-Jahre zurück.[146] Die Verbindung von Arbeit und Umwelt war einmal ein sozialdemokratisches Alleinstellungsmerkmal. Mit dem ökologischen Umbau der Industriegesellschaft gab es eine sozialdemokratische Fortschrittserzählung. Heute sucht man einen sozialdemokratischen Green New Deal oder eine sozialdemokratische Transformationsstrategie vergebens. Hier muss nachgebessert werden.

In der Arbeitsmarkt- und Sozialpolitik gibt es in wichtigen Teilbereichen – Minijobs, Leiharbeit, Rentenniveau, Sanktionen, Qualifikationsschutz, etc. – noch Korrekturbedarf. Vielen Sozialdemokraten fehlt eine Vorstellung von der heutigen und künftigen Arbeitswelt und ihrer humanen Gestaltung unter den Bedingungen ökologischen und digitalen Wandels.

Die Verteilungsfrage wird nicht offensiv angegangen. Es fehlt ein sozialdemokratisches Konzept, dass Primär- und Sekundärverteilung in den Blick nimmt. Erst ein Mix aus Maßnahmen zur Stärkung gewerkschaftlicher Durchsetzungsfähigkeit und eine umverteilende Steuerpolitik kann die Einkommens- und Vermögenschere wieder schließen.

---

146 In den 1980er-Jahren forderte die Arbeitsgemeinschaft für Arbeitnehmerfragen (AFA) ein umfangreiches sozial-ökologisches Investitionsprogramm (Sondervermögen Arbeit und Umwelt).

Für diese Kernpolitikfelder sollten, in enger Zusammenarbeit mit kritischer Wissenschaft, Umwelt- und Sozialverbänden, sozialen Bewegungen sowie Gewerkschaften, entsprechende Politikkonzepte parteiöffentlich diskutiert und ausgearbeitet werden. Diese inhaltliche Arbeit dient auch der Verständigung der unterschiedlichen Parteiflügel. Wenn am Ende dieses Prozesses, eine überzeugende sozialdemokratische Erzählung steht, hinter der sich die gesamte Partei versammeln kann, dann wäre dies ein wichtiger Beitrag zur inhaltlichen Erneuerung.

Gleichzeitig sollte die SPD mit Grünen und Linkspartei sowie außerparlamentarischen Initiativen und Bewegungen in einen ernsthaften Dialog über die Ziele und Instrumente einer sozial-ökologischen Reformpolitik treten. Der überwiegende Teil der sozialdemokratischen Programmatik lässt sich nur in einem rot-rot-grünen Bündnis verwirklichen. Eine solche Linksregierung muss aber von langer Hand vorbereitet werden. Wenn die drei Parteien ihre Gemeinsamkeiten herausstellen und gleichzeitig ihre Unterschiedlichkeit akzeptieren, könnte es perspektivisch eine Machtoption für ein solches Mitte-Links-Bündnis auf Bundesebene geben.

Die besten Inhalte und Wahlprogramme helfen aber nicht weiter, wenn sie von den Wählermilieus, für die sie gemacht wurden, ignoriert werden. Dabei geht es wohlgemerkt nicht um Marketing und Kommunikation. Die SPD hat ein schweres Vertrauens- und Entfremdungsproblem. Das lässt sich mit der besten Werbeagentur nicht beheben.

Gesellschaftliche Verankerung wiederherstellen

Die Sozialdemokratie steht vor der großen Herausforderung wieder Zugang zu den traditionellen unteren und mittleren Arbeitnehmermilieus zu bekommen, die sich aus Ärger, Frust und Enttäuschung von der Partei abgewandt haben. Die meisten Parteigliederungen sind aktuell nicht in der Lage, diese Vermittlung zu leisten. Prekär Beschäftigte, Arbeitslose, Facharbeiter sowie Betriebs- und Personalräte gehören in den Ortsvereinen zu einer aussterbenden Spezies. Viele ehemalige sozialdemokratische Vorfeldorganisationen, die in den Arbeitnehmermilieus verankert waren, haben an Einfluss verloren oder sind zur SPD auf Distanz gegangen. Ex-Parteichef Sigmar Gabriel forderte schon 2009 seine Genossen auf, raus ins Leben zu gehen, da wo es laut ist, da wo es brodelt, da wo es manchmal riecht, gelegentlich auch stinkt. So richtig Gabriels Erkenntnis war, dass die SPD den Kontakt zur Arbeits- und Lebenswelt der unteren und mittleren Milieus verloren hatte, so folgenlos war sein Appell.[147] Im Gegenteil: Wer den Geruch von Schweiß wieder in die Partei bringen wollte, wurde nicht ernst genommen.

Die Partei muss sich durch inhaltliche, organisatorische und personelle Angebote stärker für Arbeitnehmer, Betriebsräte und Gewerkschafter öffnen. Da immer weniger Menschen am Wohnort erreicht werden können, müssen Arbeitsplatz und Arbeitsort wieder zu Anknüpfungspunkten sozialdemokratischer Politik werden. Die Stärkung der Arbeitsgemeinschaft für Arbeitnehmerfragen (AFA) könnte für eine bessere Vernetzung der SPD mit der Arbeitswelt sorgen. Eine stärkere Verankerung in den Arbeitnehmermilieus muss sich aber auch in der Auswahl der Amts- und Mandatsträger widerspiegeln.

Ferner sollte die Partei mit einer konsequenten umwelt- und friedenspolitischen Haltung wieder progressive bürgerliche Milieus und moderne Arbeitnehmermilieus ansprechen. Das gilt auch für die politisch aktive junge Generation. Zwar sind die Jusos mit ihrem Aushängeschild Kevin Kühnert sehr umtriebig und innerparteilich einflussreich, in Wahlergebnissen und gesellschaftlicher Verankerung schlägt sich das jedoch nicht nieder. Die umweltbewusste Jugendbewegung (FFF) geht fast vollkommen an der SPD vorbei. Auszubildende und junge Arbeitnehmer machen um die SPD einen großen Bogen. Hier bedarf es neben einer inhaltlichen Neuaufstellung eines intensiven Dialogs mit FFF, den Umweltverbänden sowie den Jugend- und Auszubildendenvertretungen. Zudem müssen Parteistrukturen, die ein kurzfristiges erlebnisorientiertes Engagement erschweren, aufgebrochen werden.

Darüber hinaus muss die sozialdemokratische Bildungsarbeit wiederbelebt werden. Sozialdemokratische Geschichte, Grundwerte und Programmatik sind weiten Teilen der Parteimitgliedschaft völlig unbekannt. Diese Grundlagen müssen wieder systematisch vermittelt werden. Nicht als gesammelte Heldentaten, sondern als eine kritische Auseinandersetzung mit der eigenen Geschichte und Programmatik. So kann Orientierung und Haltung in Grundsatzfragen sozialdemokratischer Politik gefördert werden.

---

147 Dass Sigmar Gabriel nach seinem Rückzug aus der aktiven Politik, ein Aufsichtsratsmandat der Deutschen Bank übernahm und sich anschließend über die empörten öffentlichen Reaktionen verwundert zeigte, lässt jedoch darauf schließen, dass dem Ex-Parteivorsitzenden jegliches Feingefühl für die Wahrnehmung und das Empfinden der Milieus fehlte, die er ursprünglich einmal für die Partei zurückgewinnen wollte.

Von Anderen lernen

Die Krise der SPD ist angeblich eine Krise der Europäischen Sozialdemokratie. SPD-Finanzminister Olaf Scholz führt die Malaise der sozialdemokratischen Parteienfamilie auf die schmerzhaften Nebenwirkungen
des globalen und digitalen Kapitalismus zurück. Ex-Parteichef Sigmar
Gabriel ist der Auffassung, dass nationale Gesetzgebung den globalen
Kapitalismus nicht mehr zähmen kann. Folglich kann der Nationalstaat
seine Wohlfahrtsversprechen nicht mehr einlösen. Globalisierung und
Digitalisierung hätten die Handlungsspielräume nationalstaatlicher
Politik dramatisch eingeengt. Deswegen seien die klassischen nationalstaatlichen Instrumente sozialdemokratischer Arbeitsmarkt-, Sozial-,
Industrie- und Steuerpolitik wirkungslos geworden. Zunehmende Un-
gleichheit und Unsicherheit seien die zwangsläufige Folge.

Die sozialdemokratischen Parteien wurden angeblich Opfer des glo-
balen ökonomischen Strukturwandels. Diese Erzählung ist irreführend.
Die angeblichen politökonomischen Sachzwänge sind ein bequemes
Alibi für eklatante politische Fehlentscheidungen. Nicht Globalisierung
und Digitalisierung sind für den schlechten Gesundheitszustand der
SPD verantwortlich, sondern die Politik der Agenda 2010 und der Ver-
zicht auf eine progressive Umwelt- und Friedenspolitik (siehe Kapitel
»Die Partei der Arbeit schafft sich ab«).

Zudem steckt nicht die gesamte europäische Sozialdemokratie in
der Krise. Auf dem Krankenbett liegen Parteien, wie die griechische
PASOK, die französische PS oder die niederländische PvdA, die in den
letzten Jahren eine weitgehend neoliberale Politik gemacht haben. Die
britische Labour Party und die portugiesischen Sozialdemokraten sind
hingegen gesund.

Die Erneuerung der Labour Party ist eine spektakuläre Erfolgsgeschichte. Der Parteilinke Jeremy Corbyn gelangte 2015 durch eine Ur-
wahl an die Parteispitze. Seitdem hat die Partei ihre Mitgliedschaft auf
heute 600.000 Genossinnen und Genossen verdoppelt. Damit ist die
Labour Party die größte europäische sozialdemokratische Partei. Das
Labour-Führungspersonal wurde von nun an sozial ausgewogener rekrutiert. Im Labour-Schattenkabinett für die Wahl 2017 stammte die
Hälfte aus Arbeiterfamilien und nur eine Minderheit hatte in Oxford
studiert.

Maßgeblichen Anteil an der Linkswende der Labour Party hatten
die Unterstützergruppe Momentum – 40.000 Mitglieder – und die Gewerkschaft Unite. Ihre Mobilisierung ermöglichte die große Eintritts-

welle. Corbyn und seine Unterstützer konnten die Parteimitglieder in den Wahlkreisorganisationen aktivieren. Dadurch wurde Labour wieder mobilisierungs- und kampagnenfähig. In den Wahlkämpfen 2017 und 2019 klopften die Labour-Aktivisten an bis zu 2 Millionen Türen potenzieller Wähler, führten hunderttausende Telefonate und organisierten einen erfolgreichen Wahlkampf in den sozialen Medien. Der Schwerpunkt der Kampagnen lag auf den umkämpften Wahlkreisen. Die Finanzierung erfolgte auch über Crowdfunding.

Corbyn, McDonnell, Abbott, Trickett & Co stellten die Labour Party programmatisch neu auf.[148] Am Prozess der inhaltlichen Erneuerung wurden Gewerkschaften, Umwelt- und Sozialverbände sowie kritische Wissenschaft beteiligt. Herausgekommen ist ein sozial-ökologisches Transformationskonzept. Labour fordert eine beschleunigte Energiewende. Eine ökologische Industriepolitik soll die produktive Basis der britischen Volkswirtschaft erneuern. Gleichzeitig sollen Arbeitnehmerrechte gestärkt und der Sozialstaat ausgebaut werden. Durch mehr öffentliche Investitionen, die Verstaatlichung privatisierter öffentlicher Güter und eine stärkere Besteuerung hoher Einkommen und Vermögen, soll der Staat wieder handlungsfähig werden.

Der linke Parteivorsitzende konnte mit seinem Wahlprogramm »For the Many, not the Few« bei den Wahlen 2017 den sozialdemokratischen Stimmenanteil spektakulär von 30 auf 40 Prozent erhöhen. Im Winter 2019 ließ sich dieser Erfolg jedoch nicht wiederholen. Die britischen Sozialdemokraten kassierten eine empfindliche Wahlniederlage. Labour holte nur 32 Prozent und verlor im Unterhaus 59 Sitze. Die Brexit-Frage überschattete den Urnengang und pflanzte einen Spaltpilz in die sozialdemokratische Wählerschaft. Nicht enden wollende Antisemitismusvorwürfe schadeten der Partei. Des Weiteren konnte Labour in den ehemaligen Industrieregionen nicht ausreichend mobilisieren. Und viele britische Wählerinnen und Wähler ließen sich nicht davon überzeugen, dass Labours Wahlprogramm auch umsetzbar sei. Die jüngste Wahlniederlage ist ein Rückschlag, aber keinesfalls das Ende einer erfolgreichen sozialdemokratischen Erneuerung. Die Labour-Mitglieder wählten im April 2020 den Zentristen Keir Starmer zum neuen Parteivorsitzenden. Dieser will den politischen Kurs seines Vorgängers fortsetzen.

---

148 John Martin McDonnell, Diane Julie Abbott und John Trickett waren Mitglieder des Schattenkabinetts unter Corbyn.

Auch die portugiesischen Sozialdemokraten profitierten von einer Linkswende. Die sozialistische Partei (PS) koalierte 2015 mit der kommunistischen Partei und dem linksalternativen Bloco de Esquerda. Die neue Linksregierung unter Premierminister António Costa brach mit dem Spardiktat der Vorgängerregierung, erhöhte den Mindestlohn, die Renten und Familienbeihilfen, nahm die Gehaltskürzungen im öffentlichen Dienst zurück und besteuerte die Reichen. Diese sozialdemokratische Politik war wirtschaftlich und sozial äußerst erfolgreich. Die Wirtschaft erholte sich und die Arbeitslosigkeit sank. Im Oktober 2019 verpasste die PS bei den Parlamentswahlen nur knapp die absolute Mehrheit.

Was die deutsche Sozialdemokratie von Labour und der PS lernen kann, ist, dass eine klassische sozialdemokratische Programmatik gesellschaftlich mehrheitsfähig ist. Eine zweite wichtige Lehre aus Großbritannien ist, dass die Erneuerung der Partei von Unten kommen muss. Zehntausende Neueintritte und deren aktives Mitwirken am Erneuerungsprozess sowie die vertiefte Zusammenarbeit mit der Zivilgesellschaft haben die Labour Party wiederbelebt.

Nicht auf deutsche Verhältnisse übertragbar ist hingegen die Monopolstellung der Labour-Party als linke Volkspartei. Diese ist dem britischen relativen Mehrheitswahlrecht geschuldet. Dadurch sind politisch motivierte Abspaltungen aussichtslos. Die britische Linke ist gezwungen, den Kampf um die politische Ausrichtung innerhalb und nicht außerhalb der Labour Party zu führen.

Kapitalismus grün anstreichen reicht nicht
Kapitalismuskritische Umweltbewegung

Die größte Jugendbewegung der letzten 50 Jahre setzte die Merkel-Regierung klimapolitisch unter Druck. Hinzu kamen drohende EU-Strafen. Wenn Deutschland die europäischen Klimaschutzziele bis 2030 verfehlt, könnten Berlin bis zu 30 Milliarden Euro hohe Strafzahlungen drohen.

Unter dem Eindruck der Proteste schnürte die Große Koalition im Herbst 2019 ein sogenanntes Klimapaket. Die Bundesregierung will die Treibhausgas-Emissionen bis 2020 gegenüber 1990 um mindestens 40 Prozent senken. Bis 2030 ist eine Reduktion um mindestens 55 Prozent und bis 2040 um 70 Prozent geplant. Zunächst soll eine CO_2-Ausstoß-Abgabe eingeführt werden. Dadurch wird die Verbrennung von

Heizöl, Gas, Benzin und Diesel teurer. Ab 2021 entsteht dafür ein nationales Emissionshandelssystem für Wärme und Verkehr. Der Festpreis pro Tonne CO_2 soll zum Start bei 25 Euro liegen und bis 2025 auf 55 Euro ansteigen.[149] Die Einnahmen aus der CO_2-Bepreisung werden in Klimaschutzmaßnahmen investiert und fließen als sozialer Ausgleich (niedrigerer Strompreis, höheres Wohngeld, höhere Pendlerpauschale) an die Bürgerinnen und Bürger zurück.

Des Weiteren sollen die regenerativen Energien ausgebaut werden. Ihr Anteil am Bruttostromverbrauch soll 2030 bei 65 Prozent liegen. Dafür wurde der Ausbaudeckel bei Photovoltaik wieder entfernt. Die Kohlekraftwerke sollen bis spätestens 2038 vom Netz gehen und die Verkehrswende soll durch eine staatliche Förderung der Elektromobilität – Aufbau einer E-Ladestruktur, Kaufprämien und Steuererleichterungen – vorankommen. Die Bahn soll mehr Geld bekommen und ihre Tickets billiger werden. Ferner soll die energetische Gebäudesanierung weiter gefördert und der Einbau von Ölheizungen verboten werden. Die Industrie soll, laut Klimapaket, Investitionen in Energieeffizienz und Prozesswärme ankurbeln.

Die überwiegende Mehrheit der Klimaforscher geht davon aus, dass diese Maßnahmen nicht ausreichen, um die ambitionierten Klimaschutzziele zu erreichen. Die geplanten Klimaschutzinvestitionen bleiben weit hinter den bis 2050 erforderlichen 1,5 bis 2,3 Billionen Euro zurück (BCG/Prognos 2018). Verantwortlich dafür ist eine Klimapolitik nach Kassenlage und eine zahnlose Ordnungspolitik. Der Großen Koalition war eine schwarze Null – ausgeglichener Haushalt – wichtiger als eine grüne Null (Treibhausgasneutralität). Die geplanten Investitionen in ÖPNV und Bahn können den milliardenschweren Investitionsstau nicht auflösen. Ein konkretes Konzept für den Ausbau der regenerativen Energien existiert nicht. Das aktuelle Regelwerk erschwert den wirtschaftlichen Betrieb von Solar- und Windenergie, der niedrige CO_2-Preis hat keine starke ökologische Lenkungswirkung und der soziale Ausgleich ist nicht gerecht.

Die Umwelt- und Jugendbewegung und ihre Bündnispartner müssen also weiter Druck machen, um das Klima zu retten. Doch welche umwelt- und klimapolitische Strategie ist zielführend? Und wie können dafür gesellschaftliche Mehrheiten gewonnen werden?

---

149 Faktisch ist der Festpreis nichts anderes als eine Steuer. Da ein Emissionshandelssystem jedoch die Zertifikatmenge festlegt, muss der Staat mit Steuergeld Zertifikate nachkaufen, wenn der Handelspreis vom Festpreis abweicht.

Green New Deal

Ein Green New Deal, ein grüner Kapitalismus könnte eine kohlenstoff-arme Wirtschaftsform ermöglichen. Dafür müssen die energieinten-siven Schlüsselsektoren umgebaut und die öffentliche Infrastruktur erneuert werden. Gleichzeitig soll die soziale Spaltung national und global bekämpft werden. Ein neuer Klassenkompromiss zwischen auf-geklärten Bürgertum sowie traditionellen und modernen Arbeitneh-mermilieus soll die sozial-ökologische Transformation mehrheitsfähig machen. Die Idee ist nicht neu. In den 1930er-Jahren war der New Deal die wirtschafts- und sozialpolitische Antwort von Franklin D. Roosevelt auf die große Weltwirtschaftskrise. In den 1980er-Jahren entwickelte die Sozialdemokratie erste Konzepte für die ökologische Modernisierung der Industriegesellschaft. In den USA zog der Präsidentschaftskandidat Bernie Sanders mit einem Green New Deal – Investitionsoffensive für erneuerbare Energien und staatliche Arbeitsplatzgarantie – in den Vor-wahlkampf der Demokraten. Und Jeremy Corbyn machte mit einem »Green New Deal« im Winter 2019 Wahlkampf für die Labour Party. Zu-letzt präsentierte die neue EU-Kommissionschefin Ursula von der Leyen einen »European Green Deal«. Brüssel will 1000 Milliarden Euro mobi-lisieren, um die EU bis 2050 klimaneutral zu machen. Hierzulande ha-ben Bündnis90/Die Grünen einen weitreichenden Vorschlag für einen »Green New Deal« gemacht.

Der Green New Deal besteht im Kern aus Ordnungspolitik (Öko-steuern, Verbraucherschutz, Auflagen) und einer öffentlichen Investi-tionsoffensive (nachwachsende Rohstoffe, öffentliche Infrastrukturen, Energieeffizienz, Erneuerbare Energien). Darüber hinaus sollen die Be-schäftigten durch einen Ausbau des Bildungswesens, der Berufsbildung und Forschung besser qualifiziert werden, um die Anforderungen ei-ner grünen Ökonomie erfüllen zu können (French/Renner/Gardner 2009). So soll eine lange Welle grüner Innovationen ausgelöst werden. Die neuen grünen Industrien sollen Beschäftigung schaffen und für wirtschaftliche Dynamik sorgen. Das Potenzial dafür ist zweifelsohne vorhanden. Wir besitzen die technologischen Möglichkeiten die Ener-gie-, Material-, Wasser- und Transportproduktivität zu verfünffachen. Folglich können wir die Umweltbelastung um den Faktor 5 reduzieren (Weizäcker/Hargroves/Smith 2009).

Dieser Ökokapitalismus ist kompatibel mit dem deutschen Export-modell. Umwelttechnik und Umweltdienstleistungen sollen zum neuen Exportschlager der deutschen Wirtschaft werden. Gleichzeitig soll ein grüner Technologietransfer den Entwicklungs- und Schwellenländern beim ökologischen Umbau ihrer Wirtschaft helfen. Die Folgen der hohen deutschen Export- und Leistungsbilanzüberschüsse für die globalen Ungleichgewichte werden von den Green-New-Deal-Anhängern aber selten kritisch hinterfragt.

Die schöpferische Kraft grüner Märkte kann sich nicht ohne staatliche Eingriffe entfalten. Im Kapitalismus kommt es immer wieder zu Marktversagen. Unternehmen können die Umwelt kostenlos verschmutzen. Der Klimawandel ist nach Nicolas Stern sogar das größte Marktversagen, das wir je gesehen haben (Stern 2007). In diesem Fall muss ordnungspolitisch gehandelt werden. Preise sollen künftig die ökologische Wahrheit sagen. CO_2-Zertifikate, Ökosteuern und Umweltabgaben müssen Unternehmen und Verbraucher dazu bringen, sich umweltbewusst zu verhalten. Umweltschädliche Subventionen müssen abgebaut werden. Ein ökologisch neu programmiertes Preissystem kann umweltschonende Produkte und Produktionsverfahren fördern.

Eine ökologische Steuerreform kann die Preise für Energie und Rohstoffe langsam und stetig erhöhen. Der Preisanstieg sollte sich am Zuwachs der Ressourcenproduktivität orientieren. Dadurch erhalten die Unternehmen Anreize ihren Energie- und Ressourcenverbrauch kontinuierlich zu senken. Die staatliche Preissetzung kann dann im Idealfall dazu beitragen, einen grünen Zyklus auszulösen. Die 1999 unter Rot-Grün eingeführte Ökosteuer war hingegen ein Beispiel für schlecht gemachte Ordnungspolitik. Sie hatte nur eine sehr geringe ökologische Lenkungswirkung. Die Steuer unterschied nicht nach dem CO_2-Verbrauch unterschiedlicher Kraftstoffe. Die Steuersätze auf Heiz- und Kraftstoffe waren zu niedrig und uneinheitlich. Lediglich 5 Prozent der Emissionsreduktion des PKW- und LKW-Verkehrs im Jahr 2010 konnten auf die Ökosteuer zurückgeführt werden. In den meisten Sektoren konnte der Schadstoffausstoß nicht gesenkt werden (Kemfert et al. 2019).

Die Umweltbewegung sollte sich der Grenzen marktkonformer Ordnungspolitik bewusst sein. Grüne Märkte reichen nicht aus, um die umweltschädlichen kapitalistischen Produktions- und Konsummuster zu überwinden. Viele profitorientierte Unternehmen wollen und können nicht ökologisch wirtschaften. Das gilt besonders für die Automobilindustrie und die fossilen Energieerzeuger. Ohne einen Umbau der Infrastrukturen werden sie weiterhin die Umwelt verschmutzen, um Privilegien, Ausnahmen und Subventionen streiten oder sogar Strafzahlungen in Kauf nehmen. Arbeitnehmer und Verbraucher können

auch nicht das Klima retten. Viele motorisierte Berufspendler können
nicht auf Bus und Bahn umsteigen. Konsumenten können sich ohne
funktionierende Kreislaufwirtschaft häufig nicht umweltbewusst verhalten und nur einkommensstarke Haushalte haben die Möglichkeit regelmäßig in Bioläden einzukaufen, mit Elektroautos zufahren und in
Ökohäusern zu wohnen. Deswegen muss ein handlungsfähiger Staat
die sozial-ökologische Transformation durch grüne Investitionen vorantreiben. Ein ambitioniertes Zukunftsinvestitionsprogramm sollte im
Mittelpunkt jeder sozial-ökologischen Umbaustrategie stehen. Im Kern
geht es dabei um den Ausbau und die Modernisierung der öffentlichen
Infrastruktur und Daseinsvorsorge.

Für eine grüne und soziale Verkehrswende muss der Staat kräftig in
den öffentlichen Nah- und Fernverkehr investieren. Der Verkehr sollte
von Luft und Straße auf die Schiene verlagert werden. Eine der größten
Herausforderungen ist der ökologische Umbau der Automobilindustrie. Der fossile Verbrennungsmotor muss durch emissionsfreie An-
triebe ersetzt werden. Eine ökologische Industriepolitik sollte dafür die
notwendige Infrastruktur – Batteriezellenproduktion, Ladestationen,
Wasserstoffproduktion – schaffen. Richtiger Klimaschutz geht aber nur
mit weniger Autos. Ein ökologisches Mobilitätskonzept braucht folglich neue Produkte und Geschäftsmodelle für die Konversion der Autobauer.

Die Energiewende zielt auf eine Vollversorgung durch erneuerbare
Energien. Öffentliche, kommunale und genossenschaftliche Energie-
versorger sollten den Ausbau der regenerativen Energien vorantreiben.
Dies geht einher mit einer stärkeren Dezentralisierung und Re-Kommu-
nalisierung der Energieversorgung. Darüber hinaus sollte verstärkt in
Energieeffizienz und Energieeinsparung investiert werden.

Zusätzlich sollte mit staatlicher Unterstützung eine funktionierende
Kreislaufwirtschaft aufgebaut werden. Die Wegwerfwirtschaft muss zugunsten geschlossener Stoffkreisläufe überwunden werden. Die Sekun-
därproduktion von Grundstoffen wie Stahl, Aluminium und Papier,
verbraucht deutlich weniger Energie. Durch staatliche Vorschriften können die Recycling-Quoten erhöht werden. Stoffe, die nicht erneuerbar
sind, müssen weitgehend durch erneuerbare Stoffe ersetzt werden. Darüber hinaus müssen die internationalen Wertschöpfungsketten und
Handelsströme stärker regionalisiert werden. Frachter, Tanker, Jumbo-
jets und Schwerlaster transportieren Waren und Rohstoffe rund um den
Globus und verpesten so unsere Umwelt. Die neoliberale Freihandels-
praxis hat diese Entwicklung verschärft.

Öffentliche Banken und Versicherungen sollten ihre Kredite und Investitionen in den ökologischen Umbau der Wirtschaft lenken und aus der klimaschädlichen Kohle- und Erdölindustrie aussteigen.

Die ökologische Frage als Verteilungsfrage

Ein Green New Deal ist nur dann gesellschaftlich mehrheitsfähig, wenn er keine soziale Schieflage produziert. In ungleichen Gesellschaften sind die unteren und mittleren Bevölkerungsgruppen nicht in der Lage die Kosten des ökologischen Umbaus mitzutragen. Deswegen sollte die Umweltbewegung sich intensiv mit Macht-, Verteilungs- und Gerechtigkeitsfragen befassen.

Ein ökologisches Preissystem darf zu keinen sozialen Verwerfungen führen. Verbrauchssteuern sind verteilungspolitisch problematisch. Unternehmen können diese Kosten, wenn kein intensiver Preiswettbewerb vorherrscht, fast vollständig auf die Konsumenten überwälzen. Eine CO_2-Abgabe führt zu steigenden Benzin-, Diesel-, Gas- und Heizölpreisen. Dadurch werden Geringverdiener überproportional belastet, weshalb diese zusätzlichen Belastungen für untere und mittlere Einkommensgruppen vollständig ausgeglichen werden sollten. Was passiert, wenn dieser soziale Ausgleich ausbleibt, erlebte Emmanuel Macron in Frankreich. Die sogenannte Gelbwesten-Bewegung stoppte mit Straßenblockaden und Massendemonstrationen die Ökosteuerpläne des französischen Präsidenten.

Doch damit nicht genug. Der Strukturwandel in der Automobilindustrie und bei fossilen Energieversorgern darf nicht zu Massenentlassungen führen. Die Beschäftigten dieser Industrien brauchen eine berufliche Perspektive mit sicheren und guten Arbeitsplätzen. Ein Zukunftsfonds kann dafür die notwendigen Finanzmittel bereitstellen. Nur so lässt sich verhindern, dass Gewerkschaften und Belegschaften gezwungen werden, sich der notwendigen Transformation entgegenzustellen. Die benötigten öffentlichen Umwelt- und Klimaschutzinvestitionen sollten über höhere Steuern auf große Gewinne, Einkommen und Vermögen finanziert werden. Zudem kann ein Unternehmensstrafrecht und ein Lieferkettengesetz die Konzerne stärker in die Verantwortung nehmen. Die größten Klimasünder müssen politisch gezwungen werden, mehr zum Umweltschutz beizutragen.

Ein Green-New-Deal sollte auch mit einer stärkeren Demokratisierung wirtschaftlicher Entscheidungen einhergehen. Die Belegschaften, Betriebsräte und Gewerkschaften müssen die sozial-ökologische Transformation der Automobilindustrie und der Energiewirtschaft mitgestalten. Umweltinitiativen und Umweltverbände sollten in regional- und strukturpolitischen Räten ebenfalls auf den Transformationsprozess Einfluss nehmen können. Kurzum: Wir brauchen mehr Wirtschaftsdemokratie. So können Umweltverbände und Gewerkschaften gemeinsam für eine sozial-ökologische Transformation streiten, denn dieser Umbau wird nur gelingen, wenn die Wirtschaft demokratisiert wird und die Reichen die Kosten der Transformation bezahlen.

Grüne Kapitalismuskritik

Die Umweltbewegung diskutiert seit ihrer Entstehung darüber, ob der Kapitalismus das Problem, oder Teil der Lösung ist. Die Frage, ob ein Öko-Kapitalismus dazu fähig ist, Klimawandel und Umweltzerstörung zu stoppen, ist mehr als berechtigt. Der moderne Kapitalismus hat einen eingebauten Wachstumszwang. Die Profitlogik zwingt die Unternehmen dazu, immer mehr Güter und Dienstleistungen in kürzerer Zeit zu produzieren und Fakt ist: Bis heute konnte das Wirtschaftswachstum vom Energie- und Ressourcenverbrauch kaum entkoppelt werden.

Anhänger einer Postwachstumsgesellschaft sind deswegen vom Green New Deal nicht begeistert. Einige fordern den Bruch mit der kapitalistischen Produktionsweise. Kapitalistisches Wachstum kann nicht vom Energie- und Ressourcenverbrauch entkoppelt werden, so die Behauptung. Richtig ist der warnende Hinweis der »Wachstumskritiker«, dass die expansive kapitalistische Produktionsweise dazu tendiert, Effizienzgewinne durch Mehrproduktion wieder zunichtezumachen (Rebound-Effekt). Zwar gibt es noch gigantische Effizienzreserven zu heben (Weizsäcker/Hargroves/Smith 2009), ob dies unter kapitalistischen Verhältnissen möglich ist und zu einer Entkoppelung vom Verbrauch führt, muss aber erst noch unter Beweis gestellt werden.

Richtig ist auch, dass viele soziale und ökologische Probleme durch rein quantitatives Wachstum nicht gelöst werden können. Falsch ist jedoch eine Verteufelung jeglicher Form des Wachstums.[150]

---

150 Das Bruttoinlandsprodukt (BIP) ist ein schlechter Indikator für Wohlstand und Lebensqualität. Das BIP ist blind für die sozialen und ökologischen Folgen unserer Wirtschaft. Wenn sich eine Massenkarambolage auf der A3 ereignet, steigert der Rettungseinsatz das BIP. Die Zerstörung der Natur und der Ressourcenabbau werden nicht im BIP berücksichtigt. Ein neues Wohlstandsmaß ist somit überfällig.

Entscheidend ist, was wächst und was schrumpft. Mehr Erzieher, mehr Lehrer und mehr Altenpfleger vergrößern durch die steigende Lohnsumme das Volkseinkommen und erzeugen dadurch Wirtschaftswachstum. Letzteres ist aber ökologisch nicht bedenklich. Zielführend ist folglich eine Debatte über qualitatives beziehungsweise soziales Wachstum. In den Industrieländern sollten künftig die umweltfreundlicheren Dienstleistungen – insbesondere die sozialen Dienstleistungen – wachsen. Ferner sollten Sektoren wachsen, die nicht der Profitlogik unterworfen sind. Das sind der öffentliche Sektor, Genossenschaften und gemeinnützige Unternehmen (Klein 2019).

Der Streit zwischen Reformern und Systemkritikern ist nicht produktiv. Wenn die Umweltbewegung den sozial-ökologischen Umbau voranbringen will, dann braucht sie gesellschaftliche Mehrheiten. Das geht nur gemeinsam mit Gewerkschaften, Sozialverbänden, sozialen Bewegungen, Sozialdemokraten und Linken. Es ist kein Widerspruch sich für gute Arbeit, ein gutes Leben und den Schutz der Natur zu engagieren und gleichzeitig Kapitalismuskritik zu üben.

Eine radikale sozial-ökologische Reformpolitik verbessert die Arbeits- und Lebensverhältnisse der Bevölkerungsmehrheit hier und heute. Dadurch verändern sich auch die gesellschaftlichen Kräfteverhältnisse zugunsten eines sozial-ökologischen Reformbündnisses und die gesellschaftlichen Widersprüche zwischen gesellschaftlicher Produktion und privater Aneignung werden für jeden sichtbar. So lassen sich zukünftig Mehrheiten für weitergehende Reformen organisieren.

Wozu noch Sozialisten?
Warum die Linkspartei noch gebraucht wird

Nach ihrer Gründung 2007 war die Partei »Die LINKE« eine erfolgreiche Sammlungsbewegung gegen die Politik der Agenda 2010. Die Linkssozialisten konnten die SPD mit einer arbeitnehmerorientierten Politik unter Druck setzen. Bei den Bundestagswahlen 2009 erreichten sie mit fast 12 Prozent ihr bisher bestes Wahlergebnis. Viele Arbeitnehmer, darunter sehr viele ehemalige SPD-Wähler, hatten aus Protest ihr Kreuz bei der Linkspartei gemacht.

Anschließend stieß diese Strategie an ihre Grenzen. Das Abarbeiten an der Sozialdemokratie reichte nicht mehr aus. Fortan profitierte die Linke nicht mehr vom Absturz der SPD. Im Streit um Merkels Flüchtlingspolitik konnte sich Bündnis90/Die Grünen als glaubwürdiger Ge-

genpart zur AfD in Stellung bringen. Die Linkspartei hingegen war in
der Flüchtlings- und in der Europapolitik wegen interner Streitigkeiten
kaum sprechfähig und hatte kein umweltpolitisches Profil.

Bei den Bundestagswahlen 2017 kam die Linkspartei noch auf 9 Prozent oder 4,3 Millionen Stimmen. Bei den Europawahlen 2019 und bei
den Landtagswahlen in Sachsen und Brandenburg stürzte sie aber geradezu ab. Die LINKE gewann in den westdeutschen großstädtischen Milieus und schrumpfte in ihren ehemaligen ostdeutschen Hochburgen
der DDR-Dienstklasse. Die Wählerschaft der Sozialisten ist heute jünger,
westlicher und akademischer.

Schlagende Flügel

In der Linkspartei existieren seit ihrer Gründung unterschiedliche politische Flügel und Strömungen. Sehr grob kann zwischen einem prag-
matischen reformpolitischen Flügel um den Fraktionsvorsitzenden
Dietmar Bartsch, einem systemkritischen, bewegungsorientierten Flügel, einem orthodoxen linken Flügel um die Bundestagsabgeordnete
Sahra Wagenknecht und einem eher links-libertären Flügel um Katja
Kipping unterschieden werden. Dazwischen gibt es viele inhaltlich und
machtpolitisch motivierte Schattierungen.

Im Gefolge der sogenannten Flüchtlingskrise und nach der Bundestagswahl 2017 stritt die Linkspartei heftig über Einwanderungspolitik.
Oskar Lafontaine und Sahra Wagenknecht kritisierten die linke Forderung offener Grenzen. Merkels Flüchtlingspolitik habe die soziale Gerechtigkeit außer Kraft gesetzt. Die Lasten der Zuwanderung müssten
nun von den sozial Benachteiligten geschultert werden. Letztere würden unter einer verschärften Niedriglohnkonkurrenz, steigenden Mieten sowie überfüllten Schulen und Kitas leiden. Deswegen würden sich
viele Arbeitnehmer und Erwerbslose von der Linkspartei abwenden, so
Lafontaine. Die Partei solle künftig mehr über die realen Probleme der
Arbeitnehmer reden und sich vom schädlichen Leitbild offener Grenzen verabschieden.

Die Parteichefs Bernd Riexinger und Katja Kipping hielten dagegen.
Die Flüchtlingspolitik der Linkspartei sei nicht dafür verantwortlich,
dass viele abhängig Beschäftigte und Erwerbslose zur AfD abgewan-
dert seien. Flüchtlinge und sozial Benachteiligte dürften nicht gegeneinander ausgespielt werden. Die LINKE müsse sowohl klare Kante gegen
Rassismus und Fremdenfeindlichkeit zeigen, als auch deutlich machen,
dass nicht die Geflüchteten für Wohnungsnot und Niedriglöhne verant-

wortlich seien. Vielmehr sollte gemeinsam für soziale Verbesserungen gestritten werden – unabhängig von der sozialen Herkunft. Am Ende setzten sich Riexinger und Kipping mit mehrheitlicher Unterstützung des Parteivorstands und der Fraktion durch.

Zwei Monate nach der Bundestagswahl versuchten Lafontaine und Wagenknecht zusammen mit dem Dramaturgen Bernd Stegemann und anderen Mitstreitern eine linke Sammlungsbewegung aufzubauen. Die Bewegung »Aufstehen« sollte Verteilungs- und Gerechtigkeitsfragen in den Mittelpunkt stellen, Arbeitnehmer und Erwerbslose von der AfD zurückgewinnen und Druck auf SPD, Grüne und LINKE aufbauen, um mit einer künftigen Linksregierung einen sozialen Politikwechsel durchzusetzen. Im Herbst 2018 erfolgte der Startschuss. Die Aktivisten sollten sich an Demonstrationen, öffentlichen Veranstaltungen, lokalen Aktionsgruppen und digitalen Debattenforen beteiligen. Das Projekt war aber mit der Linkspartei nicht abgestimmt. Wagenknecht wurde vorgeworfen, ihre Minderheitsposition in der Migrationsfrage als politisches Projekt neben der Partei zu organisieren. Potenzielle Bündnispartner bei Grünen und SPD blieben von Anfang an auf Distanz zur Sammlungsbewegung. Im Vorstand von »Aufstehen« war das Selbstverständnis der Bewegung umstritten. Einige wollten eine unabhängige Bewegung von Unten, andere wollten eine eigene Partei gründen und wieder andere betrachteten »Aufstehen« als Vorfeldorganisation der Linkspartei. Dieser Konflikt konnte nicht beigelegt werden, woraufhin sich Wagenknecht und andere prominente Mitstreiter aus dem Projekt zurückzogen. Damit war der Versuch, eine soziale Bewegung von oben zu initiieren, gescheitert.

Kein Anschluss unter dieser Klasse

Nach der Fusion von WASG und PDS gab es eine schlagkräftige Gruppe von Parteifunktionären und Mandatsträgern mit gewerkschaftlichem Hintergrund. Diese Gewerkschaftruppe wollte die LINKE zu einer Partei der Arbeit machen. Die gewerkschaftliche Programmatik wurde in weiten Teilen in die linken Wahlprogramme aufgenommen und zugespitzt.

Die starke Arbeitnehmerorientierung der neuen Partei war zunächst erfolgreich. Bei den Bundestagswahlen 2009 wurde die Linkspartei überdurchschnittlich häufig von Arbeitnehmern und Erwerbslosen gewählt. Gleichzeitig wurde die Linkspartei zur Partei mit dem höchsten Arbeiteranteil unter ihren Mitgliedern. Jeder dritte Genosse ist zudem Gewerkschaftsmitglied. Des Weiteren organisierte die Partei eine umfangreiche Erwerbslosenarbeit, was der Linkspartei schon bald das Image einer Anti-Hartz-IV-Partei verpasste. Die Sozialisten konnten sich jedoch nie in den unteren und mittleren Arbeitnehmermilieus politisch und kulturell verwurzeln.

Seit ihrer Gründung hat sich die Mitgliedschaft der Linkspartei stark verändert. Zwischen 2009 und 2016 verlor die LINKE jedes vierte Mitglied. Dieser starke Mitgliederschwund konnte jedoch später gestoppt werden. Im Jahr 2019 hatten die Sozialisten noch rund 61.000 Parteigenossen. In den letzten Jahren wuchs die Linkspartei im Westen und schrumpfte im Osten. Heute haben die Linkssozialisten zwischen Hamburg und München fast genauso viele Mitglieder wie zwischen Dresden und Rostock. Die Partei ist, wie ihre Wählerschaft, westlicher, jünger und akademischer geworden. Folglich wächst sie im großstädtischen Raum und schrumpft in den ländlichen Regionen.

Der Parteivorsitzende Riexinger versucht die Linkspartei mit der Strategie einer »verbindenden Klassenpolitik« neu aufzustellen. Die weitere Verankerung der Partei in der Gesellschaft sieht er als größte Herausforderung. Im Focus stehen zunächst die Beschäftigten der privaten und öffentlichen Dienstleistungsbranchen. Es geht um Pflegekräfte, Erzieher, Verkäufer, Sicherheitskräfte und Amazon-Beschäftigte. Laut Riexinger sollte die LINKE dazu beitragen, die unterschiedlichen Beschäftigtengruppen – inklusive der Industriebeschäftigten – miteinander zu verbinden, ihre Interessen zu vertreten und sie perspektivisch zu einer Gegenmacht zu organisieren. Die Entwicklungen und Auseinandersetzungen in den Betrieben und Gewerkschaften sollen zentrale Bezugspunkte linker Politik werden. Dafür soll die LINKE die zahlreichen Arbeitskämpfe unterstützen, den Erfahrungsaustausch zwischen Streikaktiven organisieren, die Erwerbslosenarbeit wiederbeleben und parlamentarische Initiativen zur Re-Regulierung des Arbeitsmarktes einbringen.

Im Mittelpunkt sollen nicht nur bessere Arbeitsbedingungen, sondern die gesamten Lebensbedingungen der arbeitenden Bevölkerung, also Erziehung, Gesundheit, Wohnen, Freizeit und Kultur stehen. Die Proteste gegen Stuttgart 21, gegen Krankenhausprivatisierung, gegen Gentrifizierung und für einen besseren öffentlichen Nahverkehr sollen mit Tarifauseinandersetzungen und Arbeitskämpfen verbunden werden. Diese organisierende Arbeit soll sich in Kampagnen und Stadtteilarbeit ausdrücken. Seit 2018 organisiert die LINKE Kampagnen für bezahlbares Wohnen und gegen den Pflegenotstand. So soll die Linkspartei perspektivisch auf 100.000 Mitglieder anwachsen. Die Kampagnen entwickelten jedoch noch keine große Mobilisierungskraft. Nur in der Wohnungsfrage konnten sich die Linkssozialisten regional mit der Mieterbewegung vernetzen.

Ob die Linkspartei ihre ambitionierten Ziele erreichen kann, bleibt abzuwarten. Die Mitgliederzuwächse in den studentischen Milieus und modernen Dienstleistungsberufen westdeutscher Großstädte sind für eine stärkere betriebliche Verankerung der Linkspartei nur bedingt hilfreich. Erschwerend hinzukommt, dass Riexingers verbindende Klassenpolitik in der eigenen Partei nicht unumstritten ist. Ein möglicher Wechsel an der Parteispitze und der bereits erfolgte Rückzug vieler Amts- und Mandatsträger mit Gewerkschaftshintergrund setzen ein Fragezeichen hinter die zukünftige strategische Ausrichtung der Linkspartei.

Doch damit nicht genug. Der Rückhalt der Linkssozialisten in den ostdeutschen Nachbarschaften und Kommunen bröckelt. Eine betriebliche Basis hat es dort nie gegeben. Im Osten der Republik bedroht der demografische Wandel die künftige Handlungs- und Mobilisierungsfähigkeit der Linkspartei. Kurzum: Der Weg zu einer besseren gesellschaftlichen Verankerung der Linken ist noch sehr lang und steinig.

Linksregierungen

Der Streit über die Sinnhaftigkeit einer sozialistischen Regierungsbeteiligung hat eine lange Tradition. In der französischen Februarrevolution 1848 wurde der Sozialist Louis Blanc Mitglied der Provisorischen Regierung. Seine Bemühungen um eine arbeitnehmerorientierte Politik waren erfolglos. Nach wenigen Monaten verließ er die Regierung. Seitdem diskutiert die politische Linke über Reform oder Revolution.

Das gilt auch für die Linkspartei. Im deutschen Bundestag gab es zwischen 2005 und 2009 sowie zwischen 2013 und 2017 eine rechnerische linke Mehrheit. SPD, Grüne und Linkspartei ließen diese Chance jedoch ungenutzt verstreichen. Was fehlte, war ein gemeinsames rot-rot-grünes Reformprojekt und eine entsprechende gesellschaftliche Bewegung.

Anders verlief die Entwicklung in den Bundesländern. Dort sammeln die Linkssozialisten seit zwei Jahrzehnten Regierungserfahrung. Die erste Kooperation zwischen SPD und der ehemaligen PDS begann 1994 in Sachsen-Anhalt. Damals noch in Form einer Tolerierung der SPD-Landesregierung durch die Sozialisten. Die erste rot-rote Koalition wurde 1998 in Mecklenburg-Vorpommern gebildet. Das Linksbündnis führte das Land bis 2006. In Berlin regierte zwischen 2002 und 2011 ebenfalls ein rot-rotes Bündnis. Eine weitere Linksregierung wurde 2009 in Brandenburg aus der Taufe gehoben und regierte in Potsdam bis 2019.

Besonders viel Stoff für parteiinternen Streit bot die Regierungsbeteiligung der Berliner PDS/Linkspartei. Die schwarz-rote Vorgängerregierung hatte dem rot-roten Senat 2002 einen Trümmerhaufen hinterlassen. Die Krise der Berliner Bankgesellschaft und ein schwieriges wirtschaftliches Umfeld zwangen die rot-rote Regierung zu einem harten Sparkurs. Finanzsenator Sarrazin kürzte die Gehälter im öffentlichen Dienst. Richtig Prügel bezog die Regierungslinke aber für die Privatisierung der größten landeseigenen Wohnbaugesellschaft GSW. Die Linkssozialisten wurden für diese Politik bei zwei Abgeordnetenhauswahlen kräftig abgestraft. Aus Sicht der linken Fundamentalopposition war damit klar: Wer regiert, verliert!

Doch so eindeutig ist das nicht. Inzwischen konnte die Linkspartei mehrmals nachweisen, dass linkes Regieren nicht automatisch in den demoskopischen Untergang führt. So wurden in Berlin 2016 und in Thüringen 2014 zwei erfolgreiche rot-rot-grüne Landesregierungen gebildet. Beide Bundesländer hatten aufgrund hoher Verschuldung und strikten Schuldenregeln einen geringen finanzpolitischen Handlungsspielraum. Die Linksregierungen amtierten jedoch in guten wirtschaftlichen Zeiten. Hohes Wachstum, steigende Einkommen und sinkende Arbeitslosigkeit ließen die Steuereinnahmen sprudeln. Dadurch entstanden politische Gestaltungschancen.

In Erfurt wurde mit Bodo Ramelow erstmals in der Geschichte der Bundesrepublik ein Politiker der Linkspartei zum Ministerpräsident gewählt. Die neue Linksregierung erreichte in fünf Jahren kleine Fortschritte. Das rot-rot-grüne Bündnis in Thüringen erhöhte die Staatsausgaben, entlastete die Kommunen, führte einen Vergabemindestlohn ein, schuf einen kleinen sozialen Arbeitsmarkt, stellte neue Lehrer und Polizisten ein, machte das erste Kita-Jahr beitragsfrei, förderte den Breitbandausbau und ermöglichte ein Azubi-Ticket.

In Berlin regiert seit 2016 ebenfalls eine rot-rot-grüne Koalition. Die Linksregierung hat ein Jahrzehnt der Investitionen ausgerufen. Sie baut und kauft Wohnungen, deckelt die Mieten, investiert in den ÖPNV und erweitert die Radwege. Darüber hinaus errichtet Berlin mehr Schulen, führte die Lernmittelfreiheit wieder ein und sorgte für kostenloses Schulessen und Schulticket. Außerdem schuf das rot-rot-grüne Bündnis einen sozialen Arbeitsmarkt, schaffte die sachgrundlosen Befristungen im öffentlichen Dienst ab, holte ehemals ausgegliederte Unternehmen wieder zurück und verabschiedete ein neues Vergabegesetz mit umfassender Tariftreueregelung und einem Mindestlohn von 12 Euro. Unter dem Strich konnten beide Linksregierungen notwendige Zukunftsinvestitionen anstoßen und soziale Verbesserungen ermöglichen.

Diese fortschrittliche Politik zahlt sich für die Linkspartei aus. Im Oktober 2019 wurde die Linkspartei bei den Thüringer Landtagswahlen stärkste politische Kraft. Sie konnte sogar gegenüber 2014 nochmals zulegen. In Berlin liegt die Linkspartei in Umfragen deutlich über ihrem letzten Wahlergebnis von 2016.

Zukunfts- und Strategiedebatten

Die LINKE kann wichtige Impulse für einen politischen Kurswechsel geben. Sie sollte ein breites gesellschaftliches Bündnis für einen sozialökologischen Umbau anstreben. Die politischen Grundlinien einer sozial-ökologischen Reformpolitik sollten gemeinsam mit Gewerkschaften, Verbänden, Initiativen und sozialen Bewegungen erarbeitet werden. Die Linkssozialisten können in einem solchen Bündnis für den Ausbau der Daseinsvorsorge und des Sozialstaats streiten und in der Klimafrage den ökologischen Umbau als Verteilungsfrage ausbuchstabieren. Eine Machtoption für eine andere Politik gibt es aber nur, wenn die Linkspartei bereit ist Regierungsverantwortung zu übernehmen.

Die Sozialisten sollten weiterhin versuchen, sich gesellschaftlich besser zu verankern. Dies gilt besonders für die prekären und modernen Dienstleistungsberufe. Das Problem ihrer mangelnden Verankerung in den unteren und mittleren Arbeitermilieus teilt die Linkspartei mit der SPD. Hier gibt es aber keine schnellen und einfachen Antworten. Ein klares arbeitnehmerorientiertes Profil und eine entsprechende Wahlkreis- und Stadtteilarbeit in Form des Community-Organizing könnten mittelfristig Abhilfe schaffen. Dazu gehört aber auch eine kritische Distanz zum bedingungslosen Grundeinkommen, welches mit den in Arbeitnehmermilieus verankerten Gerechtigkeitsvorstellungen (Leistungs- und Bedarfsgerechtigkeit) nur schwer in Einklang zu bringen ist. Die Linkssozialisten haben noch utopischen Überschuss. Kapitalismuskritik ist im linken Parteienspektrum rar geworden. Die LINKE führt aber noch Debatten, die über linke Realpolitik hinausgehen.

Die Linkssozialisten stellen die Eigentumsfrage. Hier haben sie ein Alleinstellungsmerkmal innerhalb des linken Parteienspektrums. Konkret wird diese Auseinandersetzung in der Wohnungspolitik, denn bezahlbares Wohnen steht im Widerspruch zum Interesse privater Immobilienkonzerne, mit Wohnungen hohe Renditen zu erzielen. Die Corona-Pandemie veranschaulicht die existenzielle Bedeutung eines öffentlichen Gesundheitswesens. Aber auch bei digitalen Infrastrukturen stellt sich die Eigentumsfrage. Die öffentliche Verwaltung und das Gesundheitswesen geraten immer mehr in die Abhängigkeit von privat gesammelten Daten. Eine große Rolle spielt die Verfügungsgewalt des Privateigentums auch bei der ökologischen Verkehrswende. Die LINKE problematisiert zumindest, dass die Automobilkonzerne weiterhin möglichst viele Autos verkaufen wollen und so ökologisch nachhaltige Mobilitätskonzepte blockieren.

Die Linkspartei diskutiert auch über Wirtschaftsdemokratie. Wie kann die kapitalistische Wirtschaft stärker demokratisiert werden? Mit diesen Debatten kann die LINKE in der aktuellen Auseinandersetzung um den Klimaschutz, die soziale und ökologische Frage mit der Demokratiefrage verknüpfen.

Bunt, laut und digital
Jugend und soziale Bewegungen

Die Spaßgeneration wird politisch. Immer mehr Jugendliche interessieren sich für Politik und wollen ihre Zukunft selbst gestalten (Shell-Jugendstudie 2019). Eine gesundheits- und umweltbewusste Lebensführung ist ihnen wichtig. Das gilt besonders für junge Frauen. Umweltschutz und Klimawandel sind für Jugendliche zentrale politische Themen.

Jeder dritte Jugendliche will politisch aktiv werden, aber nicht mehr auf den ausgetretenen Pfaden. Parteien sind bei Jugendlichen out, die Mehrheit misstraut den politischen Eliten und engagiert sich heute stärker in kurzfristig angelegten und inhaltlich begrenzten Initiativen. Die politischen Eliten haben angeblich keine überzeugenden Antworten auf die großen sozialen und ökologischen Probleme. Die Krise der politischen Repräsentation hat bei der Jugend voll zugeschlagen.

Das Herz vieler Jugendlichen schlägt links und fast 40 Prozent aller Jugendlichen treten für soziale Gerechtigkeit, Demokratie, Klimaschutz und Toleranz ein (Shell-Jugendstudie 2019). Bei den Europawahlen 2019 wählte jeder Dritte 18 bis 29-Jährige grün, jeder Zehnte die SPD, 7 Prozent Linkspartei und 8 Prozent die Satire-Partei. Die Unionsparteien landeten bei 13 Prozent.

Die junge Generation ist die erste Generation, die seit ihrer Geburt in der digitalen Welt aufgewachsen ist. Seit der Jahrtausendwende vollzog sich ein Strukturwandel der Öffentlichkeit (Kahrs 2019). Die digitalen sozialen Medien sorgten dafür, dass die Parteien nicht mehr die politischen Produktionsmittel besitzen. Soziale Gruppen und kulturelle Milieus konnten für ihre politischen Anliegen eigene Öffentlichkeiten schaffen. YouTube, Twitter, Instagram und Facebook machten aus Konsumenten Medienproduzenten. Influencer, wie Rezo, haben heute mehr Einfluss auf die politische Meinungsbildung der Jugend als die etablierten Parteien.

Digitale Freiheit

Die Jugend verteidigt ihre Freiheit in der digitalen Welt. Immer wieder gehen junge Menschen für digitale Bürgerrechte sowie gegen Überwachung und Zensur auf die Straße. Im Februar 2012 demonstrierten republikweit 50.000 Menschen gegen das Urheberrechtsabkommen Acta.[151] Die Aktivisten befürchteten eine Einschränkung von Freiheitsrechten im Internet. Der Protest war erfolgreich. Im Sommer desselben Jahres stimmte die Mehrheit der EU-Parlamentarier gegen Acta und das Abkommen wurde europaweit nicht umgesetzt.

Gleichzeitig demonstrierten immer wieder tausende junge Menschen gegen die Vorratsdatenspeicherung. Sie protestierten gegen die Verletzung ihrer Privatsphäre durch die wochenlange Speicherung von Telefon- und Internetdaten. Die Proteste konnten jedoch nicht verhindern, dass der Bundestag 2015 ein Gesetz zur Vorratsdatenspeicherung beschloss.

Im März 2019 versammelten sich zehntausende junge Menschen, um gegen eine EU-Urheberrechtsreform und die vermeintliche Beschränkung des Internets zu protestieren. Plattformen wie YouTube und Facebook sollten künftig dafür haften, wenn ihre Nutzer urheberrechtswidrige Inhalte hochladen. Die Plattformen kündigten an, die EU-Richtlinie nur mithilfe sogenannter Upload-Filter einhalten zu können. Diese Filter prüfen bereits beim Hochladen von Bildern, Videos oder Musik, ob diese das Urheberrecht verletzen. Die Proteste wurden von der Initiative »Save the Internet« organisiert. Sie waren jedoch nicht erfolgreich. Das Europäische Parlament stimmte der Urheberrechtsreform mehrheitlich zu.

---

151 Acta steht für Anti-Counterfeiting Trade Agreement.

Bereits 2006 hatte sich die Generation der »Digital Natives« eine eigene Partei gebaut. IT-Experten, Start-Up-Unternehmer, Soloselbständige und Hipster gründeten die Piratenpartei. Die Piraten symbolisierten den digitalen Aufbruch und standen für mehr Transparenz. Die Freibeuter brachen mit den Regeln und der Kultur traditioneller Politik. Ihr Kampf gegen die Zensur im Netz machte sie bundesweit bekannt. Mit kreativen Wahlkämpfen enterten sie ab 2011 die Landesparlamente Berlins, Schleswig-Holsteins, Nordrhein-Westfalens und des Saarlands.

Das Gegenmodell der Piraten zur traditionellen repräsentativen Demokratie war die »Liquid Democracy«, die flüssige Demokratie. Diese Mischform aus repräsentativer und direkter Demokratie sollte die demokratische Teilhabe erhöhen und möglichst viele Menschen am demokratischen Prozess beteiligen. Bei Debatten und Abstimmungen sollten Stimmen flexibel übertragbar sein. Betroffene sollten an Parlaments- und Parteientscheidungen selbst teilnehmen oder Bürger ihres Vertrauens für sie entscheiden lassen. Jeder Wahlberechtigte sollte selbst Gesetzesinitiativen einbringen können, wenn er dafür hinreichend Unterstützer findet. Die Mitglieder der Piratenpartei konnten sich informell, ad hoc und ohne räumlichen Bezug politisch betätigen. Jeder, der über einen Internetanschluss verfügte, konnte in der neuen Partei mitarbeiten.

Die Piraten wurden jedoch sehr schnell Opfer ihres eigenen Erfolgs. Die etablierten Parteien lernten Netzpolitik und wollten plötzlich ebenfalls die digitalen Bürgerrechte schützen. Während SPD, Grüne und FDP den Piraten die Themen klauten, versäumte es die Nerd-Partei sich inhaltlich breiter aufzustellen. Zudem sorgte ein völlig enthemmter, öffentlich ausgetragener Dauerstreit dafür, dass das Piratenschiff kenterte. Beleidigungen, Beschimpfungen, sexistische und rechte Entgleisungen in der virtuellen Welt pulverisierten ihre realen Sympathiewerte. Dem Höhenflug folgte der Absturz. Spätestens 2013 war der Spuk vorbei. Die prominentesten Piraten fanden anschließend Unterschlumpf bei den etablierten Parteien.

Mieterproteste

Die Wohnungsfrage ist die soziale Frage unserer Zeit. In den Ballungszentren steigen die Immobilienpreise und die Mieten schießen durch die Decke. In Groß- und Universitätsstädten finden selbst Normalverdiener kaum noch eine bezahlbare Wohnung.

Doch die Mieter wehren sich. In Frankfurt, Hamburg, München und Berlin protestieren sie gegen steigende Mietpreise und gegen die Verdrängung aus ihren Wohnungen und Nachbarschaften. Die Anfänge solcher Mieterproteste liegen im 19. Jahrhundert. Die ersten Mietervereine entstanden im Kampf gegen die Auswüchse der kapitalistischen Wohnraumversorgung. Seitdem gab es immer wieder Protestwellen, wenn die Wohnraumversorgung in die Krise geriet (Vollmer 2019). Erfolgreich verliefen die Mieterproteste immer dann, wenn es gelang ein Bündnis aus Unter- und Mittelschichten zu bilden.

Nach der Finanzmarktkrise spitzte sich die Lage auf dem deutschen Wohnungsmarkt zu. Der Staat hatte sich schon lange aus dem sozialen Wohnungsbau zurückgezogen. Der Bestand an Sozialmietwohnungen halbierte sich fast in den letzten 15 Jahren. Kommunale Wohnungsunternehmen verkauften große Bestände. Allein in Berlin wurden 164.000 Wohneinheiten verscherbelt. Nach der Krise drängten nationale und ausländische Immobilienkonzerne und Finanzinvestoren auf den deregulierten deutschen Wohnungsmarkt (Vollmer 2019). Daraufhin stiegen in vielen Metropolen die Mieten.

Das Zentrum der Mieterbewegung ist Berlin, aber auch in Hamburg, München, Frankfurt, Stuttgart und anderswo organisierte sich der Protest gegen steigende Mieten. In der Hauptstadt war seit 1990 die Hälfte des kommunalen Wohnungsbestandes privatisiert worden. Seit Mitte der 2000er-Jahre gründeten sich in Berlin zahlreiche Mieterinitiativen, die sich untereinander vernetzten. Von Verdrängung bedroht waren inzwischen auch die Mittelschichten. Sie wurden zu Trägern der neuen Mieterbewegung (Vollmer 2019). Zumeist organisierte ein Aktivenkreis von 10 bis 20 Personen die Arbeit der lokalen Mieterinitiativen. Trotz unterschiedlicher sozialer Herkunft der Mieterinnen und Mieter konnten die Initiativen als kollektiver politischer Akteur auftreten (Vollmer 2015).

Der Mieterprotest richtete sich gegen die Umwandlung von Miet- in Eigentumswohnungen, Eigenbedarfskündigungen, modernisierungsgetriebene Mieterhöhungen, die Zweckentfremdung von Mietwohnungen als Ferienwohnung oder spekulativen Leerstand. Vielen Mieterinitiativen ging es aber auch um den Erhalt der sozialen und kulturellen Infrastruktur (Kleingewerbe, Kulturvereine, etc.) ihrer Nachbarschaft.

Die Aktionsformen und politischen Strategien der Mieterbewegung unterscheiden sich. Die Initiativen organisieren Demonstrationen, blockieren Zwangsräumungen, entwerfen eigene Bebauungskonzepte oder initiieren Volksbegehren. Aufgrund ihrer Vielfalt gibt es keine gemein-

same überlokale Organisationsstruktur. Dennoch fand 2008 die erste
gemeinsame Demonstration unter dem Motto »Steigende Mieten stoppen« statt. So wurde aus dem Konflikt um die eigene Mieterhöhung ein
sozialer und politischer Protest. Weitere Demonstrationen und Konferenzen mit steigenden Teilnehmerzahlen folgten. Vorläufiger Höhepunkt der Mieterproteste war eine Demonstration im April 2019 mit
40.000 Teilnehmern. Bis in den Sommer desselben Jahres sammelte
die Initiative »Deutsche Wohnen & Co. enteignen« nach eigenen Angaben rund 77.000 Unterschriften für ein Volksbegehren. Ziel des Refe-
rendums ist die Enteignung großer Wohnungsunternehmen wie etwa
des namengebenden Wohnungskonzerns »Deutsche Wohnen«, der in
der Hauptstadt rund 110.000 Wohnungen besitzt.

Durch solche Aktionen setzte die Mieterbewegung die Politik erfolgreich unter Druck. Die erste politische Reaktion des Berliner Senats war
die landesweite Einführung der Mietpreisbremse. Gleichzeitig wurde
der soziale und genossenschaftliche Wohnungsbau angekurbelt und
2020 werden in der Hauptstadt die Mieten für fünf Jahre gedeckelt. Dieser sogenannte Mietendeckel stieß bundesweit auf großes Interesse.
Im Herbst 2019 initiierte ein Bündnis aus DGB, SPD, BÜNDNIS90/DIE
GRÜNEN, DIE LINKE sowie Sozialverbänden ein Volksbegehren für einen
6-Jährigen Mietenstopp in 162 bayerischen Städten und Gemeinden.

ATTAC und Campact

Um die Jahrtausendwende gründeten Globalisierungskritiker die Vereinigung für eine Besteuerung von Finanztransaktionen im Interesse der
Bürger, kurz ATTAC. Politisches Ziel dieser neuen sozialen Bewegung war
zunächst die Durchsetzung einer globalen Finanztransaktionssteuer.
ATTAC beschränkte sich aber nicht auf Steuerpolitik. Die Organisation
kritisierte die neoliberale Globalisierung und wurde zu einer Bildungs-
bewegung mit Aktionscharakter. Auf den G8 Gipfeln in Genua (2001)
und Heiligendamm (2008) konnte ATTAC öffentlichkeitswirksamen
Protest organisieren. Gleiches gilt für die antikapitalistischen Proteste
im Frankfurter Bankenviertel – Blockupy – im Anschluss an die große
Finanzmarktkrise 2007. Die Globalisierungskritiker beteiligten sich aber
auch an nationalen tagespolitischen Auseinandersetzungen. ATTAC organisierte erfolgreich Kampagnen gegen den geplanten Börsengang der
Deutschen Bahn, gegen Cross-Border-Leasing, gegen Wasserprivatisierung sowie gegen die Freihandelsabkommen CETA und TTIP. Die Finanzmarktkrise verschaffte der Bewegung einen großen Wachstums- und

Mobilisierungsschub. Das internationale Netzwerk wuchs auf mehr als 90 000 Menschen und Organisationen in mindestens 40 Ländern. Noch heute zählt die Organisation republikweit mehr als 28.000 Mitglieder. Zu den prominentesten Mitstreitern gehören der grüne Europaabgeordnete Sven Giegold, Ex-SPD-Chefin Andrea Nahes und der inzwischen verstorbene ehemalige CDU-Generalsekretär Heiner Geißler. Die Forderung nach einer Besteuerung des Aktien-, Devisen- und Derivatehandels ist inzwischen im politischen Mainstream angekommen. Nach der Finanzmarktkrise hat ATTAC jedoch an Mobilisierungskraft eingebüßt. Die Mitgliedschaft stagniert und die Attraktivität der Organisation leidet unter ihrer Institutionalisierung, der Komplexität ihrer Themen und der mangelnden Vielfalt ihrer Aktiven.

ATTAC-Aktivisten gründeten 2004 die Bürgerbewegung Campact. Die neue Nichtregierungsorganisation spezialisierte sich auf politische Kampagnen. Durch die Organisation von Großdemonstrationen, lokalen Aktionen und Online-Appellen konnte Campact Druck auf politische Entscheidungsträger ausüben. Ihre sozial-ökologisch ausgerichteten Kampagnen richteten sich gegen Gentechnik, gegen Atomkraft, gegen Steuerflucht, gegen Wasserprivatisierung sowie gegen die Freihandelsabkommen CETA und TTIP. Darüber hinaus engagierte sich Campact für Seenotrettung, für ein Glyphosatverbot, für Windkraft und für den Klimaschutz. Das Erfolgsgeheimnis von Campact ist ein über zwei Millionen Menschen großes Netzwerk und eine professionelle Kampagnenarbeit. Die Nichtregierungsorganisation finanziert sich durch Spenden und Förderbeiträge. Die deutschen Steuerbehörden aberkannten jedoch Campact und ATTAC die Gemeinnützigkeit. Diese politisch höchst umstrittene Entscheidung hat negative Auswirkungen auf das künftige Spendenaufkommen.

Unteilbar

Im Oktober 2018 organisierte ein Bündnis aus 4500 Organisationen und Einzelpersonen in Berlin eine Großdemonstration gegen Rassismus und Ausgrenzung und für eine offene und solidarische Gesellschaft. Aufgerufen hatten unter anderem der Paritätische Wohlfahrtsverband, Pro Asyl, BUND, Amnesty International sowie zahlreiche prominente Schauspieler und Schriftsteller. Unterstützt wurde das Bündnis Unteilbar von Gewerkschaften und linken Parteien. Die Demonstration war eine Reaktion auf fremdenfeindliche Aufmärsche und Ausschreitungen in Chemnitz und Köthen. Protestiert wurde aber auch gegen die

EU-Flüchtlingspolitik, gegen das Sterben im Mittelmeer und die Situation in den Auffanglagern an den EU-Außengrenzen. Zudem forderte das Bündnis mehr gesellschaftliche Teilhabe und soziale Gerechtigkeit und kritisierte die herrschende neoliberale Politik. Die Demonstration, an der sich mindestens 120.000 Menschen beteiligten, war ein Riesenerfolg.[152]

Ein Jahr später organisierte Unteilbar im Vorfeld ostdeutscher Landtagswahlen eine weitere Großdemonstration in Dresden. An der Demonstration beteiligten sich 40.000 Menschen. Es war die größte Demonstration in Dresden nach der Wiedervereinigung. Das Bündnis Unteilbar konnte somit der Mobilisierung der Neuen Rechten eine breite gesellschaftliche Bewegung entgegensetzen. Dadurch wurde bisher schweigenden Bevölkerungskreisen eine Stimme verliehen und der breite antifaschistische Grundkonsens sichtbar. Unteilbar bemüht sich darum, die unterschiedlichen Proteste und Bewegungen miteinander zu verbinden. So rief das Bündnis im September 2019 ebenfalls dazu auf, sich am von Fridays for Future organisierten Klimastreik zu beteiligen.

Fridays for Future

Mit Fridays for Future entstand 2018 eine neue Schüler- und Jugendbewegung. Der Jugendprotest richtet sich nicht nur gegen den Klimawandel, sondern fordert auch eine stärkere demokratische Beteiligung.

Im August 2018 entfachte die schwedische Schülerin Greta Thunberg mit einem dreiwöchigen Schulstreik für den Klimaschutz eine internationale Bewegung. Seitdem streiken jeden Freitag weltweit Schüler für den Klimaschutz. Sie fordern eine globale Reduktion des CO_2-Ausstoßes. Der Anstieg der Erderwärmung soll auf maximal 1,5 Grad begrenzt werden. Dafür müsste Deutschland bis 2030 aus der Kohle aussteigen und seinen gesamten Strom bis 2035 aus Erneuerbaren Energien beziehen.

Hierzulande demonstrierte Fridays for Future (FFF) erstmals im Januar 2019 mit 25.000 Schülern – überwiegend Gymnasiasten und Studenten – an 50 verschiedenen Orten. Einen Monat später organisierte FFF den ersten internationalen Protesttag, an dem sich republikweit 300.000 junge Menschen beteiligten. Im Sommer desselben Jahres hatte FFF bereits über 600 Ortsgruppen (Sommer et al. 2019). Den größten Mobilisierungserfolg erreichte die Jugendbewegung im September 2019 mit einem weltweiten Klimastreik. Zwischen Berlin und München

---

152 Die Veranstalter schätzten die Teilnehmerzahl auf 240.000 Menschen.

gingen an diesem Tag rund 1,4 Millionen Menschen für den Klimaschutz auf die Straße.

Der Erfolg dieser klimapolitischen Bewegung basiert auch darauf, dass in den letzten Jahren Umweltverbände und Klimaaktivisten das Klimaschutzthema durch Proteste und zivilen Ungehorsam erfolgreich bespielten. Die Schüler- und Jugendbewegung rekrutiert sich mehrheitlich aus der oberen Mittelschicht. Sozial benachteiligte junge Menschen sind bei FFF klar unterrepräsentiert. Damit bestätigt sich aber nur, dass demokratische Beteiligung hierzulande von der sozialen Herkunft abhängt (siehe Kapitel »Krise der Demokratie?«).

Die Schüler werden von Umweltverbänden, wie dem BUND, Greenpeace, den Naturfreunden sowie der grünen Jugend und Campact in organisatorischen Fragen unterstützt. Zudem wird die Jugendbewegung inzwischen von Klimawissenschaftlern – Scientists for Future – fachlich beraten. Die mediale Berichterstattung ist überwiegend positiv und die neue Jugendbewegung genießt eine hohe gesellschaftliche Anerkennung. Das liegt nicht zuletzt auch am offenen, integrativen und gemäßigten Auftreten von FFF. Kritische Stimmen, wie die des FDP-Vorsitzenden Christian Lindner, der den Schülern empfahl, den Klimaschutz den Profis zu überlassen, waren die absolute Ausnahme.

Der Protest zeigte Wirkung. Aufgrund des großen öffentlichen Drucks schnürte die schwarz-rote Regierung im Herbst 2019 ein Klimapaket. Letzteres wurde jedoch von FFF sowie von weiten Teilen der Wissenschaft als völlig unzureichend kritisiert. Bemerkenswert ist, dass die noch junge Bewegung bisher alle großen Herausforderungen sozialer Bewegungen – veränderte Ziele, strategische Umorientierung, Organisation und Entscheidungsfindung, Öffentlichkeitsarbeit – erfolgreich meistern konnte (Sommer et al. 2019). Noch kann die neue Jugendbewegung das Momentum halten und eine Demobilisierung ist noch nicht erkennbar. Lediglich die Corona-Pandemie konnte die Jugendlichen ausbremsen.

In naher Zukunft wird es aber zwangsläufig zu inhaltlichen Klärungen und Differenzierungen kommen. Ob die Jugendbewegung im Kampf für den Klimaschutz dann auch Macht- und Verteilungsfragen stellen wird, ist heute noch völlig offen.

Vorwärts und nicht vergessen!
Eine Agenda fortschrittlicher Politik

Ein Aufbruch in eine gerechte und umweltfreundliche Gesellschaft ist möglich. Gewerkschaften, Umweltbewegung, Sozialverbände, linke Parteien und soziale Bewegungen können gesellschaftliche Mehrheiten für eine sozial-ökologische Reformpolitik gewinnen. Diese soll die kapitalistische Markt- und Profitlogik durch demokratisch gesetzte Regeln im Zaum halten und wo nötig auch außer Kraft setzen.

Auch in einer pluralen Klassengesellschaft, die durch sehr unterschiedliche Lebensstile und Wertorientierungen geprägt ist, gibt es gemeinsame Bedürfnisse, Anliegen und Interessen, an denen fortschrittliche Politik anknüpfen kann. Dazu gehören höhere Löhne, gute Arbeit, armutsfeste Renten, eine gute Gesundheitsversorgung, gute Bildung, eine bessere Vereinbarkeit von Familie und Beruf, ein guter öffentlicher Verkehr, bezahlbarer Wohnraum, saubere Luft und eine gesunde Umwelt. Diese universellen Forderungen sind für die Reinigungskraft ebenso wichtig wie für den Postboten, die Kassiererin, den Studenten, die Ingenieurin, die Softwareentwicklerin oder den Krankenpfleger. Auf dieser inhaltlichen Grundlage kann ein gesellschaftliches Bündnis aus unteren und mittleren Arbeitnehmermilieus sowie progressiven bürgerlichen Milieus zustande kommen.

Eine Agenda fortschrittlicher Politik muss von allen gesellschaftlichen Akteuren gemeinsam entwickelt werden. Die Grundlinien dieser Politik können aber skizziert werden.

Gute Arbeit und Gegenmacht

Fortschrittliche Politik sollte im ersten Schritt darauf abzielen, die Verhandlungs- und Durchsetzungsmacht der Beschäftigten und ihrer Gewerkschaften zu stärken. Nur starke Arbeitnehmerorganisationen können die ungleiche Primärverteilung korrigieren und die Spaltung des Arbeitsmarktes überwinden.

Das ist zunächst Aufgabe von IG Metall, ver.di & Co. Sie müssen in ihrer Tradition als Selbsthilfeorganisationen ihre Organisationsmacht stärken. Gleichzeitig sollten aber die progressiven Parteien den Arbeitsmarkt politisch neu ordnen. Es geht um ein Regelwerk für sichere, gesunde und tariflich entlohnte Arbeit. Das umfasst Tarifverträge für alle, einen Mindestlohn von mindestens 12 Euro, die Begrenzung unsicherer Beschäftigung, eine Aufwertung sozialer Berufe und die Abkehr von Hartz IV.

Die kollektive Lohnsetzung sollte wieder gestärkt werden. Die Gewerkschaften müssen die tariffreien Zonen erschließen. Aber auch die Politik kann und muss Tarifverträge stärken. So sollte die Allgemeinverbindlichkeit von Tarifverträgen (AVE) erleichtert werden. Denn allgemeinverbindliche Tarifverträge gelten auch für nicht verbandsgebundene Unternehmen. Dafür müsste das Vetorecht der Arbeitgeber in den Tarifausschüssen abgeschafft werden. Ferner sollten Tarifverträge künftig kollektiv nachwirken, bis ein neuer Vertrag an ihre Stelle tritt, denn das schützt vor Unternehmensausgliederungen oder Blitzaustritten der Arbeitgeber aus Tarifverträgen. Darüber hinaus sollten öffentliche Aufträge nur noch an tarifgebundene Unternehmen vergeben werden. Auch OT-Mitgliedschaften in den Arbeitgeberverbänden müssen abgeschafft werden. All diese politischen Maßnahmen würden das Tarifsystem stabilisieren.

Die Einführung des allgemeinen gesetzlichen Mindestlohns im Januar 2015 war ein großer politischer Erfolg. Der Mindestlohn hat aber den Niedriglohnsektor nur nach unten abgedichtet. Das aktuelle Niveau ist nicht existenzsichernd und sollte deswegen zunächst auf 12 Euro erhöht werden. Ein höherer Mindestlohn würde Branchen aufwerten, die in den letzten Jahrzehnten von der allgemeinen Lohnentwicklung abgekoppelt wurden. Gleichzeitig würden so geschlechtsspezifische Lohnunterschiede abgebaut. Wenn die Lohnkonkurrenz nach unten eingedämmt wird, dann hilft das den Gewerkschaften, oberhalb des Mindestlohns neue Tarifstrukturen aufzubauen. Insofern stärkt ein höherer Mindestlohn auch die Tarifpolitik.

Prekäre Beschäftigungsverhältnisse müssen begrenzt und abgeschafft werden. Leiharbeit sollte darauf beschränkt werden, konjunkturelle und saisonale Spitzen abzudecken. Ab dem ersten Tag muss gleicher Lohn für gleiche Arbeit gezahlt werden. Minijobs sollten ab dem ersten Euro sozialversicherungspflichtig werden. Auch sachgrundlose Befristungen müssen abgeschafft und der Missbrauch von Werksverträgen eingeschränkt werden.

Zu einer Neuordnung des Arbeitsmarktes gehört aber auch die Überwindung des Hartz-IV-Systems. Das Sanktionsregime, die verschärften

Zumutbarkeitsregeln und die niedrigen Regelsätze machen Hartz IV zu einer Stütze des Niedriglohnsektors. Damit muss Schluss sein. Erwerbslose dürfen nicht mehr in tariflose Arbeitsverhältnisse vermittelt und der Qualifikationsschutz sollte wiederhergestellt werden. Darüber hinaus brauchen Langzeitarbeitslose mehr Qualifizierung. Dafür muss die aktive Arbeitsmarktpolitik reaktiviert werden, Qualifizierungsangebote ausgeweitet, der soziale Arbeitsmarkt weiterentwickelt und der öffentliche Beschäftigungssektor ausgebaut werden.

Eine weitere arbeitsmarktpolitische Herausforderung ist die Gestaltung einer sich verändernden Arbeitswelt. Hier geht es um den digitalen Fortschritt, neue Geschlechterrollen, den demografischen Wandel und die Zuwanderung.

Der digitale Fortschritt verändert Tätigkeiten und Arbeitsmittel, schafft neue Geschäftsmodelle und neue Formen der Arbeitsorganisation. Die emanzipatorischen Potenziale der Digitalisierung entfalten sich aber nicht im Selbstlauf. So kann der digitale Wandel in einzelnen Branchen Jobs kosten. Diesem drohenden Arbeitsplatzabbau muss durch Rationalisierungsschutz, Weiterbildung und alternativen Beschäftigungsmöglichkeiten – zum Beispiel durch den Ausbau öffentlicher und sozialer Dienstleistungen – frühzeitig entgegengewirkt werden.

In Zeiten des digitalen Umbruchs wird die Humanisierung der Arbeit immer wichtiger. Dafür brauchen wir einen gesetzlichen Rahmen mit guten Mindeststandards (Gesundheits- und Arbeitsschutz, Beschäftigtendatenschutz, Arbeitszeitgesetz, Mindesthonorare) und individuellen Rechtsansprüchen (Recht auf Zeit- und Ortssouveränität, Recht auf Nichterreichbarkeit, Recht auf Homeoffice) sowie mehr betriebliche Mitbestimmung. Darüber hinaus muss die berufliche Aus- und Weiterbildung verbessert werden. Hier bedarf es eines individuellen Rechts auf Weiterbildung, einer geförderten Weiterbildungsteilzeit und dem flächendeckenden Aufbau eines leistungsfähigen Weiterbildungssystems.

Perspektivisch könnte ein Recht auf gute Arbeit die Machtasymmetrie auf dem Arbeitsmarkt zugunsten der Beschäftigten abbauen. Ein individuell einklagbarer Rechtsanspruch auf existenzsichernde, gesunde und sozial versicherte Arbeit würde die Verhandlungsmacht der Beschäftigten nachhaltig stärken.

Ausbau und Modernisierung des Sozialstaats

Ein weiteres zentrales Reformprojekt ist der Ausbau und die Modernisierung des Sozialstaats. Ein moderner Sozialstaat stärkt den sozialen Zusammenhalt, fördert die wirtschaftliche Entwicklung und festigt unsere Demokratie. Dafür muss die physische und soziale Infrastruktur modernisiert, die Daseinsvorsorge gestärkt und die soziale Sicherung verbessert werden. Deutschland steht im Gesundheits- und Bildungswesen, in der Pflege, beim Wohnungsbau, in der öffentlichen Verwaltung, bei Digitalisierung, bei Energie und Verkehr sowie Sport und Kultur vor großen Herausforderungen. Der öffentliche Sektor muss ausgebaut werden. Perspektivisch sollten die sozialen Dienstleistungen und öffentlichen Güter der Verwertungslogik entzogen werden.

Bund, Länder, Kommunen und öffentliche Unternehmen müssen mehr Kitaplätze und ganztägige Betreuungsangebote für Schüler schaffen, mehr Sozialwohnungen bauen, den Pflegenotstand beseitigen, mehr Personal in Kitas, Schulen und Krankenhäusern einstellen sowie die Bahninfrastruktur, Straßen, Brücken, Jugendzentren und Sportstätten sanieren. Die Auseinandersetzung um mehr Erzieher, Kranken- und Altenpfleger sollte mit einer Aufwertung der sozialen Berufe verbunden werden.[153] Mehr Investitionen in Daseinsvorsorge und soziale Dienstleistungen fördern ein qualitatives respektive soziales Wachstum.

Das geht nur mit einem höheren öffentlichen Investitions- und Ausgabenpfad. Jedes Jahr muss ein mittlerer zweistelliger Milliardenbetrag zusätzlich investiert werden, um allein den großen Investitionsstau zu überwinden.[154] Das arbeitgebernahe Institut der deutschen Wirtschaft (IW) und das Institut für Makroökonomie und Konjunkturforschung (IMK) beziffern den zusätzlichen jährlichen öffentlichen Investitionsbedarf auf 46 Milliarden Euro. Hinzu kommen weitere Mehrausgaben in vergleichbarer Höhe, um den notwendigen Personalaufbau zu finanzieren.

---

153 Da es sich hierbei überwiegend um Frauenberufe handelt, tragen Ausbau und Aufwertung sozialer Berufe gleichzeitig dazu bei, geschlechtsspezifische Lohnunterschiede abzubauen.

154 Natürlich kann nicht alles, was wünschenswert wäre, sofort gemacht werden. Kapazitätsengpässe verhindern eine schnelle Umsetzung von Investitionen. Sobald jedoch absehbar ist, dass die öffentliche Hand dauerhaft mehr investiert und ausgibt, werden die Unternehmen ihre Produktionskapazitäten ausbauen. Gleichzeitig müssten die eingesparten Planungskapazitäten durch Neueinstellungen wieder aufgestockt werden.

Die sozialen Sicherungssysteme sollen Armut vorbeugen und den Lebensstandard sichern. Die Sozialversicherungen müssen gleichzeitig aber auch neue Risiken (atypische und prekäre Beschäftigung, Niedriglöhne, Alleinerziehende), die durch eine veränderte Arbeits- und Lebenswelt entstanden sind, besser absichern. Die Corona-Pandemie legt die Defizite unserer sozialen Sicherungssysteme schonungslos offen. Viele Soloselbständige, Alleinerziehende, Niedriglöhner und prekär Beschäftigte fallen durch das soziale Netz.

Die Sozialversicherungen sollten durch Mindestsicherungselemente im unteren Einkommensbereich ergänzt werden. In der Arbeitslosenversicherung könnten ein Mindestarbeitslosengeld und ein Anschluss-Arbeitslosengeld (Arbeitslosenhilfe) das Armutsrisiko von Arbeitslosen reduzieren. In der Rentenversicherung sollten Zeiten der Arbeitslosigkeit, Kindererziehung, Aus- und Weiterbildung, Pflege sowie gering entlohnte Erwerbsphasen rentenrechtlich aufgewertet werden. Dadurch werden Geringverdiener und Menschen mit unstetigen Erwerbsbiographien besser vor Altersarmut geschützt. Zudem sollte eine armutsfeste Mindestrente eingeführt werden. So würden soziale Sicherungssysteme, die weiterhin auf dem Äquivalenzprinzip basieren, Armut besser vermeiden.[155]

Um den Lebensstandard im Alter zu sichern, muss das Sicherungsniveau der gesetzlichen Rentenversicherung wieder angehoben werden. Dafür bedarf es einer Änderung der Rentenformel. Diese gibt es nicht zum Nulltarif. Eine Erhöhung des Rentenniveaus auf 53 Prozent kostet über 60 Milliarden Euro. Die Riester-Rente konnte die Sicherungslücke nicht schließen und sollte deswegen auslaufen. Die so eingesparten Zuschüsse könnten dann der gesetzlichen Rente zugutekommen. Die Arbeitslosenversicherung muss Erwerbslosigkeit künftig finanziell wieder besser absichern, wenn der Lebensstandard bei Jobverlust annähernd gehalten werden soll. Aufgrund dessen sollte der Anspruch auf Arbeitslosengeld erleichtert und seine Bezugsdauer verlängert werden.

Darüber hinaus müssten Renten-, Kranken- und Pflegeversicherung universalisiert werden. Eine allgemeine Versicherungspflicht würde alle Erwerbsformen beitragspflichtig machen. Die aktuellen Versicherungspflicht- und Beitragsbemessungsgrenzen sollten an- beziehungsweise aufgehoben werden. Dadurch werden die hohen Einkommen stärker in

---

155 Das Äquivalenzprinzip bindet das Leistungsniveau der Sozialversicherung an den Umfang der Beitragszahlungen.

die Pflicht genommen.[156] Die gesetzliche Rentenversicherung sollte zukünftig auch Beamte, Soloselbstständige, Abgeordnete und Landwirte versichern. Die Arbeitslosenversicherung sollte in eine Arbeitsversicherung überführt werden.[157] Das duale System aus gesetzlicher und privater Krankenversicherung müsste zu einer solidarischen Bürgerversicherung umgebaut werden. Außerdem sollte die Pflegeversicherung zu einer Pflegevollversicherung weiterentwickelt werden, deren Zusatzkosten über sieben Milliarden Euro betragen würden.

Wer durch die Sozialversicherungssysteme nicht aufgefangen wird, darf nicht in Armut fallen. Die soziale Grundsicherung muss als letztes staatliches Auffangnetz vor Armut schützen und eine Teilhabe am gesellschaftlichen Leben ermöglichen. Folglich sollten die Regelsätze nach Berechnungen des paritätischen Wohlfahrtsverbandes auf mindestens 580 Euro erhöht und die menschenunwürdigen Sanktionen endlich abgeschafft werden. Das Existenzminimum ist tabu. Kein Kind darf aufgrund von Armut in seinen Entwicklungschancen beeinträchtigt werden und alle Kinder sollten vom Staat gleichbehandelt werden. Momentan erhalten Besserverdiener aber durch den Steuerfreibetrag mehr staatliche Unterstützung für ihre Kinder als Geringverdiener, die nur das Kindergeld beziehen. Eine Kindergrundsicherung könnte dafür sorgen, dass Kinderarmut überwunden wird. Diese Grundsicherung würde den Dschungel aus Zuschüssen, Zulagen, Freibeträgen und Sozialgeldern durch eine einfache und gerechte Regelung ersetzen. Die Mehrkosten würden sich auf rund 20 Milliarden Euro belaufen.

Der Ausbau und die Modernisierung des Sozialstaats erfordern einen finanziellen Kraftakt, dessen großes Gewicht nur über einen längeren Zeitraum hinweg gestemmt werden kann. Folglich müssen die Investitionen und Sozialausgaben nach Bedarfen, Verteilungseffekten, ökologischen Folgen und fiskalischen Wirkungen priorisiert werden. Machbar ist eine jährliche Erhöhung der Investitionen und Sozialausgaben um jährlich 100 Milliarden Euro.

Die Sozialstaatsoffensive darf nicht an leeren öffentlichen Kassen scheitern. Wer öffentliche Infrastruktur, Daseinsvorsorge und soziale Sicherung auskömmlich finanzieren will, kann dies mit einem Mix aus Schulden sowie höheren Steuern und Abgaben tun.

---

156 Eine Aufhebung der Beitragsbemessungsgrenze in der gesetzlichen Rentenversicherung müsste mit der Einführung einer Maximalrente einhergehen.

157 Berufliche Übergänge und Erwerbsunterbrechungen könnten dann abgesichert und Weiterbildung in allen Lebensphasen ermöglicht werden.

Die zusätzlichen öffentlichen Investitionen können zunächst mit der Kreditkarte bezahlt werden. Schulden sind kein Teufelszeug. Kreditfinanzierte öffentliche Investitionen steigern die wirtschaftliche Leistungsfähigkeit und Dynamik der Volkswirtschaft. Ein investierter Euro erhöht das Sozialprodukt um mehr als 1,5 Euro. Die einhergehenden Mehreinnahmen aus Steuern und Sozialabgaben sowie geringere Sozialtransfers führen zu nennenswerten Selbstfinanzierungseffekten. Gleichzeitig drücken niedrige Zinsen die Kreditfinanzierungskosten. Unsere Kinder und Enkelkinder erben so einen höheren öffentlichen Kapitalstock, moderne Schulen, Universitäten und Krankenhäuser.

Eine Finanzpolitik der schwarzen Null und Schuldenbremsen verhindern solche Zukunftsinvestitionen. Mit Generationengerechtigkeit hat das nichts zu tun. Deswegen sollten die Schuldenregeln, die in der Corona-Pandemie ausgesetzt wurden, dauerhaft gelockert und perspektivisch abgeschafft werden. Da zwei Drittel der öffentlichen Investitionen auf Städte und Gemeinde entfallen, müsste die Finanzkraft verschuldeter Kommunen durch einen Altschuldentilgungsfonds wiederhergestellt werden.

Die dauerhaft höheren Personalausgaben müssen über zusätzliche Steuereinnahmen und Sozialbeiträge finanziert werden. Dabei sollte es gerecht zugehen. Steuerpolitik sollte sowohl die staatliche Einnahmebasis verbreitern als auch die Einkommens- und Vermögensverteilung – also die Primärverteilung – korrigieren.

Spitzenverdiener, Vermögende und finanzstarke Unternehmen müssen zukünftig wieder einen höheren Beitrag zur Finanzierung des Gemeinwesens leisten. Dafür brauchen wir zunächst einen höheren Einkommensteuerspitzensatz, bei gleichzeitiger Entlastung niedriger und mittlerer Einkommen. Zusätzlich sollte die Vermögensteuer wiedereingeführt und die Erbschaftssteuer reformiert werden. Um die Kosten der Corona-Pandemie gerecht zu verteilen, brauchen wir eine Vermögensabgabe. Außerdem dürfen Kapitalgewinne gegenüber Arbeitseinkommen nicht weiter privilegiert werden, weshalb die Abgeltungssteuer abgeschafft werden muss. Doch auch Unternehmen müssen wieder stärker besteuert werden. Die Gewerbesteuer könnte zu einer Gemeindewirtschaftssteuer ausgebaut und die Körperschaftssteuer erhöht werden.

Gleichzeitig braucht die Steuerverwaltung mehr Personal, um sicherzustellen, dass die erhobenen Steuern auch bezahlt werden. Steuerschlupflöcher müssen geschlossen werden. Gewinnverlagerungen internationaler Konzerne können durch nationale Quellensteuern gekontert werden. Amazon, Facebook, Google & Co sollten mit einer Digitalsteuer zur Kasse gebeten werden.[158] Eine solch umverteilende Steuerpolitik ist auch in einer global vernetzten Wirtschaft noch möglich. Die verbesserte Transparenz internationaler Kapitalströme erleichtert eine stärkere Besteuerung von Gewinnen, hohen Einkommen und Vermögen.

Sozial-ökologischer Umbau

Die Umweltkrise ist allgegenwärtig. Wenn die Folgen des menschengemachten Klimawandels minimiert werden sollen, muss jetzt gehandelt werden. Wir brauchen eine ökologische Energie-, Verkehrs- und Agrarwende. Dieser ökologische Umbau muss aber sozial gerecht gestaltet werden.

Eine ökologische Steuerreform muss den Energie- und Rohstoffverbrauch Schritt für Schritt immer höher besteuern. Der Preisanstieg sollte dem Wachstum der Ressourcenproduktivität folgen. Die langfristig vorhersehbare Preisentwicklung verschafft den Unternehmen Planungssicherheit. Die zusätzlich anfallende Belastung für einkommensschwache Haushalte muss komplett ausgeglichen werden.

Im Mittelpunkt eines Green New Deals sollte ein grünes Zukunftsinvestitionsprogramm stehen. Der öffentliche Nah- und Fernverkehr muss ausgebaut und modernisiert werden. Der Schienenverkehr sollte gegenüber dem Straßen- und Luftverkehr Vorfahrt erhalten. Das erfordert ein erweitertes Bahnnetz und umfassend elektrifizierte Bahnstrecken. Auch der Güterverkehr muss stärker auf die Schiene verlagert und intelligent mit anderen Verkehrsträgern vernetzt werden. Die Trassenpreise gehören gesenkt und die LKW-Maut ausgeweitet. Flüge innerhalb Deutschlands und auf dem europäischen Kontinent müssen, soweit wie irgend möglich, auf die Bahn verlagert werden. Der öffentliche Nahverkehr braucht ein dichteres Netz, kürzere Taktzeiten und saubere Antriebssysteme. Ein gut ausgebauter Nah- und Fernverkehr benötigt aber auch gut bezahltes und qualifiziertes Personal. Ferner sollte der öffentliche Nahverkehr deutlich verbilligt und perspektivisch kostenlos wer-

---

158 Bei Gewinnverlagerungen und der Besteuerung digitaler Konzerne sind natürlich europäische Regelungen immer vorzuziehen. Sollten diese jedoch am Einstimmigkeitsprinzip der EU in steuerpolitischen Fragen scheitern, darf dies keine Ausrede für steuerpolitischen Attentismus sein. Dann bedarf es nationaler Lösungen.

den. Car- und Ridesharing können ÖPNV und Bahn ergänzen. Darüber hinaus sollte die Fußgänger- und Radverkehrsinfrastruktur massiv ausgebaut werden.

Der motorisierte Individualverkehr muss hingegen schrumpfen und die verbleibenden Autos sollten sich emissionsfrei bewegen. Eine ökologische Industriepolitik sollte dafür sorgen, dass die Schlüsseltechnologien der Elektro- und Wasserstoffmobilität (Batterien, Brennstoffzellen, Power to x Anlagen) in Europa entwickelt und hergestellt werden. Der Betrieb von Elektro- und Hybridautos erfordert den Aufbau eines flächendeckenden Netzes von Lade- und Akkuwechselstationen. Die Politik sollte einen Ausstiegspfad für den Verbrennungsmotor vorgeben. Zunächst müssen die CO_2-Grenz- und Verbrauchswerte für Kraftfahrzeuge weiter sinken. Gleichzeitig muss die Subventionierung umweltschädlicher Autos – Dienstwagenbesteuerung, Dieselprivileg – abgeschafft werden. Da aber auch Elektroautos eine miserable Öko- und Klimabilanz haben, führt kein Weg an weniger Autos vorbei.

Ein massiver Ausbau der erneuerbaren Energien ist notwendig. Durch mehr Photovoltaik-Freiflächenanlagen, Solaranlagenzwang auf allen geeigneten Dächern, weitere Flächen für Windkraftanlagen, einen Aus- und Umbau der Stromnetze sowie mehr Strom- und Wärmespeichern kann der Ausbau vorangetrieben werden. Auch die Geothermie muss, soweit wirtschaftlich, ausgebaut werden. Wir müssen so schnell wie möglich aus der Kohleverstromung aussteigen. Handlungsleitend hierfür sind die Vereinbarungen der Kohlekommission. Wenn jedoch ein schnellerer sozialverträglicher Ausstieg möglich ist, sollte dieser angestrebt werden. Zudem sollte die Kraft-Wärme-Kopplung und die Bürgerenergie gefördert werden. Die beste Energie ist immer die, welche nicht verbraucht wird, weshalb wir mehr Energie einsparen und effizienter nutzen müssen. Die privaten und öffentlichen Gebäude sollten energetisch saniert werden.

Die industrielle Produktion muss umwelt- und klimafreundlicher werden. Die Chemie-, Stahl- und Grundstoffindustrie muss zukünftig klimaneutral produzieren. Dafür sollte die Produktion grünen Wasserstoffes stärker gefördert werde. Staatliche Normen, Quoten und Grenzwerte sollten der Produktion klimafreundliche Vorgaben machen. Eine CO_2-Grenzsteuer auf Importe kann verhindern, dass heimischen Unternehmen durch ihre klimafreundlichere Produktion Wettbewerbsnachteile erleiden. Mit Top-Runner-Programmen können energieeffiziente und ressourcensparende Produkte und Innovationen gefördert werden. Durch abfallpolitische Regeln sollten perspektivisch geschlossene

Materialkreisläufe angestrebt werden. Ziel muss eine massiv gestei-
gerte Ressourceneffizienz und ein sehr hoher Grad an Kreislaufwirtschaft sein. Die öffentliche Beschaffung sollte stärker Umweltkriterien
berücksichtigen.

Im Rahmen der Agrarwende muss der ökologische Landbau stärker gefördert werden. Die Massentierhaltung sollte eingeschränkt werden. Der Einsatz von Pestiziden und mineralischen Düngemitteln muss
mithilfe hoher Abgaben und Grenzwerte zurückgefahren werden. Die
landwirtschaftlichen Böden (Moore, Grünland) sollten geschützt und
ausgeweitet werden. Die starke Exportorientierung der deutschen
Agrarpolitik muss beendet werden. Entscheidend dafür ist der Umbau
der europäischen Agrarpolitik: Die Subventionen dürfen nicht mehr
pro Hektar erfolgen, sondern müssen sich auf gesellschaftlich relevante
Leistungen wie Artenschutz und Tierwohl konzentrieren.

Die im Zuge eines »Green New Deal« entstehenden neuen Jobs müssen gute Arbeitsplätze sein. Sie müssen tarifgebunden, gesund und
mitbestimmt sein und können einen Teil der wegfallenden Industrie-
arbeitsplätze ersetzen. Das ist notwendige Voraussetzung dafür, dass
Gewerkschaften eine solche Transformation aus vollen Kräften unterstützen können.

Mehr Europa, aber anders

Wir brauchen Europa als politischen Akteur auf der Weltbühne. Zwar
sind die Handlungsspielräume nationaler Politik im globalen und digitalen Zeitalter größer als häufig angenommen, der Rückzug hinter
die Grenzen des Nationalstaats ist aber keine politische Alternative. Die
Corona-Pandemie, der Klimawandel, die Flüchtlingsbewegungen oder
die Regulierung der Finanzmärkte können auf europäischer und internationaler Ebene besser angegangen werden. Europa hat das Potenzial
die Coronakrise zu bewältigen, die Globalisierung sozial zu gestalten
und den Raubbau am Planeten zu stoppen.

Dafür braucht es in Brüssel progressive politische Mehrheiten. Diese
fallen aber nicht vom Himmel. Sie setzen einen Politikwechsel in den
großen europäischen Nationalstaaten voraus. In den letzten drei Jahrzehnten war das europäische Binnenmarktprojekt eine Deregulie-
rungs-, Privatisierungs- und Liberalisierungsmaschine. Die Europäische
Kommission trieb die Liberalisierung und Privatisierung der Daseinsvorsorge (Energieversorgung, Post, Telekommunikation, etc.) voran. Der
EU-Binnenmarkt, die EU-Osterweiterung und die Wirtschafts- und Wäh-

rungsunion setzten die nationalen Arbeitsmärkte und Sozialsysteme unter Druck. Tarifverträge, die Mitbestimmung und das Streikrecht gerieten mit dem europäischen Regelwerk und der Brüsseler Rechtsprechung in Konflikt.

Die soziale Spaltung zwischen und in den EU-Mitgliedsstaaten hat sich vertieft. Während der Eurokrise kletterten Arbeitslosigkeit und Armut in Südeuropa auf neue Rekordhöhen. Deswegen hat Europa unter Arbeitnehmerinnen einen so schlechten Ruf. Die innereuropäischen Konflikte um Eurorettung und Flüchtlingspolitik haben der gesellschaftlichen Akzeptanz des europäischen Projekts zusätzlich geschadet. Die europäischen Rechtspopulisten profitierten davon. Der Austritt Großbritanniens aus der EU war eine – wenn auch irrationale – Reaktion auf diese sozialen und politischen Verwerfungen.

Europa hat nur dann Zukunft, wenn aus dem alten Kontinent ein soziales und ökologisch nachhaltiges Europa wird. Brüssel muss eine Strategie für qualitatives Wachstum und Beschäftigung verfolgen. Europa braucht ein Aufbau- und Investitionsprogramm zur Verbesserung der Umwelt, der transnationalen Energieversorgung und Verkehrsinfrastruktur, also einen europäischen Green New Deal.

Die europäische Integration kann, vor dem Hintergrund der aktuellen Re-Nationalisierungstendenzen, nur in kleine Schritten weiter vorangebracht werden. Ein großer Sprung – Europäische Republik, europäischer Bundesstaat – wäre aufgrund der großen politischen Widerstände von Anfang an zum Scheitern verurteilt.

Der gemeinsame Währungsraum muss zu einer politischen Union ausgebaut werden. Ein Austritt Deutschlands aus dem Euro zur Wiedergewinnung wirtschaftspolitischer Autonomie ist weder politisch noch ökonomisch zielführend.[159] Die Eurozone ist perspektivisch nur mit einer europäischen Wirtschaftsregierung überlebensfähig (Fiskalunion). Das Euroland ist kein optimaler Währungsraum. Im Gegensatz zu den USA können in Europa wirtschaftliche Schwankungen nicht

---

159 Die Wiedereinführung einer nationalen Währung würde in Deutschland zu einer massiven Aufwertung führen. Die damit einhergehende starke Verteuerung deutscher Exporte hätte dramatische Folgen für die Produktion und Beschäftigung der Automobil-, Chemie- und Pharmaindustrie sowie des Maschinenbaus. Umgekehrt würde die Einführung nationaler Währungen in Südeuropa zu einer starken Abwertung führen. Folglich würden, die in Euro notierten Schulden, die Schuldenlast Italiens, Spaniens, Portugals und Griechenlands stark erhöhen. Anschließend würden steigende Zinsen die realwirtschaftliche Entwicklung belasten.

durch automatische Stabilisatoren – Steuern, Arbeitslosenversicherung, Sozial- und Gesundheitsdienstleistungen – ausgeglichen werden. Eine Transferunion gibt es nicht (No-Bailout-Klausel), ebenso wenig eine europäische Fiskalpolitik.

In der Währungsunion brauchen wir aber zukünftig eine gemeinsame Fiskalpolitik mit eigenem Budget, um wirtschaftliche Schwankungen ausgleichen zu können. Eine europäische Wirtschaftsregierung sollte auch die nationalen Finanz- und Steuerpolitiken sowie Lohn- und Sozialpolitiken besser koordinieren. Dafür muss zunächst das Regelwerk des Stabilitäts- und Wachstumspaktes verändert werden damit die Mitgliedsstaaten Investitionen wieder über Kredite finanzieren können (Goldene Regel).

In einem gemeinsamen Währungsraum dürfen die nationalen Löhne und Preise nicht dauerhaft auseinanderlaufen. Sonst entstehen große Ungleichgewichte in den nationalen Leistungs- und Handelsbilanzen. Dann sind die Defizitländer nicht mehr preislich wettbewerbsfähig und ihre Schuldenberge wachsen. Folglich sollte die Lohnentwicklung europaweit koordiniert werden.[160] Notwendige Voraussetzung dafür ist, dass die Gewerkschaften ihre nationale Lohnentwicklung steuern können. Das ist aber aufgrund sinkender Tarifbindung in vielen Ländern nicht mehr der Fall. Folglich müsste die Tarifbindung der Mitgliedsländer politisch gestärkt und eine europäische Mindestlohnpolitik eingeführt werden. Erst dann gibt es wieder etwas zu koordinieren. Darüber hinaus brauchen wir eine europäische Sozialunion. Die sozialen Mindestziele und Sozialausgaben sollten an die ökonomische Leistungsfähigkeit der Mitgliedsstaaten gekoppelt werden. So sollte sich der nationale Mindestlohn auf 60 Prozent des mittleren Einkommens belaufen. Die Grundsicherung der Mitgliedsstaaten sollte das nationale soziokulturelle Existenzminimum abdecken und spätere Altersarmut verhindern. Die Entwicklung der Sozialausgaben pro Kopf sollte sich an der Entwicklung des nationalen Sozialproduktes orientierten. Dadurch würde Sozialdumping unterbunden und der soziale Aufholprozess der schwächeren Mitgliedsstaaten gesichert. Die nationalen Arbeitslosenversicherungssysteme sollten durch eine europäische Arbeitslosenrückversicherung gestärkt werden.

---

160 Im Idealfall orientiert sich die nationale Lohnentwicklung am nationalen Produktivitätswachstum und der Zielinflationsrate der Europäischen Zentralbank. Wenn alle Mitgliedsstaaten dieser Koordinationsregel folgen, kommt es zu keiner Verzerrung der preislichen Wettbewerbsfähigkeit.

Auch in der Steuerpolitik müssen die Mitgliedsstaaten enger zusammenarbeiten. Durch eine gemeinsame Bemessungsgrundlage und Mindestsätze für Unternehmenssteuern könnte Steuerdumping beendet werden. Gleichzeitig müssten die Steueroasen ausgetrocknet werden und real existierende Steuersparmodelle, wie sie in Luxemburg und Irland an der Tagesordnung sind, gehören abgeschafft.

Des Weiteren sollte die Eurozone ihre Schulden gemeinsam managen. Durch gemeinsame Euroanleihen, welche nationale Staatsanleihen ergänzen, kann sich Europa aus der Geiselhaft der Finanzmärkte befreien. Diese sichere Anlageform würde die Refinanzierung der Mitgliedsstaaten deutlich verbilligen. Zudem würde der Teufelskreis zwischen verschuldeten Staaten und Banken endlich durchbrochen (Hacker 2017). Die Einführung von Eurobonds wäre ein wichtiger Schritt in Richtung einer europäischen Solidargemeinschaft. Die Corona-Pandemie bietet dafür eine historische Chance.

Darüber hinaus braucht es ein strikteres Regelwerk für die Finanzmärkte. Zielführend wäre ein Mix aus hohen Eigenkapitalanforderungen, einer strengen Begrenzung des Eigenhandels, eine strikte Regulierung der Schattenbanken und ein Finanz-TÜV. Außerdem sollte der Aktien-, Anleihen- und Derivatehandel durch eine europäische Finanztransaktionssteuer belastet werden. Dadurch würden kurzfristige, spekulative Transaktionen teurer.

Friedenspolitik und humane Flüchtlingspolitik

Wer den Frieden will, muss den Frieden vorbereiten. Berlin sollte außenpolitisch auf Entspannungspolitik setzen. Friedliche Konfliktlösungen entstehen durch Verständigung, internationale Solidarität und gemeinsame Sicherheit. Dafür müsste die deutsche Außenpolitik strategische Allianzen bilden, um die multilaterale Zusammenarbeit und die Vereinten Nationen zu stärken.

Krieg darf kein Mittel der Politik sein. Eine Friedensmacht Deutschland muss sich für Abrüstung, nukleare Rüstungskontrolle und die Nichtverbreitung von Nuklearwaffen einsetzen. Die Gefahr eines Atomkrieges ist nach dem Zusammenbruch der alten Weltordnung wieder gestiegen. Die progressiven gesellschaftlichen Kräfte sollten weiterhin für eine atomwaffenfreie Welt streiten. Wer keine Militarisierung der Außenpolitik möchte, muss den Aufrüstungswettlauf zwischen den USA, Russland und China stoppen. Die steigenden Rüstungsausgaben der Nato – 2 Prozent Ziel – machen die Welt nicht sicherer. Die deutschen

Militärausgaben sollten nicht steigen, sondern sinken. Wir brauchen das Geld für Schulen, Krankenhäuser, Klimaschutz sowie Entwicklungshilfe und nicht für Fregatten, Drohnen und Kanonen.

Die Bundeswehr sollte sich nicht mehr an ausländischen Kriegseinsätzen beteiligen. Deutschland darf auch keine Waffen mehr an autoritäre Regime und Krisenregionen liefern. Dafür sollte die deutsche Rüstungsexportkontrolle verschärft werden. Gleichzeitig müssen die strukturellen Konfliktursachen, wie Hunger, Armut, Ressourcenmangel und die Folgen des Klimawandels bekämpft werden.

Wir brauchen eine humane Flüchtlingspolitik. Die Menschenrechte gelten universell und sind nicht teilbar. Dem Grundrecht auf Asyl muss wieder Geltung verschafft werden. Menschen, die vor Krieg, Folter, politischer Verfolgung und Diskriminierung fliehen, müssen in Deutschland Schutz erhalten.

Die UN-Flüchtlingshilfsfonds sollten finanziell aufgestockt werden. Europa muss die legale Einreise von Flüchtlingen dadurch ermöglichen, dass sie Asylanträge bereits in ihren Herkunftsländern stellen können. Darüber hinaus könnte eine europäische Flüchtlingspolitik für eine gerechte Verteilung der Flüchtlinge auf die EU-Mitgliedstaaten sorgen. Zu diesem Zweck sollte die EU einen kommunalen Integrations- und Entwicklungsfonds einrichten. Aus diesem Fonds könnten Kommunen Mittel erhalten, die bereit sind Flüchtlinge aufzunehmen und zu integrieren.[161] Um die wirtschaftlichen und politischen Fluchtursachen bekämpfen zu können, muss die Entwicklungshilfe aufgestockt werden. Wir brauchen fairen Handel mit den Entwicklungs- und Schwellenländern. Und last but not least sollte eine nachhaltige Entwicklung dieser Länder durch Technologietransfer gefördert werden.

---

161 Dieser Vorschlag stammt von der Vorsitzenden der SPD-Grundwerte-Kommission Gesine Schwan.

Wirtschaftsdemokratie
Eine reale Utopie

Im 21. Jahrhundert scheint den progressiven gesellschaftlichen Kräften der utopische Überschuss abhandengekommen zu sein. Die Utopie des Sozialismus wurde durch ihre osteuropäische Karikatur in breiten Bevölkerungskreisen diskreditiert. Im Grundsatzprogramm der SPD ist noch der demokratische Sozialismus versteckt. Doch nur der Juso-Vorsitzende Kevin Kühnert traut sich noch öffentlich darüber zu diskutieren, was darunter heute zu verstehen ist.[162] Auch nach der großen Finanzmarktkrise 2007 gab es keine breiten Debatten über alternative Gesellschaftskonzepte. Die programmatischen Vorräte scheinen aufgebraucht. Die Linke hat keinen glaubwürdigen und attraktiven Gegenentwurf für eine solidarische Gesellschaft.

Gewerkschaften, soziale Bewegungen und linke Parteien können aber nicht auf eine Gesellschaftsutopie verzichten. Utopien sind die Kraftquellen politischen Handelns (Negt 2004). Jede Reformpolitik braucht einen Kompass. Dabei geht es nicht um graue Theorie oder abstrakte Gesellschaftsentwürfe. Gefordert ist eine Vision, wie eine gerechte Gesellschaft und ein gutes Leben in Zukunft aussehen können.

Ausgangspunkt sollte das Streben der Beschäftigten nach gut bezahlter, sicherer, gesunder, planbarer, sozial abgesicherter und mitbestimmter Arbeit sein. Aber mindestens genauso wichtig ist der notwendige ökologische Umbau von Arbeit, Wirtschaft und Gesellschaft. Dieser sollte mit der Aussicht auf ein besseres Leben mit guter Ernährung, umweltfreundlicher Mobilität, lebenswerter Städte und sauberer Energie verknüpft werden.

Profitgetriebene Unternehmen werden den sozial-ökologischen Wandel nicht zeitnah einleiten. Folglich muss wirtschaftliche Macht demokratisiert werden. Dies entspricht auch der Erwartung der Beschäftigten. Immer mehr Arbeitnehmer haben den Anspruch in gleichberechtigter Weise an betrieblichen Entscheidungen beteiligt zu werden. Demokratie kann und muss eine gesellschaftlich unverträgliche Macht-

---

162 Was heißt Sozialismus für sie, Kevin Kühnert?, in: Zeit vom 1.5.2019

verteilung korrigieren (Urban 2013). Das Ziel ist eine soziale Demokratie. Die Verbindung der sozial-ökologischen Frage mit der Demokratiefrage ist somit der Schlüssel für eine erfolgreiche Transformation.

Hier können progressive Kräfte an die sozialdemokratischen und gewerkschaftlichen Debatten über Wirtschaftsdemokratie der 1920er-, 1950er- und 1960er-Jahre anknüpfen. Die damals von Fritz Naphtali, Rudolf Hilferding und Viktor Agartz ausgearbeiteten Konzepte sollten weiterentwickelt werden (Bispinck/Schulten/Raane 2008; Meine/Schumann/Urban 2011; Demirovic 2018, Wiethold 2019, Dörre 2019). Gewerkschaften und Sozialdemokraten haben lange dafür gestritten, dass die gesellschaftliche Macht über die Wirtschaft ausgeweitet wird. Gesellschaftliche Macht ist in diesem Zusammenhang mehr als die Macht des demokratischen Staates. Es geht um die Selbstorganisation der Bürger, Produzenten und Konsumenten. Diese sollen systematisch wirtschaftliche Entscheidungen und Eigentumsrechte beeinflussen (Urban 2013). Die Wirtschaft darf keine demokratiefreie Zone mehr sein. Wirtschaftsdemokratie ist ein Gesamtkonzept, das die Demokratisierung der betrieblichen, regionalen und gesamtwirtschaftlichen Ebene verbindet.

Zunächst müssen Betriebe, Unternehmen und Verwaltungen stärker demokratisiert werden. Die real existierende Mitbestimmung des Rheinischen Kapitalismus 2.0 sollte erweitert und vertieft werden. Zwar hat die Mitbestimmung, so wie sie aktuell verfasst ist, große Defizite und institutionelle Grenzen.[163] Erschwerend hinzu kommt, dass ihre beschränkten Möglichkeiten in der Praxis nicht immer genutzt werden. Trotzdem prägt die Mitbestimmung die industriellen Beziehungen und bietet den Beschäftigten die Möglichkeit Unternehmenspolitik und Arbeitsprozesse zu gestalten. Insofern ist es sinnvoll, hier anzuknüpfen.

Betriebs- und Personalräte sollten zukünftig in allen wichtigen wirtschaftlichen Fragen – Betriebsänderungen, Entlassungen, Arbeitszeit, Personalbemessung – mitentscheiden. Sie sollten dabei alle Beschäftigten, unabhängig von ihrem rechtlichen Status, vertreten können. Die betriebliche Mitbestimmung sollte künftig für alle Unternehmen – auch für Tendenzbetriebe und kirchliche Einrichtungen – gelten. Zudem sollte die Montanmitbestimmung zur Blaupause der Unternehmensmitbestimmung werden. So würde die Scheinparität in den Aufsichts-

---

163 Die Mitbestimmung dringt kaum zum Kern unternehmerischer Entscheidungen vor. Abseits der Montanindustrie gibt es keine echte Parität in den Aufsichtsräten. Die klein- und mittelständischen Betriebe der Dienstleistungsökonomie sind mitbestimmungsfrei.

räten überwunden. Die Unternehmensmitbestimmung sollte auf alle Rechtsformen ausgeweitet und die Schwellenwerte gesenkt werden.[164] Die juristischen Schlupflöcher, die eine Umgehung der Mitbestimmung ermöglichen, müssen geschlossen werden. Der Mindestkatalog, der im Aufsichtsrat zustimmungspflichtigen Geschäfte, sollte erweitert werden. Bei Schließung oder Verlagerung von Unternehmensteilen und abhängigen Unternehmen sollte künftig eine Zweidrittelmehrheit erforderlich sein (VW-Gesetz). Darüber hinaus könnten andere zivilgesellschaftliche Akteure – zum Beispiel: Umwelt- und Verbraucherverbände – einen festen Sitz in den Aufsichtsräten der Unternehmen bekommen. Dort könnten sie die Unternehmenspolitik zugunsten der Umwelt und Verbraucher beeinflussen. Ein modernes Konzept von Wirtschaftsdemokratie geht aber über die traditionellen Vertretungsstrukturen hinaus. Wichtig ist die direkte demokratische Beteiligung der einzelnen Beschäftigten durch arbeitspolitische Debatten, Beschäftigtenbefragungen, etc. (Detje/Sauer 2018).

Selbst eine erweiterte Mitbestimmung wäre aber weiterhin durch die Eigentumsverhältnisse beschränkt (Bierbaum 2018). Selbstbestimmte Arbeit und bedarfsorientierte Produktion sind mit Privateigentum und Renditeorientierung nur sehr schwer in Einklang zu bringen. Dieser Widerspruch könnte auch dadurch aufgelöst werden, dass die Beschäftigten direkt am Unternehmen beteiligt werden. Als Miteigentümer könnten sie die Unternehmenspolitik direkt beeinflussen, indem sie beispielsweise die Produktpalette ökologisch verträglich ausrichten.

Wirtschaftsdemokratie ist aber mehr als die Demokratisierung der Arbeitswelt. Sie versucht auch die Entwicklung von Branchen und Regionen demokratisch zu steuern. Einzel- und gesamtwirtschaftliche Interessen fallen häufig auseinander. Auch in demokratisch kontrollierten Unternehmen kann es zu betrieblichen Bündnissen auf Kosten der Umwelt und Verbraucher kommen. Standortpolitik gerät dann in Konflikt mit einer nachhaltigen gesellschaftlichen Entwicklung. Deswegen sollten die betrieblichen und gesellschaftlichen Entscheidungen aufeinander abgestimmt werden. Dies kann nicht den anonymen Kräften des Marktes überlassen werden. Die Regional-, Struktur-, Wirtschafts- und Arbeitsmarktpolitik muss den Unternehmen Ziele vorgeben und

---

164 Der DGB fordert einen Schwellenwert von 1000 Beschäftigten für Unternehmen, die unter das Mitbestimmungsgesetz fallen, und einen Schwellenwert von 250 Beschäftigten, für Firmen die unter das Drittelbeteiligungsgesetz fallen.

gesellschaftlich steuern. Wirtschafts- und Sozialräte, die auf Bundes-, Landes- und regionaler Ebene angesiedelt werden, könnten diese Aufgabe übernehmen. Die Räte würden sich aus Gewerkschaften, Arbeitgeberverbänden, Umwelt- und Sozialverbänden sowie Einzelpersonen rekrutieren (Wiethold 2019). Sie sollten ein gesetzliches Initiativ- und Informationsrecht haben, wissenschaftliche Untersuchungen in Auftrag geben können und Gesetzentwürfe begutachten.

Wirtschaftsdemokratie setzt auf eine gemischte Wirtschaft (Mixed Economy). Der Rheinische Kapitalismus 2.0 ist bereits durch eine große Bandbreite an Eigentumsformen – Privateigentum, Unternehmensstiftungen, Genossenschaften, öffentliche Unternehmen, etc. – und ein umfangreiches staatliches Regelwerk gekennzeichnet. In vielen Wirtschaftsbereichen gibt es in unterschiedlicher Ausprägung sowohl Privateigentum, Markt und Wettbewerb, als auch staatliches Regeln, Planen und Entwickeln (ver.di 2015). Staat und Markt sind keine Gegensätze.

Der Markt ist lediglich ein Instrument. Privateigentum und Märkte können schöpferisch wirken. Ein funktionierender Preismechanismus kann ein effizientes, dezentrales Steuerungs- und Informationssystem sein. Dort, wo Märkte, Wettbewerb und Privateigentum ihren Wohlfahrtszweck jedoch nicht oder nur mangelhaft erfüllen, sollten sie durch andere Eigentumsformen und Verfahren ersetzt werden. Wirtschaftsdemokratie will die Demokratiepotenziale der politischen Regulation mit den Effizienzpotenzialen des Marktes optimal kombinieren (Urban 2019).

In einem modernen wirtschaftsdemokratischen Konzept sollte die gesellschaftliche Infrastruktur eine zentrale Rolle spielen. Dazu gehören der öffentliche Sektor und öffentliche Dienstleistungen (Beckmann 2018). Bildung, Betreuung, Gesundheit, Pflege, Wohnen und Mobilität sind keine Waren, sondern öffentliche Güter. Ihre Erbringung sollte gesellschaftlichen Zielen und Bedürfnissen folgen. Die entsprechenden Dienstleistungen sollten in einem öffentlichen und gemeinwirtschaftlichen Sektor durch öffentliche Unternehmen, Genossenschaften und Wohlfahrtsverbände erbracht werden. Auch viele ehemalige staatliche und natürliche Monopole – Telekommunikation, Energieversorgung, Rundfunk/Fernsehen, Nah- und Fernverkehr, Post, etc. sollten wieder stärker öffentlich gesteuert werden. In der digitalen Ökonomie können öffentliche digitale Infrastrukturen die Daten dem Zugriff privater Konzerne entziehen. Zudem könnten digitale Genossenschaften mit staatlicher Förderung solidarische Alternativen zur kommerziellen Sharing Economy – Uber, AirBnB, etc. – aufbauen.

Ferner könnten öffentliche Investitionsfonds regionale und volk-
wirtschaftliche Investitionen steuern und kontrollieren.[165] Durch eine
Beteiligung am Produktivkapital können die Fonds Investitionsströme
nachhaltig lenken. Die Kapitalsammelstellen können als Sondervermögen der öffentlichen Hand, als öffentlich-rechtliche Aktiengesellschaften oder als Genossenschaften organisiert werden.[166]

Klar ist aber auch: Öffentliche Unternehmen und Genossenschaften
befinden sich immer in einem Spannungsfeld zwischen politischen Ge-
meinwohlanforderungen und betriebswirtschaftlichen Zwängen. Folglich löst die Eigentumsfrage nicht alle Probleme, sondern bedarf einer
flankierenden Regulierung und demokratischen Kontrolle.

Darüber hinaus umfasst Wirtschaftsdemokratie auch eine volkswirtschaftliche Steuerung und Rahmenplanung, welche versucht klassische
Zielkonflikte (z. B. Wachstum vs. Ökologie, gesellschaftliche Produktion
vs. private Aneignung) aufzulösen. Dazu gehört eine strikte Regulierung
des Bankensektors sowie eine Förderung der Genossenschaftsbanken
und Sparkassen. Die Beschäftigten und zivilgesellschaftlichen Akteure
sollten an der Formulierung der allgemeinen Wirtschaftspolitik (Geld-,
Finanz-, Steuer-, Strukturpolitik) beteiligt werden. Dies gilt für die Ziele
und die zentralen Instrumente.

Diese volkswirtschaftliche Steuerung und Planung kann natürlich
nicht mehr allein im nationalstaatlichen Rahmen erfolgen. So erfordert
der gemeinsame Währungsraum eine europäische Koordinierung der
nationalen Finanz-, Steuer- und Lohnpolitiken. Folglich muss ein modernes wirtschaftsdemokratisches Konzept ein Mehr-Ebenen-Konzept –
national, europäisch, international – sein.

Wirtschaftsdemokratie zielt auf die demokratische politische Steuerung der Wirtschaft ab. Sie will die wirtschaftliche Entwicklung an
gesellschaftlichen Zielen ausrichten. Daran sollen die Produzenten
maßgeblich beteiligt werden. Insofern geht diese reale Utopie über den
Kapitalismus hinaus und eröffnet eine Perspektive für eine demokratische, gerechte und solidarische Gesellschaft (Bierbaum 2018).

---

165 In Schweden entwickelte der Gewerkschaftsökonom Meidner ein Konzept für
Kapitalsammelstellen in Arbeitnehmerhand. Die Fonds sollten aus Unterneh-
mensgewinnen gespeist werden.
166 Die öffentliche Aktiengesellschaft könnte sich an kommunalen Unternehmen beteiligen. Sie würde ihr Eigenkapital vom Staat und durch die Ausgabe
von Bürgeraktien beziehen.

Wer, wenn nicht wir?!

Das 21. Jahrhundert droht ein Jahrhundert der extremen Ungleichheit zu werden. Das Gift der Ungleichheit wirkt in allen Poren unserer Gesellschaft. In der Berliner Republik sind Einkommen und Vermögen inzwischen so ungleich verteilt wie in den USA, dem Mutterland des entfesselten Kapitalismus. Der Sozialstaat kann das wachsende Ungleichgewicht immer weniger korrigieren. Aus sozialer Ungleichheit ist politische Ungleichheit geworden. Viele Geringverdiener, prekär Beschäftigte, Arbeitslose und Hartz-IV-Empfänger wählen nicht mehr. Seit einigen Jahren gehen die Proteste gegen die sozialen und politischen Verhältnisse nach rechts. Die rechtspopulistischen und rechtsradikalen Bewegungen finden ihren Nährboden in der Zersetzung sozialer und kultureller Sicherheiten. Oder in den Worten von Max Horkheimer: »Wer aber vom Kapitalismus nicht reden will, sollte auch vom Faschismus schweigen.« Gleichzeitig verschärft sich die ökologische Krise. Extremtemperaturen, Orkane und Starkniederschläge nehmen zu, der Meeresspiegel steigt, die Böden erodieren, die Gletscher schmelzen und viele Arten sterben. Klimawandel, Armut, Hunger und Kriege zwingen weltweit mehr als 70 Millionen Menschen zur Flucht. Zuletzt verursachte der profitgetriebene Raubbau an der Natur die Corona-Pandemie, welche die Gesundheitssysteme unter Stress setzte und die kapitalistische Verwertungsmaschine kurzfristig stoppte.

Diese vielfältigen Krisen sind Ausdruck einer organischen Krise des modernen Kapitalismus. Dessen Gesundheit ist inzwischen so stark angeschlagen, dass er in den letzten 15 Jahren zweimal auf die Intensivstation musste. In der Finanzmarktkrise und in der Corona-Pandemie musste der Staat notoperieren. Die Zivilisationskrise ist politisch gemacht. Hierzulande krempelten Helmut Kohl, Gerhard Schröder und Angela Merkel den alten Rheinischen Kapitalismus um und drängten die Soziallogik zugunsten der Profitlogik zurück. Die Folge waren entfesselte Finanzmärkte, eine schrumpfende Daseinsvorsorge, ein gigantischer Investitionsstau, Millionen prekäre Jobs, Niedriglöhne und Armutsrenten. Die Gewerkschaften waren nicht stark genug, diese Angriffe abzuwehren. Massenarbeitslosigkeit und De-Industrialisierung hatten ihre Organisationsmacht empfindlich geschwächt.

Doch die Zeiten haben sich geändert. Unsere Gesellschaft bewegt sich. Immer mehr Menschen wehren sich gegen Lohndumping, unsichere Jobs, hohe Mieten und die Zerstörung der Natur. Sie wollen eine sozial und ökologisch gerechtere Gesellschaft, höhere Löhne, bessere Arbeitsbedingungen, bezahlbares Wohnen, gute öffentliche Kitas und Schulen, armutsfeste Renten und den Schutz des Klimas. Geht nicht, gibt's nicht. Wenn die politischen und wirtschaftlichen Eliten nach zwei billionenschweren Notoperationen Wasser predigen, hört ihnen niemand mehr zu. Sozial-ökologischer Fortschritt ist eine Frage des politischen Willens und nicht der Kassenlage. Die emanzipatorischen Kräfte sind auf gutem Weg ihre Defensive zu überwinden. Die Gewerkschaften konnten mit Organisationsreformen und neuen Strategien ihren Mitgliederschwund bremsen, die SPD versucht sich zu resozialdemokratisieren, die Linkspartei will politische Verantwortung übernehmen und die Umweltbewegung und Bündnis90/Die Grünen entdecken die soziale Frage.

Gewerkschaften, Umwelt- und Sozialverbände, soziale Bewegungen sowie linke Parteien stehen vor der Herausforderung, die unterschiedlichen Proteste und Auseinandersetzungen miteinander zu verbinden. Das ist keine einfache Aufgabe, da jeder Protest seinen eigenen Zyklus und seine eigene Logik hat. Es geht darum, die gemeinsamen Interessen und Anliegen unterschiedlicher Arbeitnehmergruppen und bürgerlicher Milieus zu bündeln. So entstehen gesellschaftliche Mehrheiten, die anschließend in politische Mehrheiten übersetzt werden können. Die progressiven gesellschaftlichen Kräfte haben die Chance die sozial-ökologische Transformation des Rheinischen Kapitalismus 2.0 gemeinsam zu gestalten. Dabei gilt es alte Vorbehalte, Vorurteile und Blockaden zu überwinden. Die zu bearbeitenden Zielkonflikte liegen auf der Hand.

Die Industriegewerkschaften und ver.di müssen sich der schwierigen Debatte über die Zukunft des Autos, des Flugverkehrs, des Stahls und der Kohle stellen. Autobauer müssen zu Mobilitätskonzernen und fossile Energiekonzerne zu Energiedienstleistern werden. Fridays for Future, Umweltverbände und Bündnis90/Die Grünen sollten stärker auf die arbeitsmarkt-, beschäftigungs- und sozialpolitischen Folgen des ökologischen Umbaus achten. Sozialdemokraten müssen die sozial-ökologische Transformation offensiver angehen, ihre Schuldenphobie therapieren und die Verteilungsfrage stellen. Und die LINKE darf in der Außen- und Sicherheitspolitik nicht vorschnell rote Linien ziehen.

Diese Auseinandersetzung ist schwierig, aber sie lohnt. Gewerkschaften, Umwelt- und Sozialverbände, soziale Bewegungen, Sozialdemokratie, Bündnis90/Die Grünen und die LINKE verbindet inhaltlich mehr als sie trennt. Allein verfügt kein einziger dieser Protagonisten über die Ressourcen eine sozial-ökologische Transformation durchzusetzen. Deswegen sind alle gut beraten, zusammenzuarbeiten. Am Ende eines konstruktiven Dialogs könnte eine gemeinsame Agenda für den sozial-ökologischen Umbau und zentrale Reformprojekte stehen.

Die große Vielfalt der gesellschaftlichen Akteure macht die Kooperation nicht leichter. Keiner soll seine Identität oder Autonomie aufgeben (Urban 2007). Die progressiven Kräfte sollen zusammenarbeiten, nicht fusionieren. Die deutschen Einheitsgewerkschaften sind zwar partei-politisch unabhängig, aber politisch nicht neutral. Die linken Parteien, Verbände und sozialen Bewegungen brauchen auch weiterhin ein eige-nes politisches Profil und unterschiedliche Zielgruppen. Nur so können sie verschiedene soziale Gruppen in ein gesellschaftlich mehrheitsfähi-ges Bündnis einbringen.

Für die linke Parteienfamilie waren und sind die Linksregierungen in Bremen, Thüringen und Berlin wichtige Testpiloten für eine Zusam-menarbeit im Bund. In den letzten 15 Jahren scheiterten aber alle Versu-che eine Linksregierung auf Bundesebene zu bilden, an der mangelnden Bereitschaft der handelnden Akteure. Numerische Mehrheiten sind eben noch keine gesellschaftspolitischen Mehrheiten. Zwar gibt es mit dem Institut Solidarische Moderne, der Denkfabrik und diversen parla-mentarischen Gesprächskreisen eine lange Tradition des rot-rot-grünen Dialogs. Diese Foren führten aber nur ein randständiges Dasein. Ohne eine außerparlamentarische Bewegung, die eine sozial-ökologische Re-formpolitik offensiv einfordert, wird die Berliner Republik auch zukünf-tig nicht links regiert werden.

Gewerkschaften, linke Parteien, Umweltbewegung, Sozialverbände und soziale Bewegungen sollten sich anfangs auf wenige mobilisie-rungsfähige sozial-ökologische Reformprojekte konzentrieren. Eine mögliche Reformagenda könnte aus der Stärkung gewerkschaftlicher Verhandlungsmacht, einem grünen Investitionsprogramm und dem Ausbau des Sozialstaats in Form sozialer Dienstleistungen, bezahlba-rem Wohnen und einer armutsfesten Rente bestehen.

Der Schlüssel zur Überwindung der gesellschaftlichen Defensive ist der Aufbau von Gegenmacht in der Arbeitswelt. Durchsetzungsstarke Belegschaften und starke Gewerkschaften verändern die gesellschaft-lichen Kräfteverhältnisse. Die dadurch entstehenden Spielräume kön-nen dann für eine sozial-ökologische Reformpolitik genutzt werden. Die ökologische Frage ist zu einer Existenzfrage geworden. Die zentrale Herausforderung besteht darin, die Verkehrs-, Energie-, und Agrarwende ökonomisch vernünftig und sozial verträglich zu gestalten. Der Ausbau und die Modernisierung des Sozialstaats kann auf breite gesellschaftlich Unterstützung setzen. Im Zentrum sollten der Ausbau der Daseinsvorsorge, der öffentlichen Güter, der Infrastruktur und die Stärkung der sozialen Sicherungssysteme stehen. Nach der Corona-Pandemie sollte eine breite gesellschaftliche Mobilisierung für ein am Gemeinwohl orientiertes Gesundheitssystem möglich sein.

Eine enge Zusammenarbeit der gesellschaftlich fortschrittlichen Kräfte für eine sozial-ökologische Reformpolitik ist sogleich ein wirksames Mittel gegen rechts. Wenn die linken Parteien glaubwürdige Antworten auf die sozialen Fragen unserer Zeit geben, dann wird eine der Hauptquellen des Rechtspopulismus und Rechtsextremismus wieder versiegen. Mehr soziale Sicherheit, weniger Abstiegsängste und mehr Kontrolle über das eigene Leben sind der beste Impfschutz gegen Fremdenfeindlichkeit und Rassismus. In der politischen und kulturellen Auseinandersetzung mit der Neuen Rechten hilft aber nur klare Kante. Eine Übernahme rechter Positionen in der Flüchtlingspolitik durch Mitte-Links-Parteien wird den Problemen nicht gerecht und führt taktisch direkt ins Abseits. Im Zweifel wird immer das Original gewählt. Gewerkschaften, Umweltverbände, linke Parteien und soziale Bewegungen müssen gemeinsam für eine humane, tolerante und vielfältige Gesellschaft streiten und sich den Rechten in den Weg stellen. Hier hat Unteilbar bereits ein breites gesellschaftliches Bündnis geschaffen, das weiter gestärkt werden sollte.

Fortschrittliche Politik steht im 21. Jahrhundert vor gewaltigen Herausforderungen. Wenn aber Gewerkschaften, Umwelt- und Sozialverbände, soziale Bewegungen und linke Parteien aus den Fehlern der Vergangenheit lernen, dann kann der Kapitalismus erst ökologisch und sozial eingehegt und anschließend perspektivisch überwunden werden. Das geht aber nur gemeinsam. Wer, wenn nicht wir, wird eine bessere und gerechtere Welt schaffen. Gehen wir es an – mit dem Pessimismus des Verstandes und dem Optimismus des Willens.

Literatur- und Quellenverzeichnis

Abelshauser, Werner: Deutsche Wirtschaftsgeschichte seit 1945. München 2004.

Abendroth, Wolfgang: Zur Funktion der Gewerkschaften in der westdeutschen Demokratie. In: Abendroth, Wolfgang: Gesammelte Schriften, Band 2. Hannover 2008.

Admati, Anat / Hellwig, Martin: Des Bankers neue Kleider. Was bei Banken wirklich schiefläuft und was sich ändern muss. München 2013.

Altvater, Elmar / Mahnkopf, Birgit: Konkurrenz für das Empire. Die Zukunft der Europäischen Union in der globalisierten Welt. Münster 2007.

Altvater, Elmar: Das Ende des Kapitalismus, wie wir ihn kennen. Münster 2006.

Altvater, Elmar / Mahnkopf, Birgit: Grenzen der Globalisierung. Ökonomie, Ökologie und Politik in der Weltgesellschaft. Münster 1996.

Amann, Melanie: Angst für Deutschland. Die Wahrheit über die AfD: wo sie herkommt, wer sie führt, wohin sie steuert. München 2017.

Auernheimer, Georg: Wie Flüchtlinge gemacht werden. Über Fluchtursachen und Fluchtverursacher. Köln 2018.

Bach, Stefan: Erbschaftssteuer ist die beste Reichensteuer. In: DIW-Wochenbericht 49/2018.

Bach, Stefan / Beznoska, Martin / Steiner, Viktor: Wer trägt die Steuerlast? Verteilungswirkungen des deutschen Steuer- und Abgabensystems. In: DIW Politikberatung kompakt 114/2016.

Bach, Stefan / Tiemann, Andreas / Zucco, Aline: The top tail of wealth distribution in Germany, France, Spain and Greece. In: DIW Discussion Papers 1502/2015.

Bach, Stefan / Corneo, Giacomo / Steiner, Viktor: Effective taxation of top incomes in Germany. Freie Universität Berlin, School of Business & Economics Discussion Paper 18/2011.

Bank for international Settlements (BIS) ›https://www.bis.org/‹ (10.2.2020).

Baran, Paul A. / Sweezy, Paul M.: Monopolkapital. Frankfurt a. M. 1967.

Beck, Ulrich: Risikogesellschaft. Auf dem Weg in eine andere Moderne. Frankfurt a. M. 1986.

Becker, Karina / Dörre, Klaus / Reif-Spirek, Peter (Hrsg.): Arbeiterbewegung von Rechts? Ungleichheit – Verteilungskämpfe – populistische Revolte. Frankfurt a. M. 2018.

Beckmann, Martin: Mitbestimmung und Wirtschaftsdemokratie im Dienstleistungssektor. In: Demirovic, Alex: Wirtschaftsdemokratie neu denken. Münster 2018.

Berger, Peter A. / Vester, Michael: Alte Ungleichheiten, neue Spaltungen. Opladen 1998.

Bieling, Hans-Jürgen: Liberalisierung und Privatisierung in Deutschland: Versuch einer Zwischenbilanz. In: WSI-Mitteilungen 10/2008.

Bierbaum, Heinz: Wirtschaftsdemokratie- von der Mitbestimmung zur sozialistischen Transformation. In: Demirovic, Alex: Wirtschaftsdemokratie neu denken. Münster 2018.

Binder, Sascha / Schäfer, Dorothea: Banken werden immer größer. In: DIW-Wochenbericht 32/2011.

Bischoff, Joachim / Krüger, Stephan / Lieber, Christoph: Die Anatomie und Zukunft der bürgerlichen Gesellschaft. Wertschöpfung, Mystifizierung und die Klassenverhältnisse im modernen Kapitalismus. Hamburg 2017.

Bischoff, Joachim u.a.: Jenseits der Klassen? Gesellschaft und Staat im Spätkapitalismus. Hamburg 1982.

Bispinck, Reinhard / Schulten, Thorsten (Hrsg.): Zukunft der Tarifautonomie. 60 Jahre Tarifvertragsgesetz: Bilanz und Ausblick. Hamburg 2010.

Bispinck, Reinhard / Schulten, Thorsten / Raane, Peeter: Wirtschaftsdemokratie und expansive Wirtschaftspolitik. Zur Aktualität von Viktor Agartz. Hamburg 2008.

Blyth, Mark: Wie Europa sich kaputtspart. Die gescheiterte Idee der Austeritätspolitik. Berlin 2013.

Bofinger, Peter / Horn, Gustav A. / Schmid, Kai D. / van Treeck, Till (Hrsg.): Thomas Piketty und die Verteilungsfrage. Analysen, Bewertungen und wirtschaftspolitische Implikationen für Deutschland. ›https://www.boeckler.de/pdf/Piketty_Verteilungsfrage.pdf‹ (2.2.2020).

Bofinger, Peter: Zurück zur D-Mark? Deutschland braucht den Euro. München 2012.

Bosch, Gerhard / Kalina, Thorsten: Wachsende Ungleichheit in der Prosperität. Einkommensentwicklung 1984 bis 2015 in Deutschland. In: IAQ-Forschung 3/2017.

Bosch, Gerhard / Kalina, Thorsten: Einkommensentstehung als Verteilungsfaktor. In: Wirtschaftsdienst Sonderheft 2016.

Boston Consulting Group / Prognos: Klimapfade für Deutschland. Studie im Auftrag des BDI. Berlin 2019.

Bourdieu, Pierre: Die feinen Unterschiede. Kritik der gesellschaftlichen Urteilskraft. Frankfurt a. M. 1987.

Brand, Ulrich / Wissen, Markus: Imperiale Lebensweise. Zur Ausbeutung von Mensch und Natur im globalen Kapitalismus. München 2017.

Brecht, Bertolt: Gesammelte Werke. Frankfurt a. M. 1967.

Brenke, Karl / Kritikos, Alexander S.: Wählerstruktur im Wandel. In: DIW-Wochenbericht 29/2017.

Bruder, Franziska / Dahm, Sigrid / Steinkopf, Knut / Tenbieg, Torsten: Streik ... find ich gut! In: Kocsis, Andrea / Sterkel, Gabriele / Wiedemuth, Jörg (Hrsg.): Organisieren am Konflikt. Tarifauseinandersetzungen und Mitgliederentwicklung im Dienstleistungssektor. Hamburg 2013.

Brynjolfsson, Erik / McAfee, Andrew: The Second Machine Age. Wie die nächste digitale Revolution unser aller Leben verändern wird. Kulmbach 2015.

Bsirske, Frank / Busch, Klaus / Höbel, Oliver / Knerler, Rainer / Scholz, Dieter (Hrsg.): Gewerkschaften in der Eurokrise. Nationaler Anpassungsdruck und europäische Strategien. Hamburg 2016.

Bude, Heinz: Solidarität. Die Zukunft einer großen Idee. München 2019.

Bundesministerium für Umwelt, Naturschutz und nukleare Sicherheit: Klimaschutz in Zahlen. Berlin 2018.

Busch, Klaus / Bischoff, Joachim / Funke, Hajo: Rechtspopulistische Zerstörung Europas? Hamburg 2018.

Busch, Klaus / Hirschel, Dierk: Mehr Europa, aber anders. In: Blätter für deutsche und internationale Politik 6/2012.

Butterwegge, Christoph: Die zerrissene Republik. Wirtschaftliche, soziale und politische Ungleichheit in Deutschland. Weinheim 2020.

Butterwegge, Christoph / Hentges, Gudrun / Wiegel, Gerd: Rechtspopulisten im Parlament. Polemik, Agitation und Propaganda der AfD. Frankfurt a. M. 2018.

Butterwegge, Christoph: Armut – sozialpolitischer Kampfbegriff oder ideologisches Minenfeld? In: Ulrich Schneider (Hrsg.): Kampf um die Armut. Frankfurt a. M. 2015.

Capgemini: World Wealth Report 2019.

Carbon Disclosure Project (CDP): Carbon Majors Report 2017. London 2017.

Castel, Robert: Die Krise der Arbeit. Neue Unsicherheiten und die Zukunft des Individuums. Hamburg 2011.

Castel, Robert: Die Metamorphosen der sozialen Frage. Eine Chronik der Lohnarbeit. Konstanz 2000.

Center of automotive management (CAM): Der Abgasskandal und die Vertrauenskrise im Automarkt – Ursachen, Lösungen und Auswirkungen auf die Verbraucher. Bergisch Gladbach 2018.

Chancel, Luca / Piketty, Thomas: Trends in the global inequality of carbon emissions (1998–2013) and prospects for an equitable adaptation fond. Paris 2015.

Crouch, Colin: Das befremdliche Überleben des Neoliberalismus. Berlin 2011.

Crouch, Colin: Postdemokratie. Bonn 2008.

Daum, Timo: Das Kapital sind wir. Zur Kritik der digitalen Ökonomie. Hamburg 2017.

Destatis: Verdienste auf einen Blick. Wiesbaden 2017.

Detje, Richard / Sauer, Dieter: Wirtschaftsdemokratische Transformation. Der Einstieg »von unten«. In: Demirovic, Alex: Wirtschaftsdemokratie neu denken. Münster 2018.

Dörre, Klaus / Schickart, Christine (Hrsg.): Neosozialismus, Solidarität, Demokratie und Ökologie vs. Kapitalismus. München 2019.

Dörre, Klaus: Die Bundesrepublik – eine demobilisierte Klassengesellschaft. Neun Thesen aus dem PKJ. In: Z Zeitschrift für marxistische Erneuerung 116, 12/2018.

Dribbusch, Heiner / Birke, Peter: Gewerkschaften in Deutschland. Herausforderungen in Zeiten des Umbruchs. In: FES Internationale Politikanalyse. Berlin 2019.

Dribbusch, Heiner: Gewerkschaftliche Mitgliedergewinnung im Dienstleistungssektor: Ein Drei-Länder-Vergleich im Einzelhandel. Berlin 2003.

Dullien, Sebastian / Herr, Hansjörg / Kellermann, Christian: Der gute Kapitalismus … und was sich dafür nach der Krise ändern müsste. Bielefeld 2009.

Eicker-Wolf, Kai / Schreiner, Patrick: Mit Tempo in die Privatisierung. Autobahnen, Schulen, Rente – und was noch? Köln 2017.

Elsässer, Lea: Wessen Stimme zählt? Soziale und politische Ungleichheit in Deutschland. Frankfurt a. M. 2018.

Elsässer, Lea / Hense, Svenja / Schäfer, Armin: »Dem Deutschem Volke«? Die ungleiche Responsivität des Bundestags. In: Z Politikwissenschaft 2017.

Eribon, Didier: Rückkehr nach Reims. Frankfurt a. M. 2016.

Ernst & Young: Wem gehört der Dax? Analyse der Aktionärsstruktur der Dax Unternehmen 2017. Berlin 2019.

Esping-Anderson, Gösta / Gallie, Duncan / Hemerijck, Anton / Myles, John: Why we need a new welfare state. Oxford 2002.

Esping-Anderson, Gösta: Three worlds of welfare capitalism. Cambridge 1990.

Falter, Jürgen W.: Wie viel NSDAP steckt in der AFD? In: FAZ vom 19.6.2017.

Falter, Jürgen W. / Klein, Markus: Der lange Weg der Grünen. Eine Partei zwischen Protest und Regierung. München 2003.

Faus, Jana / Knaup, Horand / Rüter, Michael / Schroth, Yvonne / Stauss, Frank: Aus Fehlern lernen. Eine Analyse der Bundestagswahl 2017. Berlin 2017.

Fischbach, Rainer: Die schöne Utopie. Paul Mason, der Postkapitalismus und der Traum vom grenzenlosen Überfluss. Köln 2017.

Fischer, Joschka: Die Rot-Grünen Jahre. Deutsche Außenpolitik – vom Kosovo bis zum 11.September. Köln 2007.

Flassbeck, Heiner / Steinhardt, Paul: Gescheiterte Globalisierung. Ungleichheit, Geld und die Renaissance des Staates. Berlin 2018.

Flassbeck, Heiner: Die Marktwirtschaft des 21. Jahrhunderts. München 2010.

Forum Gewerkschaften: Machtressourcen für eine progressive Transformation. Was können Gewerkschaften einbringen? Supplement der Zeitschrift Sozialismus zu Heft 9/2019.

Franz, Christian / Fratzscher, Marcel / Kritikos, Alexander S.: AFD in dünn besiedelten Räumen mit Überalterungsproblemen stärker. In: DIW-Wochenbericht 8/2018.

Fratzscher, Marcel: Verteilungskampf. München 2016.

French, Hilary / Renner, Michael / Gardner, Gary: Auf dem Weg zu einem Green New Deal. Die Klima- und die Wirtschaftskrise als transatlantische Herausforderungen. Strategiepapier im Auftrag der Heinrich-Böll-Stiftung. Berlin 2009.

Funke, Hajo / Mudra, Christiane: Gäriger Haufen. Die AfD: Ressentiments, Regimewechsel und völkische Radikale. Handreichung zum demokratischen Widerstand. Hamburg 2018.

Gabriel, Sigmar: Links neu denken: Politik für die Mehrheit. München 2008.

Galbraith, John Kenneth: Der große Crash 1929. Ursachen, Verlauf, Folgen. München 2005.

Galbraith, John Kenneth: Die Geschichte der Wirtschaft im 20. Jahrhundert. Ein Augenzeuge berichtet. Hamburg 1995.

Geißler, Rainer: Die Sozialstruktur Deutschlands. Zur gesellschaftlichen Entwicklung mit einer Zwischenbilanz zur Vereinigung. Opladen 1996.

Geyer, Johannes / Buslei, Hermann / Gallego-Granados, Patricia / Haan, Peter: Anstieg der Altersarmut in Deutschland: Wie wirken verschiedene Rentenreformen? Studie des DIW im Auftrag der Bertelsmann-Stiftung. Gütersloh 2019.

Giddens, Anthony: Der dritte Weg. Die Erneuerung der sozialen Demokratie. Frankfurt a. M. 1999.

Giddens, Anthony: Die Klassenstruktur fortgeschrittener Gesellschaften. Frankfurt a. M. 1979.

Göpel, Maja: Unsere Welt neu denken. Eine Einladung. Berlin 2020.

Grabka, Markus / Halbmeier, Christoph: Vermögensungleichheit in Deutschland bleibt trotz deutlich steigender Nettovermögen anhaltend hoch. In: DIW-Wochenbericht 40/2019.

Grabka, Markus / Goebel, Jan / Liebig, Stefan: Wiederanstieg der Einkommens-ungleichheit – aber auch deutlich steigende Realeinkommen. In: DIW-Wochen-bericht 19/2019.

Grabka, Markus / Schröder, Carsten: Der Niedriglohnsektor in Deutschland ist grö-ßer als bislang angenommen. In: DIW-Wochenbericht 14/2019.

Grabka, Markus / Schröder, Carsten: Ungleichheit in Deutschland geht bei Löh-nen seit 2014 zurück, stagniert aber bei Monats- und Jahreslöhnen. In: DIW-Wochenbericht 9/2018.

Grabka, Markus / Goebel, Jan / Schröder, Carsten / Schupp, Jürgen: Schrumpfen-der Anteil an BezieherInnen mittlerer Einkommen in den USA und Deutsch-land. In: DIW-Wochenbericht 18/2016.

Grabka, Markus / Westermeier, Christian: Große statistische Unsicherheit beim Anteil der Top-Vermögenden in Deutschland. In: DIW-Wochenbericht 7/2015.

Graeber, David: Schulden. Die ersten 5.000 Jahre. Stuttgart 2012.

Gramsci, Antonio: Gefängnishefte, Band 7. Hamburg 1996.

Habermas, Jürgen: Strukturwandel der Öffentlichkeit. Berlin 1962.

Hacker, Björn: Weniger Markt, mehr Politik. Europa rehabilitieren. Berlin 2018.

Hall, Peter A. / Soskice, David: Varieties of Capitalism: The Institutional Founda-tions of Comparative Advantage. Oxford 2001.

Hartmann, Michael: Die Abgehobenen. Wie die Eliten die Demokratie gefährden. Frankfurt a. M. 2018.

Hartmann, Michael: Die globale Wirtschaftselite. Eine Legende. Frankfurt a. M. 2016.

Hartmann, Michael: Soziale Ungleichheit. Kein Thema für Eliten? Frankfurt a. M. 2013.

Hassel, Anke / Schröder, Wolfgang: Gewerkschaften 2030. Rekrutierungsdefizite, Repräsentationslücken und neue Strategien der Mitgliederpolitik. WSI Report 44, 11/2018.

Hassel, Anke: Gewerkschaften und sozialer Wandel: Mitgliederrekrutierung und Arbeitsbeziehungen in Deutschland und Großbritannien. Baden-Baden 1999.

Hein, Eckhard / Truger, Achim (Hrsg.): Perspektiven sozialdemokratischer Wirt-schaftspolitik in Europa. Marburg 2000.

Heisterhagen, Nils: Die liberale Illusion. Warum wir einen linken Realismus brau-chen. Berlin 2018.

Heitmeyer, Wilhelm: Autoritäre Versuchungen. Signaturen der Bedrohung. Berlin 2018.

Hensche, Detlef: Markt und Mitbestimmung. In: Sozialismus 1/2011.

Herzog-Stein, Alexander / Stein, Ulrike / Zwiener, Rudolf: Arbeits- und Lohnstück-kostenentwicklung im europäischen Vergleich. In: IMK Report 149, 7/2019.

Hickel, Rudolf: Zerschlagt die Banken. Entmachtet die Finanzmärkte. Berlin 2012.

Hickel, Rudolf: Kassensturz. Sieben Gründe für eine andere Wirtschaftspolitik. Hamburg 2006.

Hilferding, Rudolf: Das Finanzkapital. Berlin 1955.

Hillebrand, Ernst: Rechtspopulismus in Europa. Gefahr für die Demokratie? Berlin 2017.

Hilmer, Richard / Kohlrausch, Bettina / Müller-Hilmer, Rita / Gagné, Jérémie: Einstellung und soziale Lebenslage. Working Paper Forschungsförderung 44. Düsseldorf 2017.

Hirschel, Dierk: Ein Sozialstaat für das 21.Jahrhundert. In: SPW 231/2019.

Hirschel, Dierk: Was ist sozialdemokratische Finanzpolitik. In: SPW 226/2018.

Hirschel, Dierk: Das Elend der SPD und der Mythos vom unmächtigen National-staat. In: Blätter für deutsche und internationale Politik 3/2018.

Hirschel, Dierk: Vorwärts immer, rückwärts nimmer. In: SPW 223/2017.

Hirschel, Dierk: Digitaler Kapitalismus ohne Arbeit. In: SPW 212/2016.

Hirschel, Dierk: Mit mehr sozialer Gerechtigkeit aus der Krise. In: SPW 215/2016.

Hirschel, Dierk: Mehr Keynes als Erhard. In: SPW 203/2014.

Hirschel, Dierk / Schulten, Thorsten: Wirtschaftsdemokratie contra Krisenkapitalismus. In: Blätter für deutsche und internationale Politik 11/2010.

Hirschel, Dierk / Stuber, Martin: Made in Germany im Griff der Finanzmärkte. In: Hagemann, Harald / Horn, Gustav A. / Krupp, Hans-Jürgen (Hrsg.): Aus gesamtwirtschaftlicher Sicht. Festschrift für Jürgen Kromphardt. Marburg 2008.

Hirschel, Dierk: Einkommensreichtum und seine Ursachen. Marburg 2004.

Höpner, Martin: Wer beherrscht die Unternehmen? Shareholder Value, Managerherrschaft und Mitbestimmung in Deutschland. Frankfurt a. M. 2003.

Holdinghausen, Heike: Uns Stinkt's! Was jetzt für eine ökologische Wende zu tun ist. Frankfurt a. M. 2019.

Horkheimer, Max / Adorno, Theodor W.: Dialektik der Aufklärung. Philosophische Fragmente. Frankfurt a. M. 1998.

Horn, Gustav A.: Des Reichtums fette Beute. Frankfurt a. M. 2011.

Hradil, Stefan / Imbusch, Peter (Hrsg.): Oberschichten – Eliten – Herrschende Klassen. Opladen 2003.

Huinink, Johannes / Schröder, Thorsten: Sozialstruktur Deutschlands. München 2019.

Intergovernmental Panel on Climate Change (IPCC): Special Report on the Ocean and Cryosphere in a Changing Climate. Genf 2019.

International Energy Agency (IEA): World Energy Investment 2019. Paris 2019.

International Energy Agency (IEA): World Energy Outlook 2018. Paris 2018.

Jackson, Tim: Wohlstand ohne Wachstum. Leben und Wirtschaften in einer endlichen Welt. München 2011.

Kaelble, Hartmut: Mehr Reichtum, mehr Armut, soziale Ungleichheit in Europa. Vom 20.Jahrhundert bis zur Gegenwart. Frankfurt a. M. 2017.

Kahmann, Marcus: Fusionen als Mittel gewerkschaftlicher Erneuerung? Das Beispiel ver.di. In: Greef, Samuel / Kalass, Viktoria / Schröder, Wolfgang (Hrsg.): Gewerkschaften und die Politik der Erneuerung – Und sie bewegen sich doch. Düsseldorf 2010.

Kahrs, Horst: Transformationen des deutschen Parteiensystems und der nationalistische Autoritarismus. In: Z Zeitschrift für marxistische Erneuerung 117, 3/2019.

Kemfert, Claudia / Schill, Wolf-Peter / Wägner, Nicole / Zaklan, Aleksandar: Umweltwirkungen der Ökosteuer begrenzt. CO_2-Bepreisung der nächste Schritt. In: DIW-Wochenbericht 13/2019.

Kemfert, Claudia: Das fossile Imperium schlägt zurück. Hamburg 2017.

Kemfert, Claudia: Klimawandel kostet die deutsche Volkswirtschaft Milliarden. In: DIW-Wochenbericht 11/2007.

Keynes, John Maynard: Allgemeine Theorie der Beschäftigung, des Zinses und Geldes, Berlin 2017.

Klein, Naomi: Warum nur ein Green New Deal unseren Planeten retten kann. Hamburg 2019.

Klein, Naomi: Die Entscheidung. Kapitalismus vs. Klima. Frankfurt a. M. 2016.

Klein, Naomi: Die Schock-Strategie. Der Aufstieg des Katastrophen-Kapitalismus. Frankfurt a. M. 2007.

Koch, Max: Vom Strukturwandel einer Klassengesellschaft. Theoretische Diskussion und empirische Analyse. Münster 1994.

Kocsis, Andrea / Sterkel, Gabriele / Wiedemuth, Jörg (Hrsg.): Organisieren am Konflikt. Tarifauseinandersetzungen und Mitgliederentwicklung im Dienstleistungssektor. Hamburg 2013.

Krämer, Ralf: Kapitalismus verstehen. Einführung in die Politische Ökonomie der Gegenwart. Hamburg 2015.

Krätke, Michael R.: Eine andere Demokratie für eine andere Wirtschaft. Wirtschaftsdemokratie und die Kontrolle der Finanzmärkte. In: Widerspruch 55/2008.

Kreckel, Reinhard: Politische Soziologie der sozialen Ungleichheit. Frankfurt a. M. 1997.

Krüger, Stephan: Profitraten und Kapitalakkumulation in der Weltwirtschaft. Arbeits- und Betriebsweisen seit dem 19. Jahrhundert und der bevorstehende Epochenwechsel. Hamburg 2019.

Krüger, Stephan: Soziale Ungleichheit. Private Vermögensbildung, sozialstaatliche Umverteilung und Klassenstruktur. Kritik der Politischen Ökonomie und Kapitalismusanalyse, Band 5. Hamburg 2017.

Krugman, Paul: Die neue Weltwirtschaftskrise. Frankfurt a. M. 2009.

Krugman, Paul: Nach Bush. Das Ende der Neokonservativen und die Stunde der Demokraten. Frankfurt a. M. 2008.

Krysmanski, Hans Jürgen: 0,1%. Das Imperium der Milliardäre. Frankfurt a. M. 2015.

Laeven, Luc / Valencia, Fabian: Systemic Banking Crises Database: An Update. In: IMF Working Paper WP 12/163/2012.

Lamers, Patrick / Roßteutscher, Sigrid: Aspekte des Wählerverhaltens. Die Wahlbeteiligung. Baden-Baden 2014.

Lauterbach, Karl: Der Zweiklassenstaat. Wie die Privilegierten Deutschland ruinieren. Berlin 2007.

Lehndorf, Steffen / Dribbusch, Heiner / Schulten, Thorsten: Rough waters: European trade unions in a time of crises. Brüssel 2017.

Markovits, Andrei S. / Gorski, Philip S.: Grün schlägt Rot. Die deutsche Linke nach 1945. Hamburg 1997.

Marx, Karl / Engels, Friedrich: Gesamtausgabe (MEGA). Berlin 1972.

Mason, Paul: Postkapitalismus. Grundrisse einer kommenden Ökonomie. Berlin 2016.

Mau, Steffen / Schöneck, Nadine M.: (Un-)Gerechte (Un-)Gleichheiten. Berlin 2015.

Mazzucatu, Mariana: Wie kommt der Wert in die Welt? Von Schöpfern und Abschöpfern. Frankfurt a. M. 2018.

Mazzucatu, Mariana: Das Kapital des Staates. Eine andere Geschichte von Innovation und Wachstum. München 2014.

McAlevey, Jane: Keine halben Sachen. Machtaufbau durch Organizing. Hamburg 2019.

McKinsey Global Institut: Globalization in Transition. The future of trade and value chains. 2/2019.

McKinsey Global Institut: A Decade after the global crisis. What has (and hasn't) changed? 9/2018.

Meine, Hartmut / Stoffregen, Uwe: Wirtschaftsdemokratie als Alternative zum Finanzkapitalismus. In: Meine, Hartmut / Schumann, Michael / Urban, Hans-Jürgen (Hrsg.): Mehr Wirtschaftsdemokratie wagen. Hamburg 2011.

Merkel, Wolfgang: Das Ätzen der Demokratien. In: Tagesspiegel vom 3.3.2019.

Merkel, Wolfgang: Kosmopolitismus versus Kommunitarismus: Ein neuer Konflikt in der Demokratie. In: Harfst, Phillip / Kubbe, Ina / Poguntke, Thomas (Hrsg.): Parties, Governments and Elites. The Comparative Study of Democracy. Wiesbaden 2017.

Meyer, Thomas: Die Transformation der Sozialdemokratie. Eine Partei auf dem Weg ins 21.Jahrhundert. Bonn 1998.

Milanovic, Branko: Die ungleiche Welt. Migration, das eine Prozent und die Zukunft der Mittelschicht. Berlin 2016.

Molander, Per: Die Anatomie der Ungleichheit. Woher sie kommt und wie wir sie beherrschen können. Frankfurt a. M. 2017.

Mouffe, Chantal. Für einen linken Populismus. Berlin 2018.

Müller-Hilmer, Rita / Gagné, Jérémie: Was verbindet, was trennt die Deutschen? Werte und Konfliktlinien der deutschen Wählerschaft 2017. HBS-Forschungsförderung Report 2/2018.

Nachtwey, Oliver: Die Abstiegsgesellschaft. Über das Aufbegehren in der regressiven Moderne. Berlin 2016.

Negt, Oskar: Wozu noch Gewerkschaften? Göttingen 2004.

Nuss, Sabine (Hrsg.): Der ganz normale Betriebsunfall. Viermal Marx zur globalen Finanzkrise. Berlin 2018.

OECD: Society at Glace. Paris 2019.

OECD: A brocken social elevator? How to promote social mobility. Paris 2018.

OECD: Trends in income inequality and its impact on economic growth. OECD social, employment and migration working papers 163. Paris 2014.

Oxfarm: Im öffentlichen Interesse: Ungleichheit bekämpfen, in soziale Gerechtigkeit investieren. Berlin 2019.

Pfeiffer, Hermannus: Der profitable Irrsinn. Was auf Finanzmärkten geschieht und wer dabei gewinnt. Berlin 2012.

Piketty, Thomas: Kapital und Ideologie. München 2020.

Piketty, Thomas: Ökonomie der Ungleichheit. München 2016.

Piketty, Thomas: Das Kapital im 21. Jahrhundert. München 2014.

Polany, Karl: The Great Transformation. Politische und ökonomische Ursprünge von Gesellschaften und Wirtschaftssystemen. Frankfurt a. M. 1995.

Prantl, Heribert: Eigentum verpflichtet. Das unerfüllte Grundgesetz. München 2019.

Prantl, Heribert: Schulz hackt die Agenda 2010 entzwei. In: Süddeutsche Zeitung vom 21.2.2017.

Prott, Jürgen: Solidarität in zerbrechlicher Gesellschaft. Soziale Schichtung und Mobilität in Deutschland. München 2019.

Radkau, Joachim: Die Ära der Ökologie. Eine Weltgeschichte. München 2011.

Raphael, Lutz: Jenseits von Kohle und Stahl. Eine Gesellschaftsgeschichte Westeuropas nach dem Boom. Berlin 2019.

Richter, Christoph / Bösch, Lukas: Demokratiefreie Räume. Wahlkreisanalyse zur Bundestagswahl 2017. Jena 2017.

Riexinger, Bernd: Neue Klassenpolitik. Solidarität der Vielen statt Herrschaft der Wenigen. Hamburg 2019.

Roth, Roland/ Dieter Rucht (Hrsg.): Neue soziale Bewegungen in der Bundesrepublik Deutschland. Frankfurt a. M. 1987.

Rucht, Dieter: Wirkungen von Umweltbewegungen. Von den Schwierigkeiten einer Bilanz. In: Forschungsjournal neue soziale Bewegungen 4/1996.

Rügemer, Werner: Die Kapitalisten des 21. Jahrhunderts. Gemeinverständlicher Abriss zum Aufstieg der neuen Finanzakteure. Köln 2018.

Sachverständigenrat zur Begutachtung der gesamtwirtschaftlichen Entwicklung (SVR): Aufbruch zu einer neuen Klimapolitik. Sondergutachten. Wiesbaden 2019.

Sauer, Dieter / Stöger, Stöger / Bischoff, Joachim / Detje, Richard / Müller, Bernhard: Rechtspopulismus und Gewerkschaften. Eine arbeitsweltliche Spurensuche. Hamburg 2018.

Schäfer, Armin: Der Verlust politischer Gleichheit. Warum die sinkende Wahlbeteiligung der Demokratie schadet. Frankfurt a. M. 2015.

Schäfer Armin: Wahlbeteiligung und Nichtwähler. In: APuZ 48–49/2013.

Schäfer Armin / Schoen, Harald: Mehr Demokratie, aber nur für wenige? In: Leviathan 41/2013.

Schellnhuber, Hans Joachim: Sebstverbrennung. Die fatale Dreiecksbeziehung zwischen Klima, Mensch und Kohlenstoff. München 2015.

Schmalz, Stefan / Dörre, Klaus (Hrsg.): Comeback der Gewerkschaften? Machtressourcen, innovative Praktiken, internationale Perspektiven. Frankfurt a. M. 2013.

Schmidt, Manfred G.: Das politische System der Bundesrepublik Deutschland. München 2018.

Schneider, Ulrich (Hrsg.): Kampf um die Armut. Von echten Nöten und neoliberalen Mythen. Frankfurt a. M. 2015.

Schnitzlein, Daniel D.: Wenig Chancengleichheit in Deutschland: Familienhintergrund prägt eigenen ökonomischen Erfolg. In: DIW-Wochenbericht 4/2013.

Schreiner, Ottmar: Die Gerechtigkeitslücke. Wie die Politik die Gesellschaft spaltet. Berlin 2008.

Schreiner, Patrick: Unterwerfung als Freiheit. Leben im Neoliberalismus. Köln 2017.

Schuhler, Conrad: Die große Flucht. Ursachen, Hintergründe, Konsequenzen. Köln 2017.

Schui, Herbert: Ökonomische Grundprobleme des entwickelten Kapitalismus. Heilbronn 1991.

Schulmeister, Stephan: Mitten in der großen Krise. Ein »New Deal« für Europa. Wien 2010.

Schulten, Thorsten / Dribbusch, Heiner / Bäcker, Gerhard / Klenner, Christina (Hrsg.): Tarifpolitik als Gesellschaftspolitik. Strategische Herausforderungen im 21 Jahrhundert. Hamburg 2017.

Schulten, Thorsten: Solidarische Lohnpolitik in Europa. Zur Politischen Ökonomie der Gewerkschaften. Hamburg 2004.

Schumpeter, Joseph A.: Kapitalismus, Sozialismus und Demokratie. Tübingen 2005.

Schröder, Gerhard: Entscheidungen. Mein Leben in der Politik. Hamburg 2007.

Schröder, Wolfgang / Fuchs, Stefan: Neue Mitglieder für die Gewerkschaften. Mitgliederpolitik als neues Politikfeld der IG Metall. OBS-Arbeitsheft 97. Frankfurt 2019.

Schröder, Wolfgang (Hrsg.): Handbuch Gewerkschaften in Deutschland. Wiesbaden 2014.

Schumann, Harald / Grefe, Christiane: Der globale Countdown. Gerechtigkeit oder Selbstzerstörung – Die Zukunft der Globalisierung. Köln 2008.

Seils, Eric / Baumann, Helge: Trends und Verbreitung atypischer Beschäftigung. In: Policy Brief WSI 34, 6/2019.

Shell-Jugendstudie 18. Hamburg 2019.

Sinclair, Upton: der Dschungel. Zürich 2013.

Sommer, Moritz / Rucht, Dieter / Haunss, Sebastian / Zajak, Sabrina: Friday for Future. Profil, Entstehung und Perspektiven der Protestbewegung in Deutschland. IPB Working Paper 2/2019.

Staab, Phillip: Digitaler Kapitalismus. Markt und Herrschaft in der Ökonomie der Unknappheit. Berlin 2019.

Stache, Stefan / von Matzenau, Wolf (Hrsg.): Was heißt Erneuerung der Linken? Sozial-ökologischer Umbau und ein Sozialstaat für das 21. Jahrhundert. Hamburg 2020.

Standing, Guy: Prekariat. Die neue explosive Klasse. Münster 2015

Statista ›https://de.statista.com/statistik/daten/studie/219372/umfrage/weltweit-in-etfs-verwaltetes-vermoegen-seit-1997/‹ (15.5.2020).

Stern, Nicolas: The Economics of Climate Change. The Stern Review. Cambridge 2007.

Stiglitz, Joseph: Arm und Reich. München 2015.

Stiglitz, Joseph: Der Preis der Ungleichheit. Wie die Spaltung der Gesellschaft unsere Zukunft bedroht. München 2012.

Stiglitz, Joseph: Im freien Fall. München 2010.

Streeck, Wolfgang: Gekaufte Zeit. Die vertagte Krise des demokratischen Kapitalismus. Berlin 2013.

Streeck, Wolfgang / Thelen, Kathleen (Hrsg.): Beyond Continuity: Institutional Change in Advanced Political Economies. New York 2005.

Thien, Hans-Günter: Die verlorene Klasse. Arbeiterinnen in Deutschland. Münster 2018.

Tooze, Adam: Crashed. Wie 10 Jahre Finanzkrise die Welt verändert haben. München 2018.

Truger, Achim / Eicker-Wolf, Kai (Hrsg.): Ungleichheit in Deutschland – ein »gehyptes Problem«? Über die Verteilungsrealität und Möglichkeiten ihrer Gestaltung. Marburg 2017.

Truger, Achim (Hrsg.): Rot-grüne Steuerreformen in Deutschland. Eine Zwischenbilanz. Marburg 2001.

Uekötter: Deutschland in Grün. Eine zwiespältige Erfolgsgeschichte. Göttingen 2015.

Umweltbundesamt: Emissionen des Verkehrs. ›https://www.umweltbundesamt.de/daten/verkehr/emissionen-des-verkehrs#textpart-1‹ (3.1.2020).

UN: Ziele für nachhaltige Entwicklung. Bericht 2019. New York 2019.

UNCTAD: World Investment Report 2019. New York 2019.

Urban, Hans-Jürgen: Gute Arbeit in der Transformation. Über eingreifende Politik im digitalisierten Kapitalismus. Hamburg 2019.

Urban, Hans-Jürgen: Kampf um die Hegemonie: Gewerkschaften und die Neue Rechte. In: Blätter für deutsche und internationale Politik 3/2018.

Urban, Hans-Jürgen: Der Tiger und seine Dompteure. Gewerkschaften und Wohlfahrtsstaat unter dem Druck der Finanzmärkte. Hamburg 2013.

Vance, J.D: Hillbilly-Elegie. Die Geschichte meiner Familie und einer Gesellschaft in der Krise. Berlin 2018.

Ver.di-Impulspapier der AG Wirtschaftsdemokratie. Berlin 1/2015.

Vester, Michael: Der Kampf um soziale Gerechtigkeit: Rechtspopulismus und die Potentiale gesellschaftlicher Mobilisierung. ›https://nrw.rosalux.de/fileadmin/ls_nrw/dokumente/Publikationen/Michael_Vester_Rechtspopulismus_soziale__Gerechtigkeit_18_M%C3%A4rz-2.pdf‹ (15.5.2020).

Vester, Michael: 1968 im Kontext: Entstehungsbedingungen einer Linkswende. In: SPW 232/2019.

Vester, Michael: Schieflagen eines Erfolgsmodells – Langfristige Verschiebungen und Spannungen in der Wirtschafts- und Sozialstruktur der BRD seit 1991. In: SPW 227/2018.

Vester, Michael: Die Bedeutung milieutheoretischer Ansätze für die Elitenforschung. In: Hradil, Stefan / Imbusch, Peter (Hrsg.): Oberschichten – Eliten – Herrschende Klassen. Opladen 2003.

Vollmer, Antje / Volmer, Ludger: Die Grünen? Sie sind kraftlos und mutlos. In: Berliner Zeitung vom 12.4.2018.

Vollmer, Lisa: Mieter/-innenbewegung in Deutschland. In: Landeszentrale für politische Bildung Baden-Württemberg: Bürger & Staat 2/3 2019.

Vollmer, Lisa: Die Berliner Mieterinnenbewegung zwischen lokalen Konflikten und globalen Widersprüchen. In: Sozial.Geschichte Online 17/2015.

Volmer, Ludger: Jenseits von rechts und links: Die Grünen im Niemandsland. In: Blätter für deutsche und internationale Politik 2/2018.

Wagenknecht, Sahra: Wahnsinn mit Methode. Finanzcrash und Weltwirtschaft. Berlin 2009.

Walter, Franz: Die SPD. Biographie einer Partei. Von Ferdinand Lassalle bis Andrea Nahles. Hamburg 2018.

Weber, Max: Gesamtausgabe. Tübingen 1984

Weckes, Marion: Manager to workers pay ratio. In: Mitbestimmungsreport 44/2018.

Wehler, Hans-Ulrich: Die neue Umverteilung. Soziale Ungleichheit in Deutschland. München 2013.

Weizäcker, Ernst Ulrich / Hargroves, Karlson / Smith, Michael: Faktor Fünf. Die Formel für nachhaltiges Wachstum. München 2009.

Wendl, Michael: Machttheorie oder Werttheorie. Hamburg 2013.

Wiethold, Franziska: Wirtschaftsdemokratie gegen den Strich gebürstet. In: SPW 5/2019.

Wilkinson, Richard / Pickett, Kate: Gleichheit ist Glück. Warum gerechte Gesellschaften für alle besser sind. Berlin 2009.

Wolf, Harald: Rot-Rot in Berlin. 2002 bis 2011. Eine (selbst-)kritische Bilanz. Hamburg 2016.

World Federation of Exchanges (WEF) ›https://www.world-exchanges.org/‹ (12.10.2019).

World Inequality Report 2018.

Wright, Erik Olin: Reale Utopien. Wege aus dem Kapitalismus. Berlin 2017.

WSI-Verteilungsbericht 2016. WSI-Report 31, 10/2016.

Ypsilanti, Andrea: Und morgen regieren wir uns selbst. Frankfurt a. M. 2017.

Zeise, Lucas: Euroland wird abgebrannt. Profiteure, Opfer, Alternativen. Köln 2012.

Zeuner, Bodo / Gester, Jochen / Fichter, Michael / Kreis, Joachim / Stöss, Richard: Gewerkschaften und Rechtsextremismus: Anregungen für die Bildungsarbeit und die politische Selbstverständigung der deutschen Gewerkschaften. Münster 2007.

Zick, Andreas / Küpper, Beate / Berghan, Wilhelm: Verlorene Mitte – Feindselige Zustände. Rechtsextreme Einstellungen in Deutschland 2018/19. Bonn 2019.

Danksagung

Das vorliegende Buch ist das Ergebnis eines kollektiven Arbeits- und Diskussionsprozesses. Ohne die vielen fachlichen Anregungen und inhaltliche Kritik aus Politik, Gewerkschaften und Wissenschaft wäre das Ergebnis ein anderes. Mein besonderer Dank gilt Klaus Barthel, Peter Bremme, Florian von Brunn, Frank Bsirske, Klaus Busch, Heiner Dribbusch, Sebastian Dullien, Claudia Falk, Markus Fuß, Björn Hacker, Heiko Glawe, Ernst Hillebrand, Bernd Hischl, Tamer Ilbuğa, Andrea Ypsilanti, Frank Jakobi, Knut Lambertin, Kai Lindemann, Ralf Krämer, Sören Niemann-Findeisen, Mehrdad Payandeh, Detlef Raabe, Rudolf Reitter, Felix Schluchter, Tanja Smolenski, Agnes Schreieder, Patrick Schreiner, Wolfgang Schröder, Thorsten Schulten, Stefan Stache, Martin Stuber, Wolfgang Thurner, Achim Truger, Michael Wendl, Georg Wissmeier, Harald Wolf und Uwe Wötzel. Für das umfangreiche Lektorat und die gute Betreuung bedanke ich mich bei Ricarda von Klitzing, Alexander Behrens und Uwe Optenhögel.

Über den Autor

Dierk Hirschel, geb. 1970, Dr. rer. pol., Volkswirt, von 2003–2010 Chefökonom des Deutschen Gewerkschaftsbundes, seit 2010 Chefökonom
der Vereinten Dienstleistungsgewerkschaft (ver.di) und seit 2012 Mitglied der SPD-Grundwertekommission. Hirschel lebt in Berlin.